イスラーム・ジェンダー・スタディーズ

長沢栄治 監修
竹村和朗 編著

6 *Families in Transition*

うつりゆく家族

明石書店

「イスラーム・ジェンダー・スタディーズ」シリーズ刊行にあたって

——6『うつりゆく家族』

本シリーズは、「イスラーム・ジェンダー学」の研究成果を具体的な内容で分かりやすく読者に示すことを目的にしています。

この第6巻のタイトルは『うつりゆく家族』です。編者の竹村和朗さんが「はじめに」で述べられているように、本書で語られる家族のかたちの「うつろい」には、さまざまな変化の意味が込められています。その一つとして、近代以降の世界同時代的な変化があります。たとえば、近代学校教育の影響は（本シリーズ第3巻『教育とエンパワーメント』も参照）、ムスリムの家族にもそれ以外の家族にも等しく大きな変化をもたらしました。子育てや育児参加のあり方にも同時代的な変化が見てとれます。また、近代国家の法律は、急速に変化する社会の中で、家族のかたちをめぐって対立する意見が争われる場となりました。開発から取り残されたかのように見える辺境の村でも、出生率の低下は家族のかたちや人々の行動様式を変えつつあります。

こうした変化に比べると、近代以降に起きた政治の変動は、より不均等な影響を各地の家族に与えたように思えます。一部の地域の人たちは難民として家族離散となる不条理な運命を押しつけられました。そうした事例を含めて、家族は植民地支配や民族運動など各地の近代の歴史を映し出す小さな鏡であり続けました。
こうした長い時代的な変化と並行し、またそれと結びついて起きるのが、より短い周期の「家族サイクル」ともいえる世代単位の変化です。このサイクルの節目となる出来事には、出生や結婚・離婚がありますが（本巻の姉妹編ともいえる第1巻『結婚と離婚』を参照）、何よりも大きな意味を持つのが家族の成員の死です。家族とは、さまざまな死と出会う場にほかなりません。家族を人間関係の束であると表現すれば、死はこの束のまとまりに軋みを生じさせ、さらには組み直しのきっかけを与えます。本書の中で、静かにあるいは熱く語られるそれぞれの家族のささやかな歴史は、文化や伝統の違いを超えて、読む人にこの人間関係の束が自分たちの人生に持つ意味を考えさせることでしょう。

「イスラーム・ジェンダー学」科研・研究代表者
長沢栄治（東京外国語大学アジア・アフリカ言語文化研究所フェロー／東京大学名誉教授）

※本シリーズの各巻は、日本学術振興会科学研究費補助金・基盤研究（A）課題番号16H01899「イスラーム・ジェンダー学構築のための基礎的総合的研究」（2016〜19年度）および基盤研究（A）課題番号20H00085「イスラーム・ジェンダー学と現代的課題に関する応用的・実践的研究」（2020〜23年度）の成果の一部です。プロジェクトのウェブサイトURLは、islam-gender.jp です。

はじめに

竹村和朗

本書は、イスラームとジェンダーに対する関心の組み合わせのなかから、イスラームが根づいた諸社会における家族の実態や構成、家族に関するイスラーム法と国家法の関係、家族を組織する制度や政策の諸相を描き出すことを目指した論集である。

家族は、身近に存在するが、地域や文化それぞれの形があり捉えがたいものでもある。その上、イスラームという宗教・文化は、昨今ムスリム（イスラーム教徒のこと。本書では、男性・女性を問わずムスリムと表記する）に接する機会やその教養・実践に関する確かな情報が増えてきたとはいえ、日本社会においてはいまだ「異文化」（大塚 1989）の観がぬぐえない。本書がどのような観点から家族を取り上げ、家族をどのように論じようとするのか、タイトルの「うつりゆく」は何を指すのか、まずは編者が抱いている考えを示しておきたい。

1　家族とは何か、どうアプローチするか

家族は人間社会の根幹をなす集団だと言われる。たとえば、1948年に国連で採択された世界人権宣

言は、第16条第1項で、「成年の男女は（中略）結婚し、家族をつくる権利を有する（Men and women of full age, ..., have the right to marry and to found a family）」とし、第3項で「家族は社会の自然かつ根本的な集団単位（The family is the natural and fundamental group unit of society）」だと述べる。こうした表現は、他の国際規約や合意でも用いられ、世界の諸憲法にも含まれている（同時期のエジプト1956年憲法の第5条「家族は社会の基礎である（al-usra asās al-mujtamaʻ）」）。

家族・親族について、政治や福祉などの実務領域以外で精力的に取り組んできたのが、さまざまな文化や民族を研究する文化人類学者であろう。多くの人類学者は右の言葉に一定の同意を示しつつも、実態を明らかにすることに情熱を傾け、家族の分類や定義にも問題点があることを指摘してきた（スティーブンス 1971: 2）。1980年代にはアメリカの文化人類学者らによって親族研究の終わりが宣告されたが、生殖補助医療の進展などの変化により90年代頃から新たな関心が芽生え、家族研究は息を吹き返している（河合 2012）。私たちの身のまわりを見ても、新型コロナウイルス感染症（COVID-19）の世界的蔓延に襲われた2020年以降、家族が人間の生命維持にとっていかに重要かが実感されてもいるし、コロナによって家族が分断される状況もある。また、そうしたなかで家族が政治的に利用され、何らかの規制の理由に挙げられることもある。

議論はあれども、世界各地で「家族」と呼ばれる、血縁や婚姻などの紐帯で結びついた人間集団に関する諸観念が存在することは否定できないし、すでにそうした家族に関する報告や分析が積み重ねられてきた。イスラームが根づいた諸社会についても同様で、たとえば中東における家族観の変化（アイケルマン 1988; 村上 2018a; 2018b）やイスラーム法の現代的変容（柳橋 2001; 2005）など枚挙に暇がない。中東出身の文化人類学者スアド・ジョセフは、中東の家族研究書誌・論集『アラブ家族研究（*Arab Family Studies*）』の序文で、「家族はアラブ地域を通じて最も強力な社会的イディオムであり続けている」（Joseph 2018: 1）と述べ、イスラームや国家、女性だけではなく、家族こそを研究対象にするべきだと強調している。

本書は、これらの家族研究の上に積み重ねられた一つである。ただし、本書ではこのシリーズのもととなっている「イスラーム・ジェンダー学」の提案にしたがい、ジェンダーの視点を持ちながらイスラームが根づいた諸社会の家族に接近することを試みる。ジェンダーの視点とは（少なくとも編者にとって）、社会のなかにある権力関係を意識し、これまで顧みられてこなかった存在に光を当て、当たり前に存在する日常世界の歴史性に目を向け、そのなかでの個々人の振る舞いや言動を詳細に検討することを意味する。この視点から家族を見直せば、従来の「イスラームでは家族はこう規定される」「中東では家族はこうだ」といった紋切型の文句に出てこなかった側面や状況が多く存在することに気づくだろう。本書で取り上げ、読者に示したいのは、イスラームが根づいた諸社会における家族のそうした諸側面を含めた社会の姿である。

なかでも重視しているのは、家族を構築主義的に見ることである。これは、家族をはじめから中身が決まっているものと考えるのではなく、人々が「家族として」行動するなかでその人なりの「家族をつくりあげる」過程に注目し、一つの家族でも時間の経過とともにその内実が変化することを意識し、家族を改変しようとする外からの働きかけと、それに対する抵抗や改変があることを捉えようとする視点を指す。これは、家族というものが既存の観念や慣習、法制度、教育などによりイメージされ、構造化されるものであると同時に、個々人の行為実践によってさまざまに異なる形でつくり出され、修正されるものと捉える見方でもある。この意味において、家族は決まった形があるようでいて、つねに「うつりゆく」ものだといえよう。

本書で取り組むのは、現代のおもに中東の諸社会において、人々がどのような家族観を持ち、誰をどのような理由で自らの家族とみなし、その者にどのような権利を与え、どのような義務を果たそうとしているのか、家族という観念がどのように形作られ、どの形が支持され、どのような状況で変更が加えられてきたのかを明らかにすることである。言い換えれば、それぞれの文脈のなかで、「家族」が経験され、議論され、改変され、つくりかえられていく様を描き出すことが、本書の目的となる。

2 本書の構成

本書は、全部で12の章と6つのコラムから構成される。章は4部に分かれ、各部は3章からなる。各章の執筆者は、それぞれ文化人類学や地域研究、法学、政治学を専門として、多年にわたり現地に足を運び、フィールドワークを重ねてきた者である。

第I部「家族に含まれるもの」では、オマーン、イエメン、モロッコを専門とする大川、大坪、齋藤が、それぞれの地域社会において家族と呼ばれ、家族として扱われる者が誰なのかを文脈に即して描き出す。大川による第1章では、東アフリカに一大帝国を築き上げたオマーン人による手記をもとに、本国と海外領土出身の複数の妻や家内奴隷の存在を背景に、家族のなかに「他人」が日常的に存在している複合的状況とそこでの関係性を描く。大坪による第2章では、イエメンの首都サナアの都市社会において、結婚後は夫の親と同居あるいは近隣に居住する傾向があるなかで、夫婦や親子がともにすごす時間の有無や形態、彼ら彼女らのくつろぎの様子を綿密に描くことで、家庭にあると想像される団欒の観念を捉え直す。齋藤による第3章では、モロッコのベルベル人（イスラーム化した先住民）のある家族の成員間で店舗の権利をめぐる訴訟が生じた事例を取り上げ、そのなかで出てきた「私たちは家族だから」「家族なんかじゃない、敵だ」という言葉の意味について、その家族が生きる時代や地域の背景を読み込みながら丁寧に解読していく。

第Ⅱ部「家族に死が訪れるとき」では、エジプトでフィールドワークを行ってきた鳥山、岡戸、竹村が、カイロ、アレクサンドリア、マルカズ・バドルという異なる地域においてそれぞれ観察した「死」の局面をめぐる家族の対応と変化を扱う。鳥山による第4章では、カイロ近郊のある村に住む大家族（複数の世帯が一つの家屋に同居するという意味で）において稼ぎ頭であった父が亡くなった数年後に母が亡くなる過程を取り上げ、典型的な家父長制家族に見えたその家族の要が実は母であったことを情緒豊かに描き出す。岡戸による第5章では、地方から地中海の都市アレクサンドリアに出てきた同郷者の男たちの一人が亡くなったときに行う葬儀告示を誰が取り仕切り、誰の名前をどの順序で記すかが議論になった瞬間を捉え、そこで競われた家族・親族的つながりの伸び縮みを示す。竹村による第6章では、地方のある町において、複数のアパートを内包する家屋の所有者である男性Gの生涯を一つの事例として、エジプトの一人の男性が生きた家族の姿、彼を取り巻く親子関係や兄弟姉妹関係、夫婦関係の動態を描き出す。

第Ⅲ部「家族をめぐる法の論理」では、インド、イラン、トルコで法と社会に関する調査を行ってきた伊藤、森田、村上がそれぞれの国において、家族が宗教やエスニシティとの関わりのなかでどのように観念され、法制化されてきたのかを論じる。伊藤による第7章では、インドにおける宗教マイノリティとしてのムスリム家族法を取り上げ、とくに2010年代に生じた関連事件や裁判から、ムスリム家族を取り巻く法制度がまさにインドの社会的論議の焦点となっている状況を示す。森田による第8章では、シーア派を多数派とし、1979年以来イスラーム共和国体制が敷かれているイランの家族に生じている変化として、結婚しようとしない若者世代の姿や、女性や子どもの権利がイスラーム法的理念と衝突する状況、そのなかで近年女性が得た後見や養育の権利を伝える。村上による第9章では、トルコにおいて娘の不品行を正すために家族が娘を殺す「名誉殺人」を制限する目的で、これを「因習殺人」と呼称し、終身刑を科すようになった2004年の刑法改正に焦点を当て、女性の人権に配慮したはずのこの法改正がトルコのなかでどのように解釈・運用されてきたのかを明らかにする。

第Ⅳ部「家族に入り込む政治」では、エジプト、チュニジア、パレスチナで政治と政策に関する調査を行ってきた鈴木、岩崎、錦田が、それぞれ議会政治、家族計画、市民権を事例として、家族と政治の双方向的な働きかけの局面を描き出す。鈴木による第10章では、エジプトの地方議会と中央議会において隠然たる影響力を持つ「議会家族」（世襲政治家の一族）の一つ、バースィル家に注目し、現在に至るまで続くその系譜を描き出し、この一家とエジプト近現代史との深い絡み合いを示す。岩崎による第11章では、チュニジアのある村で1996年と2016年に岩崎が行った世帯調査をもとに、チュニジア政府が進めてきた「家族計画」、すなわち産児制限がどのように住民に理解され、現地の家族観に影響を与えたかを長期的視野から論じる。錦田による第12章では、政治的理由により故郷パレスチナから周辺国、さらに第三国（とくにヨーロッパ）への移動を強いられたパレスチナ難民が、無国籍状態から第三国で市民権を取得することにより自らの家族関係を再編しつつ、故郷とのつながりを保とうとする動きを追いかける。

前半の2部では、イスラームが根づいた諸社会において、人々がどのような形で家族を組織し、家族と関係を結び、家族を経験しているのかという点に焦点を絞っている。後半の2部では、そうした社会において、家族の形を規定し、その権利義務関係を明文化し、特定の形に仕立てあげようとする動きとそれに対する反発や抵抗に光を当てる。家族を考える際には、内発的な力、すなわち人が特定の家族観を内面化し、ときに意識的に、ときに無自覚に受け入れて行動する側面と、外発的な力、すなわち特定の家族観を人々に押し付け、従わせようとする動きとそれに対する反応の両面に留意しなければならないと考えるためである。

本書の各章とコラムでは、イスラームがすべてを定めるとみなされがちな地域・社会においても、家族の理解と実態は多様でつねに変わりつつあることを丁寧に描き出している。この作業を通じて、「うつりゆく家族」の姿を示していきたい。

本書で主に対象とした国・地域

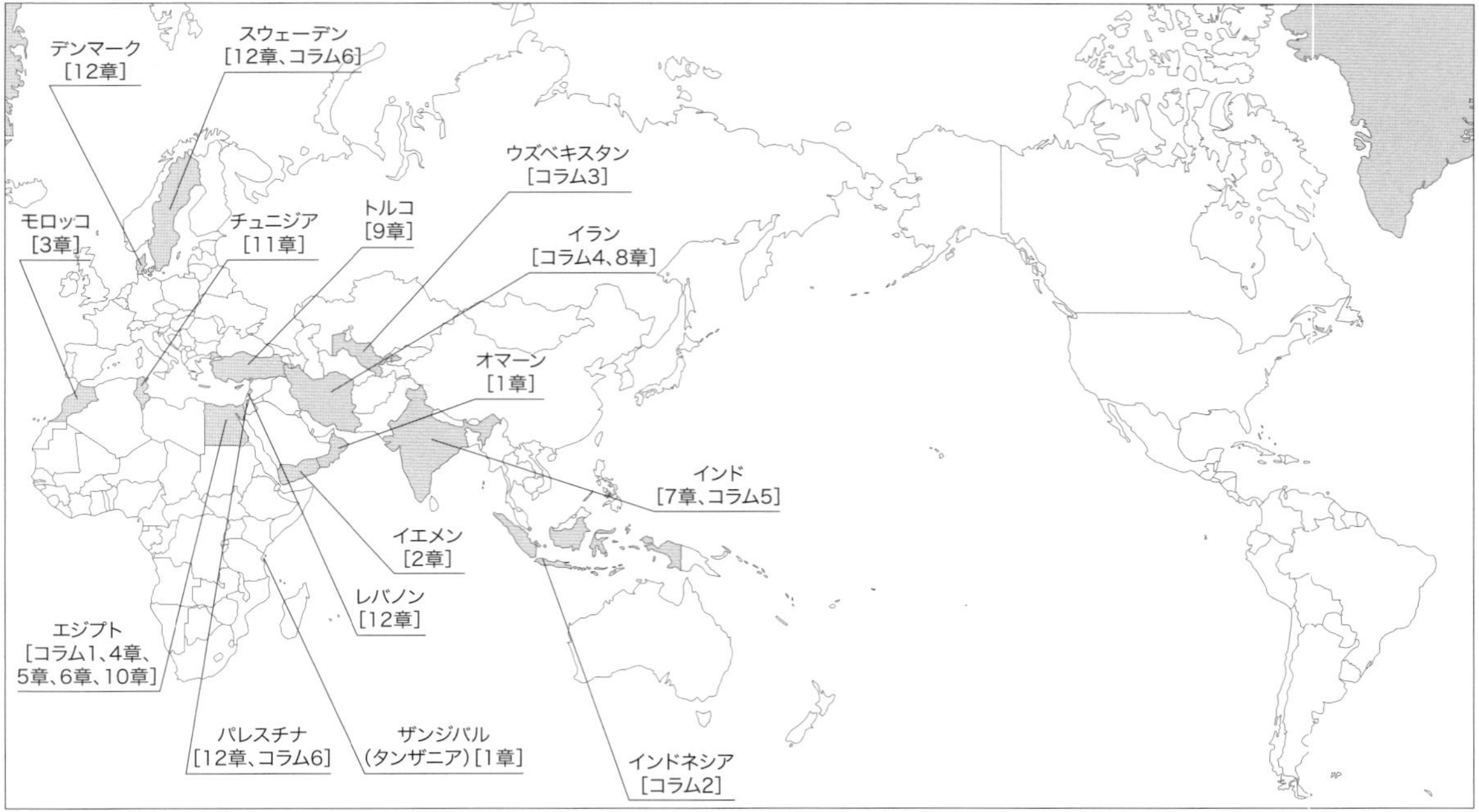
デンマーク
[12章]
スウェーデン
[12章、コラム6]
モロッコ
[3章]
チュニジア
[11章]
トルコ
[9章]
ウズベキスタン
[コラム3]
イラン
[コラム4、8章]
オマーン
[1章]
インド
[7章、コラム5]
イエメン
[2章]
レバノン
[12章]
エジプト
[コラム1、4章、
5章、6章、10章]
パレスチナ
[12章、コラム6]
ザンジバル
(タンザニア)[1章]
インドネシア
[コラム2]

イスラーム・ジェンダー・スタディーズ6

うつりゆく家族

目次

IG科研

第Ⅰ部　家族に含まれるもの

第Ⅳ部　家族に入り込む政治

※本文中の写真で出所の記載のないものについては、原則として執筆者の撮影・提供によるものです。

第Ⅰ部
家族に含まれるもの

第1章

つねに「他人」が家にいる
――オマーン移民の家族と「ハーディマ（奴隷／メイド）」

大川真由子

はじめに

2019年、世界的に権威ある文学賞の一つ、国際ブッカー賞をアラブ人が初めて受賞した。著者はジャウハ・アル＝ハーリシー、オマーン人女性である。『月の女たち（*Sayyidāt al-Qamar*、英題 *Celestial Bodies*）』というタイトルのその小説は、1970年以降の近代化で急速に変化するオマーン社会を舞台に、三姉妹の結婚や成長を描く一方で、奴隷制、暴力、家父長制といったテーマが複雑に絡み合い、重苦しい沈痛な雰囲気を織りなしている。と同時に読者にとって衝撃だったのは、真偽のほどはさておき、1950年代に公式に廃止されたはずの奴隷制が、小説の時代設定である1970～80年代になってもオマーンの村落部で厳然と存在し続けていたという内容であった。受賞発表当初こそ賞賛が相次いだものの、それまでタブーとされてきた奴隷制の様子が描かれていたために、読者、とりわけアラブ人読者からは多くの批判が寄せられた。中東アラブ社会への誤解・偏見を助長しかねないというのが主たる批判理由だ。

奴隷が擬似的な血縁関係によって「家族」として存在する生活の様子は、これまでもオマーンの民族誌に描かれていた。たとえば、自分の仕えている（いた）主人のことを「（父方の）オジ」と呼んだり、元主人が有力部族だった場合はその部族とのつながりを強調したりという具合である。１９７０年代初頭、北部の町ソハールで調査した人類学者は、住民の約1割が奴隷出身であったと推計し、「奴隷制は20年前までは重要な制度であり、今日の家族は奴隷出自や奴隷との混血にまみれている」と述べている（Barth 1983: 6, 47）。筆者が２０００年代初頭に調査をした東部の村でも、フッダームと呼ばれる奴隷出自を持つ人々（解放奴隷やその子孫も含む）が元主人専属の使用人として働いたり、親族の冠婚葬祭でエンターテイナーとしての役割を担ったりするなど、日常生活において当たり前の存在であった。

　歴史的に見れば、オマーンがインド洋における奴隷交易に積極的に関与し、それによって17世紀から19世紀にかけて経済的に繁栄したことはまぎれもない事実である。前近代の中東社会で奴隷、とりわけ家内奴隷は普遍的に存在していたが、オマーンはアフリカからの奴隷交易の中継地でもあったため、他国と比べて奴隷が生活に浸透していたといってよい。ただし、これらの事実はオマーンの公的な歴史、つまり政府刊行物や学校教科書のなかで語られることはない。しかも『月の女たち』は学術書ではなく、一般人も手にする小説でオマー

写真１　エンターテイナーとしてのフッダーム
オマーン農村部での結婚式の様子。スピーカーを使って歌い、場を盛り上げる

ンの「歴史の暗部」が描かれ、英訳され、さらには国際的文学賞を受賞したことで、世間の注目を集めてしまったのだった。

くだんの作家ジャウハ・アル＝ハーリシーは、オマーンの有力部族のなかでも部族長たるシャイフの家柄の出身である。シャイフは抱える奴隷あるいは奴隷出身の使用人の数も多く、彼女の小説でも描かれているように、奴隷の妾《めかけ》を持つ者も多かった。女性使用人はアラビア語で「ハーディマ（khādima）」と呼ばれるが、オマーン方言ではそのほかにも奴隷（出身の）女性という意味で使われている。使用人あるいは妾としての奴隷、さらにはアラブ人を父にアフリカ人奴隷を母に持つ混血が、古くからオマーン人と同じ敷地や家屋内で生活を営んでいた。本章で取り上げるのは、こうしたアフリカに出自を持つ外来の他者が存在するオマーン人家族である。

1　どう「家族」を描くか？

まず、用語の説明をしておこう。本章では、「妾」や「混血」といった、わりとショッキングな言葉が登場する。一般的に、「妾」とは法的な婚姻関係の外側で主人から経済的援助を得ている女性を意味する。単なる一時的な愛人関係ではなく、妻が公認している場合も多い。日本でも、明治時代には妾の存在が公的に認められていた時期もあったし、公にではないにしろ、戦前まで経済力のある男性が妾を持つことは珍しいことではなかったという点においては、これから出てくるオマーン人の例と共通点があるかもしれない。イスラーム社会では奴隷女性がこの「妾」の役割を担っていた。また、「混血」については、戦後の日本で「混血児」が差別用語として使われていたという経緯があるため、使用を控えるべきだという向きもある。だが、ここでは「妾」はconcubineの、「混血」はmixed raceの訳語として、そして差別的含意のない分析用語として用いているので、そのまま表記することをお許しいただきたい。

さて、本章で扱うオマーン人とは、オマーンを出てインド洋を渡り、東アフリカ、とりわけザンジバル（タンザニア沖に浮かぶ群島）に渡った人々である。季節風を利用した木造帆船に乗って移動すること約4000キロ。時代的には19世紀中葉からの1世紀が対象なので過去の話にも思えるが、実は現代の移民社会を考えるうえでも示唆的な状況（あるいは共通点）が見えてくる。本章では、このオマーン移民が移住先でどのように結婚し家族を形成していったのかを見ていくわけだが、注目したい点が二つある。

一つめは、移住先での家族形成のなかでも、とりわけ家庭という空間における親密性である。親密性というと難しく聞こえるかもしれないが、セクシュアリティ、親子関係、育児・養育などに関わることである。誰と結婚し、どこで生活し、どのように子どもの宗教・民族的道徳観を育み、どこでどのような教育を受けさせ、どのように主人と使用人の関係を結ぶのか、さらにはどのように性的欲求を満たしているのか。こうしたきわめて私的な事柄は、公的文書や学術書にはあまり出てこない内容であろう。

注目する二つめは、移住先での危機的状況下における家族形成の方法である。オマーンでは住民のほとんどがアラブ・ムスリムであるから、結婚相手も当然アラブ・ムスリムが選ばれ、イトコ婚や部族内婚の選好といったアラブ・イスラーム的な伝統の影響を受ける。ここでいう「アラブ（人）」とは、アラビア語を話し、アラブ文明の担い手、あるいはアラブ文化を身につけている者として、さしあたりは理解されたい。ところが、移住先の住民はアラブ人ではなく、言語も慣習も異なるアフリカ人であるから、異民族間結婚あるいは性交渉が起こり、混血の子どもが生まれる。さらには移住して時間が経つと、第一言語であるアラビア語を話さなくなるし、移住先がイギリス保護領になった後は、イスラーム教育を満足に受けられないという状況にもなる。という具合に、本国での当たり前が当たり前ではなくなってしまうのである。移住先で民族・宗教的アイデンティティの危機的状況に直面した際、どう対処するのか。これは先に述べた子どもの道徳的環境に関わる事柄でもある。

今回参照するのは、1990年代後半以降出版されるようになったアフリカ出身のオマーン人らによる自伝である。補助的に、筆者が2000年来オマーンで実施しているフィールドワークのデータも用いる。自伝を使うことで、民衆というよりは、むしろエリートの家庭生活や家族空間に関する記述に依拠することになってしまう点は否めない。だが、奴隷交易への関与という負の遺産が、オマーンにおいてこれまで公に語られることがなかったという状況下で、アフリカに渡ったオマーン人らによる自伝は資料としても貴重であろう。しかも19世紀末以降のザンジバルという植民地的状況を生きるオマーン移民家庭の秩序の特徴は、これから見ていくように、エリート家族にこそ如実にあらわれている。つまりエリートならではの婚姻形態あるいはセクシュアリティなり、子の養育方法なりが浮かび上がってくるのである。

2　海を渡ったオマーン人の結婚

オマーンは17世紀半ばから東アフリカに進出し、沿岸部全体の支配権を確立していった。ある程度まとまった規模でオマーンから東アフリカに人が移住するようになったのは、象牙と奴隷貿易で繁栄していたザンジバルに関心を抱いたオマーンの君主サイード（在位1806～56年）が、広範な領土を抱えるオマーン帝国の帝都をザンジバルに移し、自らも当地に移り住んだ1832年以降である。ザンジバルは何百年も前からアフリカ系、アラブ系、ペルシア系の人々が混血を繰り返し、それぞれの文化にイスラーム的要素が融合されたスワヒリ文化を形成してきた場所である。スワヒリ語を話すムスリムは、ザンジバルを含む東アフリカ沿岸部一帯で「スワヒリ」と呼ばれ、アフリカ内陸部の非ムスリムとは異なるアイデンティティを持つ。

その後、1890年のイギリスによる保護領化を経て、ザンジバルが独立する1960年代まで、数万人規模のオマーン移民がザンジバルをはじめとする東アフリカ沿岸・島嶼部に暮らしていた（地図参照）。19世紀になると、オマーンの支配一族であるブーサイード部族をトップに、その他のオマーン・エリート部族が政治を、インド系商人が経済を支配するコスモポリタンな国家となった。

オマーン人は部族単位でザンジバルを目指し、到着後もそのまま集住した。ザンジバルから、さらに大陸部（タンザニアやブルンジ、ルワンダなど）に拡散していった者も多い。1914年、オマーン移民三世としてザンジバルで生まれたサウード・アル＝ブーサイーディーは自伝のなかで、家族4人で暮らしていた家の路地を挟んだすぐ隣に祖父母宅があり、孫の世話のために

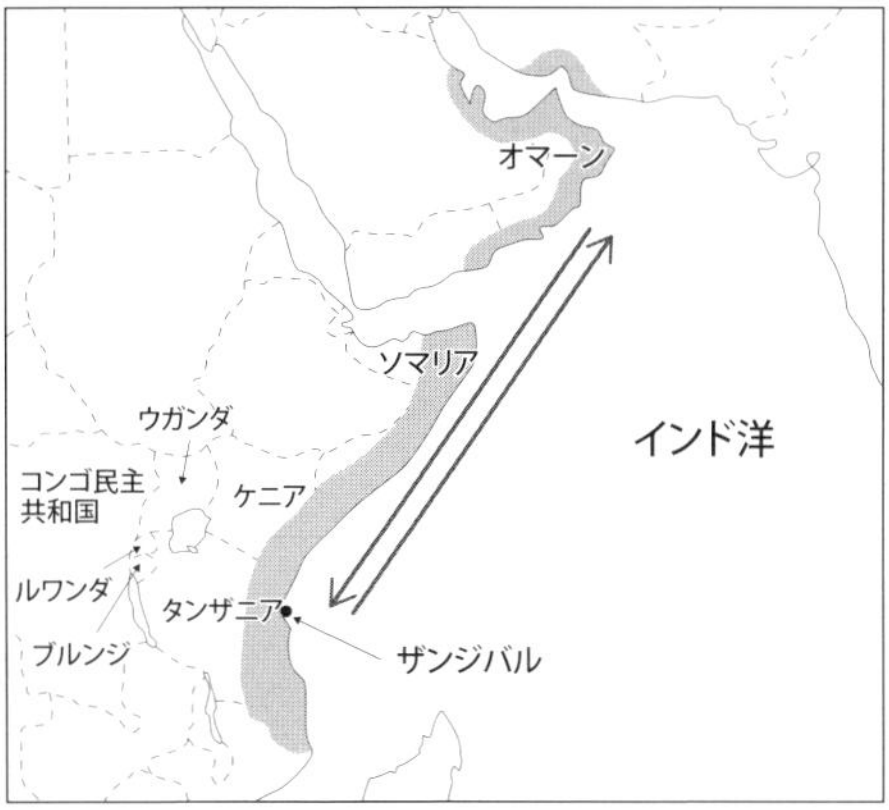

地図　19世紀中葉のオマーン帝国領土（網かけ部分）
アフリカ内の国名はオマーン人の移住先

写真2　ザンジバルにあるサイード王の邸宅跡

写真３　「ザンジバル・ドア」
旧アラブ人住居の玄関にはアラビア文字で装飾された木彫ドアが残されている

写真４　ザンジバルのオマーン移民住居
３階建て以上の石造建築物が連なる街並みは東アフリカでは珍しい。サイード王が建設した旧市街地ストーンタウンは、世界遺産に指定されている

祖母が行き来していた様子を回顧している。近隣もブーサイード部族の家庭が多く、頻繁に出入りしていたようである（Al Busaidi 2012: 33-34）。この男性はのちに自身の姉がザンジバルのスルターン（国王）に嫁ぐなど、支配一族たるブーサイード部族のなかでも王家に近く、裕福な家系出身であった。

　こうした有力部族や王族の結婚に限らず、オマーンを含めたアラブ社会では伝統的にイトコ婚が選好されてきた。そのなかでもとりわけ父方平行イトコ婚（父親同士が兄弟のイトコ、つまり同じ部族内での結婚）は理想とされ、つい最近まで、ときには強制力を伴って実践されてきた。現在ではその慣習はだいぶすたれてきたとはいえ、オマーンでは全体の49％が血縁者同士の結婚で、18歳以上の男女のうち75％が血縁者同士の結婚に好意的であるという２０１６年のデータもある（Islam 2016）。なお、アラブ社会ではイトコによっては同族でない可能性もあるため、以下、父方、母方双方の親族を含めた結婚を「親族内婚」と記す。

親族内婚、とりわけ部族内婚を理想とするこうした考え方は、人の移動とともにオマーンから東アフリカにも伝わった。オマーン移民、とりわけエリート部族では本国と同様、まずは部族内婚が優先されていた。ザンジバルで大臣を歴任したオマーン移民、アリー・アル＝バルワーニー（1919年生まれ）は、20世紀前半の生活を回顧した自伝のなかで、当時は部族内婚が主流だったと言いながらも、自身は同じ部族ではない女性アッザ・アル＝ブーサイーディーと結婚することについて、母方オジと交わした次のような会話を紹介している（Al Barwani 1997: 113-114）。

オジ　「アリー、なぜ結婚しないいんだ？　そろそろいい歳だろう」

アリー「私は誰と結婚するのでしょうか？」

オジ　「私の2人の娘のうちのどちらかだ」〔訳注：このオジは娘たちの母親とは再婚で、娘たちとは血がつながっていない〕

アリー「認めてもらえるでしょうか？　ブーサイード部族内で結婚させるべきだと言われないでしょうか？」

オジ　「娘の母親が君を気に入ってるんだ。（娘の）父方のオジも賢い男でね、自分の姪に最適な相手と結婚させたいと思っている。君には上の娘アッザと結婚してほしいのだがね……」〔訳注：「父方のオジ」とは娘から見て、亡くなった実父の兄か弟を指す。アラブ社会では、とりわけ実父が不在の場合、父方のオジが影響力を持つ〕

写真５　20 世紀前半ザンジバルの様子（ハマド・アル=マフルーキー氏提供）
左にいる、ターバンを巻き腰元に短剣を差している男性は伝統的なオマーン人の格好をしている

少し説明が必要かもしれない。アリーのオジの再婚相手の連れ子がアッザである。血はつながっていないとはいえ、アリーから見るとアッザは「親族」と呼んでも差し支えない間柄に思える。言い換えれば、「血のつながらないイトコ」だろう。だが、アッザはアリーと同じ部族内ではないことに加え、母方イトコであるために、結婚相手としての優先順位は低いのである。だが、アリーの場合、アッザの義父である母方オジと親しかったことや、アッザの母親を慕っていたこと、さらには以前からアッザに好意を抱いていたことが結婚相手の選択に影響しているといえる。

この会話を交わした晩、アリーは自身の両親に結婚の意思を伝えたところ、イトコ（血のつながった、おそらくは父方オジの娘たち）との結婚を何件か提案された。ところがアリーはいずれも退け、オジに勧められた女性と結婚したいのだと譲らなかった。本来、アッザにも同族内にしかるべき結婚相手がいたにもかかわらず、別部族の男性が結婚を申し込んだことで、アッザ側の親族のなかには難色を示した者もいて、調整に数ヵ月を要した。だが、アリーの人柄や家柄、実力は、アッザと同じ部族である当時のスルターンも認めるところで、両家の結婚には賛成だったという（Al Barwani 1997: 114-115）。原則的には部族内婚が選好されていたが、アリーたちのように両家の格が同等である場合は、こうした部族外婚も可能だった。

ただし、身近に結婚対象となるオマーン人女性がいない場合はその限りではない。たとえば、オマーンからアフリカへの移民初期（19世紀半ば）は男性単身での移民が多かったため、現地人女性と結婚するケースも少なくなかった。また、イスラーム法では一夫多妻を認めているため、1人目の妻を同じ部族内から選ぶという原則は貫きつつも、2人目以降は異民族の妻すなわち現地人女性を娶《めと》るというケースも多かった（Wilkinson 2015: 6-8）。オマーンに妻子を残したまま移住し、東アフリカの現地女性、とくにスワヒリ語を話すムスリムであるスワヒリ女性と結婚したケースもある。さらには、ザンジバルを出てアフリカ大陸に渡り、コンゴ、ルワンダといった内陸まで進出していたオマーン商人たちは、交易中の安全確保のため、戦略的に地元の有力一族と婚姻関係を結ぶことがあった（Grandmaison 1989）。

なお、この異民族間の結婚はオマーン人男性とスワヒリ女性という組み合わせが原則で、逆のパターンはない。それというのも、オマーンでは女性が自分より格下の家柄の男性と結婚することは禁止されているからである。これは現在では家族法で規定されているが、伝統的にオマーンでは「カファーア（kafā'a）」と呼ばれ実践されてきた。カファーアとは「同等」を意味するアラビア語で、結婚において男性は女性の一族と同等か、それよりも優位な地位でなければならないとする考え方である。部族内婚であればこのカファーアの原則は問題にならないが、そうでないときに最も重視されるのが、女性側から見た男性側の部族の「格」である。なぜなら父系出自をたどるアラブ社会では、生まれてくる子どもは父親の出自集団の成員になるため、女性側から見ると自分の子どもの身分が下がってし

写真６　在ザンジバルのオマーン移民の末裔
帽子や長衣の襟元のデザインがオマーンのものと同じである

まうからである。日本風にいえば、「玉の輿」はよくても、「逆玉」は許されないということだ。これは自由人と奴隷というかつての明確な社会的身分の差だけではなく、アラブ人内部の部族間格差でより現実的な問題となる。

もちろん移住先でもアラブの純血を保っていた場合もあるが、イスラーム法は一夫多妻を容認しているために、同じ父親から生まれた子どもたちであっても、アフリカの血筋を引く者とそうでない者が混在しているのはよくあることであった。オマーン移民が集中したザンジバルをはじめ、東アフリカ沿岸部のスワヒリ女性はムスリムであったため、オマーン人の結婚相手としてのハードルは比較的低かったであろう。こうした異民族間の結婚は、親族内婚が主流だった同時代のオマーンでは考えられないことであった。

3 奴隷女性（妾）との内縁関係

上述のような法的な結婚形態に加え、頻繁に見られたのが奴隷女性との内縁関係である。イスラーム法において合法的な性交渉は夫婦間にしか認められておらず、婚前交渉や婚外交渉は姦通罪となる。姦通罪といえば死刑と同等の重罪である。ところが、主人と彼が所有する奴隷女性との性交渉は例外で姦通に相当しないため、主人が奴隷女性に子どもを産ませるケースも少なくなかった。正式な結婚を伴わない関係性ではあったが、主人（自由人男性）と奴隷女性から生まれた子も、父に認知されることによって自由身分となった。男児を産んだ奴隷女性は「ウンム・ワラド（認知子の母）」と呼ばれ、主人の死後は自動的に奴隷身分から解放された。そして奴隷の母から生まれた子も嫡出子として父に扶養され、財産を受け継ぐなど、自由人女性から生まれた子どもと法的に同等であった。主人にとって内縁関係は、自分の出自集団を拡大・強化することを意味したのである。

ザンジバルの場合、奴隷交易で栄えていたという立地的条件もあり、本国オマーンよりも奴隷女性の人数が多かったため、オマーン人男性と奴隷女性との性的な関係は生じやすかった。歴史家クーパーは「こうした妾の子が自由人の妻の子を数のうえで上回っている」(Cooper 1977: 196) と述べているほどである。王族や裕福なアラブ人男性は、アフリカ人よりも高価なチェルケス人(コーカサス地方出身)、ヌビア人(エジプト南部・スーダン出身)、アビシニア人(エチオピア出身)の奴隷女性と内縁関係になることが多かったという。それほど裕福ではないアラブ人でも、アフリカ人の妾(スワヒリ語で「スリヤ(suriya)」)を持つことは一般的であった。奴隷のなかでも、家庭内労働やプランテーション労働に従事する者と比べて妾としての奴隷が最も価値が高く、1877年で80~700米ドルだった。しかし19世紀末になるとその値段は15~50英ポンド(53~176米ドル:筆者算出)に下がったというから、庶民のアラブ人にも手が届いたのだろう。妾には奴隷少女が選ばれ、主人と同じ家に住まわされていた。思春期になるまでは自由人の子どもと同じ環境で育てられたという(Cooper 1977: 196-197)。妾といっても主人との性的関係を持つだけでなく、家事や育児をこなし、同じ敷地内でときには妻と一緒に料理をすることもあった(Croucher 2012: 76-77)。

興味深いのは、スワヒリ社会で「ウニャゴ(unyago)」と呼ばれる成女儀礼において、性教育が行われていたという点である。もともと奴隷女性の間で行われていたイニシエーションが、20世紀初頭にはスワヒリ社会全体に広がったと言われている(富永 2001: 156-159)。思春期になると、少女たちは男女間の作法や夫婦間の性技について、実習も含めて学び、性交とは男女双方にとって快楽であることを知る。そこにはオマーン人男性の妾となるアフリカ人女性も含まれていた。ウニャゴで体得した性的テクニックは、貞節であることが求められるアラブ人女性には持ちえない、奴隷女性の武器となる。彼女たちは性的関係を強いられる一方で、男児出産後の解放、あるいは他の奴隷と比べれば物質的な富を獲得する可能性も同時に持っていた。

先述のように、アラブは徹底した父系社会であるから、父親がアラブ人であれば、たとえ奴隷女性との間に生まれた子であっても、社会的にアラブ人の嫡出子とみなされていた。そしてこうした混血アラブ人が社会の中心人物として、あるいは君主として活躍することは歴史的にも珍しくはなかった。その好例が、オマーン統治期の黄金期を築いた君主サイードの息子たちである。サイードはアラブ人妻を1人しか娶らなかったが、多くの妾との間にできた息子たちがのちのザンジバルのスルターンとなったことを考えると、父系のみが重視され、母親の民族性や宗教は考慮されないことがわかる。

奴隷女性との性的関係はイスラーム法上、結婚ではないことを踏まえると、ザンジバルにおいても原則的にはオマーン・アラブ的伝統である親族内婚が実践されていたといえる。一方で、一夫多妻や妾を容認するというイスラーム的規範が、通婚や混血を生み出す素地を作り出したといえよう。妾は性的快楽の源であり、男性の地位の証であると同時に、家族生活の一部であった。

4　子どもの養育

こうしてザンジバルではオマーン人男性と異民族、とりわけアフリカ人女性との性交渉にもとづく家族が形成され、多くの混血が生まれることになった。このような通婚はなにも高位のオマーン人に限られた話ではない。筆者が２０００〜０２年にインタビューした91人のアフリカ出身のオマーン人のうち、自己申告ではあるが、混血は66人（73％）であった（大川 2010a）。現代のオマーン社会において、アフリカ出身のオマーン人が混血であるというのはむしろ一般的な認識である。

それでは家庭内での養育はどうだったのだろうか。先述のアル゠ブーサイーディーは、「私たちのような家庭の慣習として自分にも子守がおり、彼女が私の養育においての中心人物だった」と述べている。ザンジバル人女性の子守は生涯、彼の家で生活をし、母親もその家庭に仕えていたという（Al Busaidi 2012: 30）。つまり、子どもと最も長時間接するのがスワヒリ語を話すアフリカ人女性だったということである。19世紀末のザンジバルではほとんどの世帯に家事担当の奴隷が複数いたというから（Cooper 1977: 182）、文化的他者との暮らしはごく一般的だったといえる。こうしてザンジバルに渡ったオマーン人は、時間の経過とともにスワヒリ語を話すようになっていく。

だが、そのような状況に危機感を抱く者もいた。とくに懸念されていたのは学校教育だった。1890年にザンジバルがイギリスの保護領になって以来、植民地政府が教育の脱アラブ、脱イスラーム路線をとっていたからである。アラビア語ではなくスワヒリ語が教育言語として用いられるだけでなく、アラビア語やアラブ史、イスラーム教育の科目がないことに対し、オマーン移民、とりわけエリート層は大きな不満と危機感を抱いていた。そこで彼らが活路を見出したのがエジプトである。

20世紀前半のザンジバルには高等教育施設が存在しなかったため、高等教育を求めるエリート・オマーン移民の子弟は主としてエジプトに留学した。満足のいくアラビア語とイスラームの教育を受けられないザンジバル住民が、アラブ・イスラーム世界の中心地エジプトを留学先に選ぶのは自然なことであった。19世紀末から20世紀半ばまでのエジプトは、反植民地主義、アラブ民族主義、サラフィー主義（イスラーム改革思想）、汎イスラーム主義的思想など、さまざまな思想運動が叢生し、沸騰していた、まさにアラブ世界の中心地だったからである。筆者のインタビューでも、アラブ・ナショナリズムの英雄であるエジプトのナセル大統領の名前は頻繁に聞かれた。ザンジバル出身の男性曰く、「自分たちがアラブであることには非常に意識的だった。幼い頃、父がナセルの演説をラジオで聴いて『我がアラブのリーダー！』と叫んでいた。父はアラビア語が理解できたから。たとえ理解できなくても当時BBCラジオでは、ナセルの演説は英語とスワヒリ語に通訳されていたんだ」。カリスマ的人気を誇ったナセルのもとに、東アフリカのオマーン人たちもアラブ意識を高揚させていた様子がわかる。のちに植民地政府による教育制度に反対し、さまざまなメディアでアラブ・イスラーム教育の重要性を訴えたエリートたちは、こぞってエジプトに留学したのだった。

このようなエリート・オマーン人も日常的にはスワヒリ語を話していたが、クルアーンの言語としてのアラビア語の特権的位置は十分に理解していた。ここでいうクルアーンの言語とは、文語たる正則アラビア語（フスハー）を意味しており、口語とは区別される。フスハーはムスリム知識人の共通語として機能しており、それを失うことはアラブ人のモラルの低下にもつながるとエリート・オマーン人は考えていた（大川 2010b）。

アラビア語の喪失と並んで懸念されていたのがザンジバル・オマーン人の西洋化である。ザンジバル住民のほとんどはムスリムであるとはいえ、19世紀末からはイギリスの間接統治下に入っていたこともあり、西洋化が進行していた。海外との交流を避け実質的な鎖国状態だった20世紀前半のオマーン本土と比べると、その差は歴然としていた。こうした状況に鑑み、ザンジバルの宗教界は在オマーンのウラマー（イスラーム法学者）にいくつもの質問を送り、ファトワー（法的見解）をもらっていた（Al-Azri 2013: 26-27）。たとえば、キリスト教の学校への通学やキリスト教徒の服装の模倣、英語の学習、あごひげを剃ることといった「西洋化」をめぐる是非である。移民先の非アラブ的社会に適応したかに見えるザンジバルのオマーン人の状況を「滑稽で、信じがたい」と評したオマーン側のウラマーは、「ムスリム子弟がキリスト教の学校で学ぶなど危険極まりないことは疑いの余地がない。ムスリムの若者たちが改宗させられてしまうではないか」と一蹴している。これに対しザンジバルのオマーン人は、「私たちがこの島で生活していけるくらいシャリーア（イスラーム法）は柔軟であるべきだ。さもなければこの島を去らなくてはならない」と反論した。オマーンでは、スンナ派でもシーア派でもない、イバード派というイスラームの穏健派が多数派を占めているのだが、同じイバード派ムスリムであっても、「西洋化」という新しい社会文化的環境をめぐって、オマーンとザンジバルの間の意見の相違は明らかである。少数派である彼らにとってザンジバル社会への統合は喫緊の課題であったが、それはオマーンにいるオマーン人が経験したことのない西洋的近代という挑戦でもあった（Al-Azri 2013: 27）。ここにはアラブ・イスラーム的伝統と西洋的近代の狭間で苦悩しつつも、新しい環境に適応しようとするザンジバルのオマーン人の姿が見てとれる。

おわりに

以上見てきたように、オマーンを出て東アフリカに渡ったオマーン人は、親族内婚を理想としつつも、スワヒリ女性と通婚をし、ときには奴隷女性との内縁関係を持ちながら、日常的には現地人の使用人や子守、奴隷のいる家庭生活を営んでいた。移住先でのこうした柔軟な家族形成を可能にしていたのは、一夫多妻制を容認するイスラームと父系を重んじるアラブの出自である。その結果生まれた混血は、社会的にもアラブ人とみなされ、法的・経済的ハンディキャップを負うこともなかったのである。

一見、家族形成については自由奔放に振る舞っているように思えるオマーン移民だが、植民地的状況のなかでもアラブ・イスラーム的伝統を諦めることはなかった。むしろそれを守るのがエリートに課された使命でもあった。ザンジバルはイギリス間接統治下に入っても、オマーン人スルターンを戴く「アラブ国家」だったからである。ザンジバル国家の政府が抱く「ザンジバル・アラブ人」の自己像は、ザンジバル社会に適応し、愛国心――ここではザンジバル国家への――を持ちつつも、アラビア語にもとづいたイスラームの知識を持つムスリムであった。アラブ・イスラーム的伝統文化の喪失に危機感を抱いていたエリート・オマーン移民にとって、子どもたちをどのようなアラブ・ムスリムに育てるかは深刻な問題だった。と同時に、子の養育は家庭内のみならず、国家の関心事でもあったのだ。

一方で、ここには人種的階層秩序が存在していたことも指摘しておく。つまり同じ「ザンジバル人」であってもアラブ系の方がアフリカ系よりも優れているという意識が働いていたのである。アラブを文明とし、アフリカ（とりわけ非ムスリムのアフリカ人）を無知・未開と位置づける考え方は、当時、アラブ人エリートのなかでは一般的であった。オマーン人の到来あるいはオマーン統治によってザンジバルを含めた東アフリカ一帯に文明がもたらされたという考えは、現代のオマーン人の間でも根強い。

そのように文化的には劣位におかれたアフリカ人とも通婚し、混血が当たり前だった社会、そして文化的他者がいる家庭は、現代オマーン社会にも通じるものがある。現在、その文化的他者はアフリカ人奴隷ではなく、外国人メイドである。アジア出身者が多いが、近年はより賃金の安いアフリカ出身のメイドも増えてきている。冒頭でも記したように、アラビア語の「ハーディマ」は女性使用人を意味するが、オマーン方言では奴隷女性という意味合いが強い（そのため日常会話ではメイドは「シャッガーラ（shaghghāla）」と呼ばれることが多い）。過去も現在も、オマーンの家庭にはハーディマがいる。現代的な文脈では、ハーディマがオマーン人家庭にもたらす影響が議論されている。オマーン人の子どもたちが彼女たちの言語や文化を身につけるようになるとか、主人によるメイドへの性的虐待などが行われるなど、1世紀前と本質的には変わらない問題が浮上しているのである。ただし、外国人メイドが「家族」として扱われたり、認識されたりすることはほとんどない。

冒頭で紹介した小説『月の女たち』の主要な登場人物であるザリーファは、裕福な商人であったシャイフに奴隷として買われ、若くして妾となったが、主人が結婚することになったときに離縁され、別の奴隷男性と結婚させられた。その後も主人の妻の産んだ長男を我が子のように育て、慈しみ、主人や家族のために献身的に働いた。ザリーファに育てられた本小説の語り部アブダッラーも彼女を誰よりも頼り、心の支えにしていたのだった。

写真7　外国人メイド
オマーンの伝統的パンを焼くインドネシア出身のメイド

海を渡ったオマーン人たちは文化的には異なる他者（アフリカ人）を「奴隷」として内部に取り込み、家族生活を営んでいた。文化的他者との生活はつねにアラブ・イスラーム的価値観や規範への挑戦となりうるものだが、ときには近代化や異文化に抗いながら、ときには自分たちの規範をずらしつつ、彼らは限られた資源・条件のなかでセカンド・ベストを選択するというフレキシブルな家族形成をしてきたのではないだろうか。

コラム1

妻の居ぬ間にもう一家族

鳥山純子

結婚18年目を迎えようとしていたある日、私は離れて暮らすエジプト人の夫から、「もう一つの家族」の存在を告げられた。そちらの妻とも、すでに結婚から5年が経つという。チュニジア、トルコを除く中東・北アフリカ諸国では、ムスリム男性は合法的に複婚をすることができる。男性が4人まで妻を娶ることができる一夫多妻は、日本においても「イスラームの特徴」として広く知られている。一夫多妻は、日本ではとりわけ、性的興味の文脈で人々の関心を集めているように見える。しかし、そうした一夫多妻が、現地社会でどのように評価されているのかは、意外と知られていない。

本コラムでは、たまたま私自身の身に起こった複婚と、そこで得ることができた語りをもとに、近年のエジプト都市部における一夫多妻の評価を考えてみたい。私の経験という小さなサンプルではあるが、一夫多妻を取り巻く社会的反応の一端は提示できるように思う。

ソリューションとしての一夫多妻

「どうしても言わなければいけないことがある」と言って、2015年大晦日の夜、夫は二番目の結婚についてきりだした。彼はその後、自分がなぜ二番目の結婚をしなければいけなかったのかを延々と説明した。夫曰く、私たち家族と離れ離れに暮らし、さらに2011年の「1月25日革命」以後まともな稼ぎのない自分が、「男として生きる」ためにとったのが、複婚というソリューション（解決法）だった。そして、二番目の妻の力を借りて、離れて暮らす一番目の妻と子どもたちを支えていこうと考えたらしかった。

エジプトの男性にとっての「男として生きる」ことの重要性は、私ですらエジプトにいると日々感じることがあった。男らしさを発揮する機会のない夫が、新たに妻を娶ることや家族を養うことで男らしさを取り戻そうとしたことは容易に想像できた。性的欲求の充足だけでなく、家族を持つこと、妻を持つことで満たされる「男として生きる」こと。家族を扶養する人間であるという自負、また誰かに頼りにされ、必要とされるという感覚。「男として生きる」ことに含まれる要素は、日本のそれとは重なる部分もありながら、異なる要素も多い。妻や子どもたちと離れて暮らすこと、満足な収入を得られないこと、家族を養えないことによって損なわれた男らしさを、夫は、新しく妻を娶ることで充足させようとしたのだった。

後進性の指標としての一夫多妻

さらに驚かされたのが、5年もの間、夫が二番目の結婚について、ともに暮らす大家族全員に緘口令《かんこうれい》を敷いていたことだった。最も幼い姪っ子や甥っ子は当時3歳や5歳だったが、「秘密をばらしたら、二度と従姉妹（日本に暮らす娘たち）に会えない」とまで言われ、必死に話さないようにしていたらしい。これは、おもに私や娘たちに対する緘口令ではあったが、その対象は、学校の友達や近所の人にまで広がっていた。

この緘口令は、夫の兄弟姉妹にとっては都合のいいものでもあったらしい。彼ら・彼女らは、自分の兄弟の二番目の結婚を恥じていた。中産階級の家庭にとっては、「第二夫人」をもらうことが、時代錯誤で「モダンではない」ことだと考えられていたのだった。これは、外国語を操り中流のステータスを築いてきたこの家族にとってはなんとしても避けなければいけない評判だった。自分の兄が、あるいは弟が複婚をしていることを隠すため、「第二夫人」は、大家族で暮らす住居に移ってきてからも、自由な外出はもとより、バルコニーに出ることも、窓を開け放って暮らすことも許されていなかった。夫の家族は、「第二夫人」が世間の目に触れないようできる限りのことをし、この措置をめぐって、「第二夫人」の実家としばしば争いが起きていた。夫の家族はこの間、できるだけ複婚の事実を周囲に隠し、また私の健在ぶりを示すことで、「モダン」で「先進的」な一家のイメージを保とうとしていた。

問題たりえない一夫多妻

最初に「第二夫人」の存在を知らされてから1年半後、さまざまな話し合いを経て、私たちは離婚をした。その際、私は、これまでに日本人女性とエジプト人男性との離婚案件を何件も扱ってきた、「女性の味方」として知られる現地の弁護士に相談してみることにした。離婚や親権に関して、自分で得ることができる知識はあるにはあったが、それが実際にどのように適用されているのか、専門家の意見を聞きたかった。しかし約束の日時に弁護士事務所を訪れ、私が状況を一通り話し終わると、彼ははっきり「離婚の必要なし」との判定を下した。

彼曰く、私は夫の助けがなくても経済的に安定している、娘たちも基本的に日本で暮らしている（私が親権を持っている）、夫の家族とも仲がいい、夫とも仲が悪いわけではない、ということは離婚する必要はどこにもない。そして、「離婚がないから弁護士相談もなし。お代もなし」と言って、無償で私に離婚を思いとどまるよう説得を始めた。彼が熱弁をふるったところによれば、私にはこの「第二夫人」によって生まれる経済的損失も、精神的瑕疵もない。諸方の関係性も良好に保たれ、不利益は生じていないというのである。唯一あるとすれば、それは性的な嫉妬だが、そんな些細なことには煩わされないのが一番であるという。そして最後に彼は、「経済的に養ってもらわない結婚に、これまであなたがとどまってきたことが一番理解できない。そしてそれ以外は取るに足らないこと」と総評を述べた。そして、もしもあなたが再婚を望むなら、そのときは離婚を手伝うが、今はそのときではない、という決意まで表明してくれた。

世間体の問題としての一夫多妻

近年、エジプトでも複婚によって女性が被る不利益に関する議論が盛んに行われるようになっている。確かに夫の家族のように複婚をよしとしない人々もいる。しかしその理由は、日本で想像されるような男女の貞操をめぐるものに限られない。当然エジプトにも男女間の愛情をめぐる嫉妬心は存在する。しかし私自身の複婚から明らかになったのは、現地における一夫多妻の問題はむしろ、経済的配分や家族という組織を揺るがせるものかどうかという点、あるいは、世間体をめぐるものだったのである。

第2章

団欒と社交のある暮らし
――イエメン・サナアの事例から

大坪玲子

はじめに

家族は身近にあり、文化人類学でも長年注目されてきたテーマだが、研究しにくい側面を持っている。地域を中東に限定すると、中東の人類学の入門書においても、「家族という用語の弾力性に富んだ使用法を理解することが、中東社会においては特に重要」で「単一の親族・家族概念は存在しない」と言いつつも、家族の話ではなく、親族や隣人とのつながりを語ってしまう（アイケルマン 1988: 128）。

イエメンの家族研究のレビューにおいても、これまで家族そのものではなく、出自、複婚、婚姻儀礼が注目されてきたことがわかる。あるいは家族は数字で示される。たとえば21世紀初頭にアデン大学が実施した調査によると、一夫多妻（2～4人）はサナア、アデン、タイズ、ホデイダといった都市では1・5％未満、旧南イエメンのラヘジ州、シャブワ州などの地方ではそれぞれ5・3％と4・0％、イエメンの合計特殊出生率は5・9人、10～14歳で結婚する女性は19・4％、男性は2・7％である（Dahlgren

2018）。

もちろん親族や隣人とのつながりや、婚姻は家族に関わる重要なテーマであり、数字はわかりやすい。しかし家族は親族や隣人とのつながりだけで成立しているわけではないし、実際の家族は数字ではわからない。婚姻は家族と密接に関係するが、婚姻だけが家族のイベントではない。

本章ではイエメンの首都サナアの家族の日常生活を女性の視点から描写する。人生儀礼や年中行事のイベントは書きやすいが、日常生活は書きにくい。冗長な記述になってしまうことはご了承いただきたい。以下では、イエメンの家族の「常識」を説明してから、4家族3人の女性を紹介し、彼女たちを中心に誰が同居するのか、朝から夜まで誰と何をするのかを具体的に記述し、団欒と社交の機会が毎日あることを明らかにする。

個別の事例を紹介するだけでは、その事例の特殊性がわかりにくいので、まず「常識」を説明する。「常識」は静的な記述である。それが20年ほどのタイムスパンで見るとどう変化するのか、あるいは短期間においても例外はないのかを見ていくと、「常識」に当てはまらない事例があることがわかる。言うまでもないことであるが、本章の事例がすべてイエメン特有というわけではない。他の中東諸国や日本にも当てはまる事例が多く登場する。

イエメンでは「アラブの春」以降、一時は民主化が進むかに見えたが、2015年以降内戦状態が続いている。筆者がイエメンを最後に訪れたのは2013年なので、本章の記述は最新の情報ではないことをあらかじめお断りしておく。

1　家族の「常識」と登場する人々

（1）家族

家族と言えば大家族で、夫婦とその子どもから構成される核家族は想定しない。本章を読み進めていくうえで家族という言葉が出てきたら、夫婦、その息子夫婦とその子どもたち、夫婦の未婚の子どもたち、夫の父母を思い浮かべてほしい。

子どもは多い。「少なく産んで大切に育てる」夫婦がいないわけではないが、子どもの人数は3～4人は普通、5～6人も想定内で、10人だとさすがに多い。離婚・再婚が多いので、異母兄弟姉妹や異父兄弟姉妹も多い。

（2）結婚

結婚は親が取り仕切る。適齢期の息子がいる母親は、嫁探しに余念がない。20世紀後半までは、初夜まで花嫁と花婿が顔を合わせない結婚もありえた（実際のところ花嫁は花婿を見るチャンスがある。詳細は拙著（大坪 2017）を参照のこと）。とはいえ娘や息子の意思が尊重されないわけではない。親が取り仕切るので、上の子から「片付く」ことがほとんどである。

職場などで二人が出会って結婚することも出てきたが、婚資（花婿側から花嫁側に贈られる現金）が高額で、披露宴を省略するわけにはいかないので、どうしても親がかりになる。新婚夫婦はまず夫の実家で暮らす。

イエメンではイスラーム法に則り、男性は4人まで妻帯できる。冒頭で紹介したように、実際のところ一夫多妻は非常に少ないが、その場合は妻たちを異なる家に住まわせることが多い。

(3) 男女の分離

イエメンは男女の生活空間の分離が中東諸国のなかでも比較的厳格である。結婚の可能性のある男女は一緒にいてはならない。それが避けられない場合、女性は髪や顔を隠したり、「外出着」(つまり家のなかで着る必要はない)を着たりし、一方、男性は女性をじろじろと見てはならない。イエメンの女性は全身真っ黒の「外出着」なしで出歩くことはない。顔も目以外を隠すスタイルが圧倒的に多い。イエメンではイスラーム主義の影響が少なかったので、「私はムスリムだ」と自覚してイスラーム服を着ているわけではなく、また政府当局から強要されているわけでもなかった(最近は一部の地域ではイスラーム主義の影響がないとは言えない状況なので、過去形にしておく)。

女性は「外出着」を着れば男性と対等であるので、たとえば買い物をするときに店員(ほぼ男性である)に対して慎ましく控えめに接するとか、執拗に値切らないとか、日本で言われるような女性らしい振る舞いを求められることはない。

披露宴は男女別々に開催され、花嫁側の会場には女性だけ、花婿側には男性だけが集まる。葬式も弔問客は男女別に集まる(披露宴も弔問も女性の集まる日数の方が長い)。女性だけの集まりなので、披露宴や弔問では「外出着」を脱ぐ。

日常生活においても、男性が友人(もちろん男性)を家に連れてきたら、その男性の妻は友人に挨拶しない(男女が逆でも同じである)。茶や食事は女性が準備するが、それを男性客に持って行くのは男性の仕事である。

当然のことながら家族は一緒に生活をするが、女性が誰に対して髪や顔を隠すのかは、家族によって異なる。

（4）登場する家族

本章で登場する4家族と3人の女性を紹介しよう（図1～4）。

S家は夫婦に娘が5人いて次女、三女、四女が既婚、息子は5人いて長男、次男、三男が既婚である。次男の妻がアジーザ。

R家はアジーザの実家。アジーザは4人姉妹の次女で、ほかに兄弟が2人いる。両親はすでに他界し、兄弟2人が妻子とともに実家で暮らしている。4姉妹2兄弟は全員既婚である。

T家は一夫二妻。第一夫人に娘が5人、息子が4人。息子4人は妻子とともに実家に住んでいる。実家には未婚の娘、離婚した娘とその子どもたちも住んでいる。ビルキスは四女で未婚。第二夫人に娘が3人、息子が1人いる。

N家は3人兄弟と2人姉妹。父親はすでに他界し、母親は長男一家と同居している。ファーティマは長男の妻である。

本章では長男、長女、嫁、姑という日本語の表現を使うが、ファーストネームの使用を減らすためである。アラビア語は英語と同様に兄弟と姉妹は分けるが、長幼を区別しない。また複数の妻がいる場合に第一夫人、第二夫人と呼ぶが、これも便宜上のことであり、先に結婚した女性と後から結婚した女性ということは事実として明白であるものの、日常会話でそのような表現は使われない。すべてファーストネーム

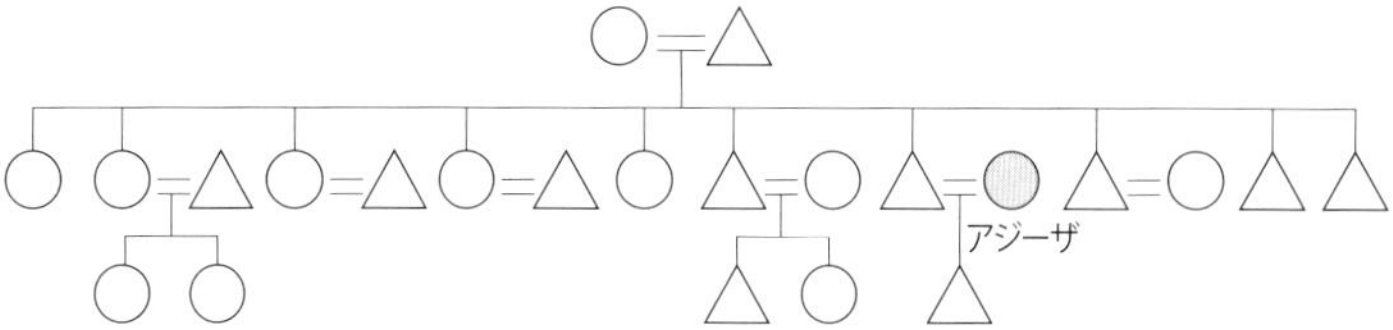

図1　S家

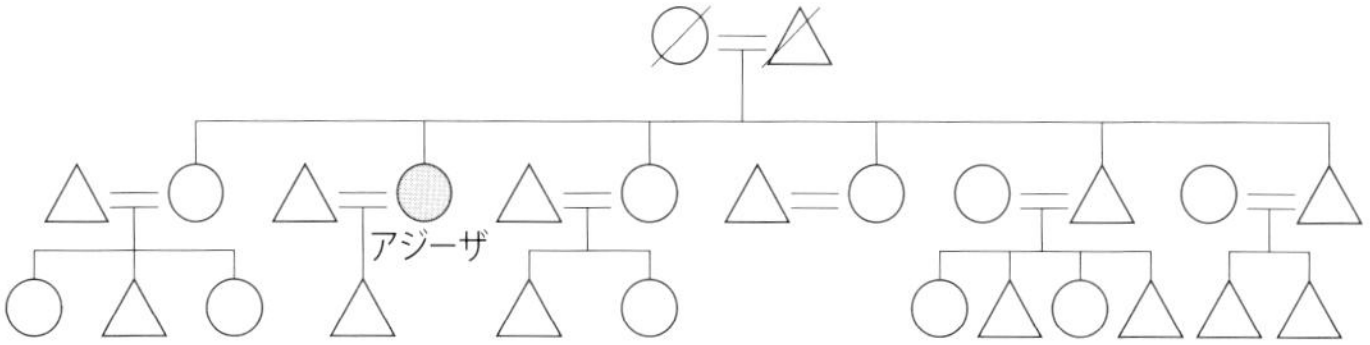

図2　R家

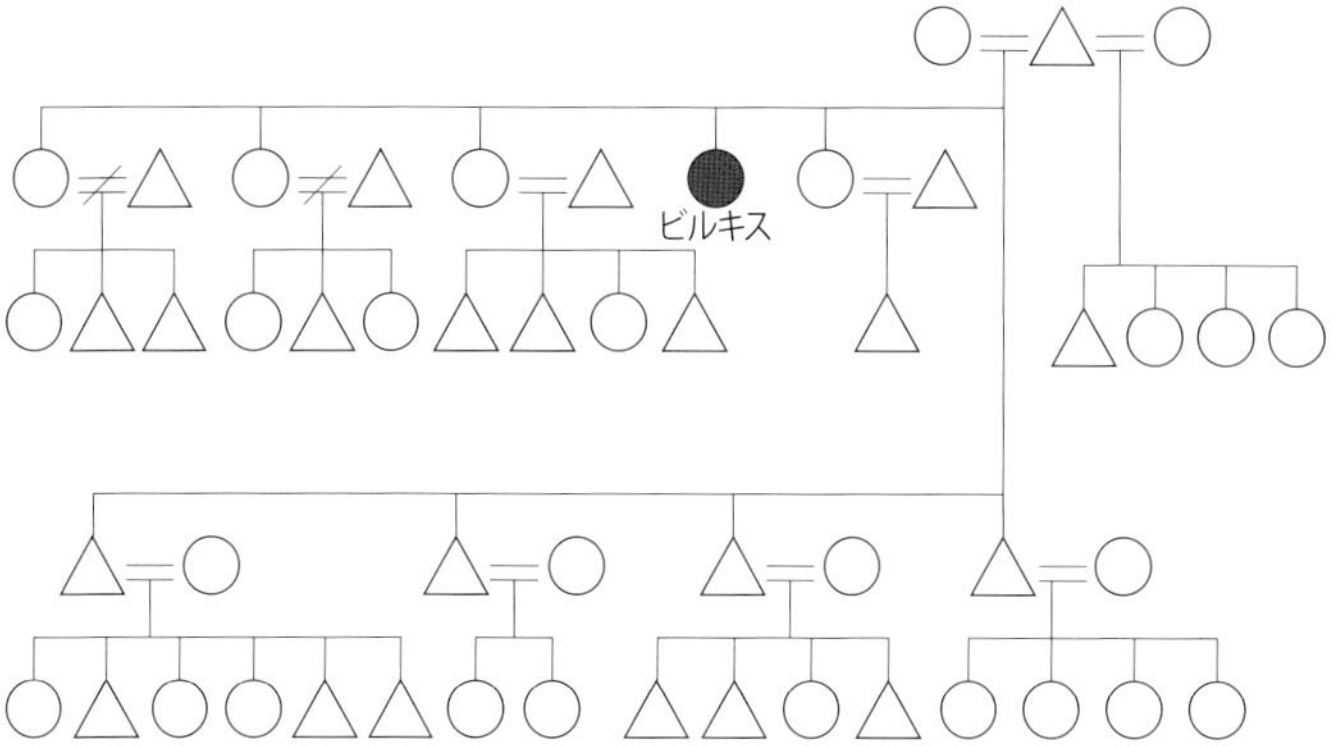

図3　T家

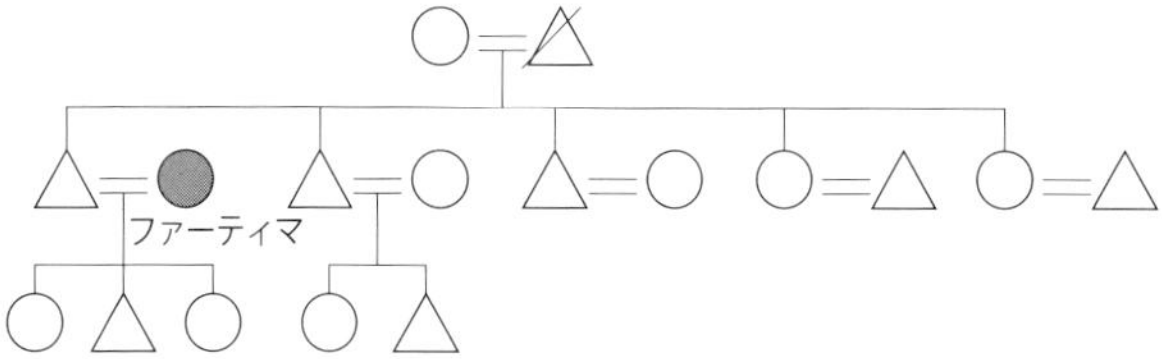

図4　N家

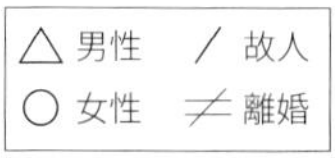

で済む。

イエメン人の名前の名乗り方についてここで説明しよう。人類学的にはイエメン人も含めてアラブ人は父系社会で、子どもは父親の集団に属することになる。女性は結婚・離婚・再婚しても名乗り方は変わらないし、両親が離婚・再婚しても子どもの名乗り方は変わらない。

また本章ではA家、B家と呼ぶが、A、Bだけではわかりにくいので「家」を付けるのであって、これもまた便宜上である。念のため繰り返しておくと、A家の女性はB家の男性と結婚してもA家に属したままである。

カートについても説明しておこう。カートはエチオピア原産の常緑樹で、その新鮮な葉には覚醒作用が含まれている。イエメンは娯楽施設が極端に少ないこともあり、昼食後の数時間、気の置けない人々とカートを噛むのは、老若男女を問わず社交の機会となっている。年齢制限はないが、日常的に消費するようになるのは、男性は仕事を得てから、女性は結婚してからが多い。カートは自分の家や知り合いの家で噛むもので、カートを噛むための施設もなくはないが、一般的ではない。好きな人は毎日、披露宴や弔問でもカートを噛むが、男女分かれて噛むことがほとんどである。

2　誰がいるのか

(1)　新婚夫婦

花嫁が女性だけが集まる披露宴の後に向かう先は、花婿の実家である。そこで初夜をすごし、そのままそこに住む。夫婦に与えられるのは寝室1部屋だけということもある。バスルーム（シャワーとトイレ）が付くこともある。キッチンが付くことはまれである。新婚当初から二人だけで生活することはまずない。

では兄弟が多い場合はどうするのか。新婚夫婦は1部屋で済むが、兄弟が多ければ、それだけ部屋も必要になる。T家は4人兄弟が皆、実家で同居していた。筆者が知り合った当初、夫婦の専有するスペースは1部屋だけで、夫婦専用のバスルームはなかったが、のちに一家で引越をして、それぞれの夫婦がアパート（というよりもむしろマンション）のような、かなり独立した空間を持つようになった。夫婦の寝室（大きなダブルベッドと壁一面を覆うクローゼット、妻のドレッサー）の横にはバスルーム（シャワーとバスタブとトイレ）が付いている。とはいえ各核家族の空間が玄関や鍵で区切られるわけではなく、キッチンも共有である。マンションのような家に兄弟が妻子とともに住んでいるのは、T家に経済的な余裕があって、それなりの居住空間を提供できるからであり、さらに付け加えれば兄弟の父親の意向が強く反映されているからである。実際のところ兄弟も、同居している妻たちも、非常に仲が良いというわけではなかった。

T家と同じくらい大家族のS家はどうか。S家は以前はサナア市の中心部に住んでいたが、子どもが大きくなったので、長男が結婚する数年前に中心部から車で20分ほど離れたところに引越した。前者を旧居と呼ぶ。旧居は賃貸に出すこともあり、筆者も数年お世話になった。

長男が結婚したとき、夫婦は夫の実家に住んだ。夫婦のスペースとしては広い寝室（大きなダブルベッドと壁一面を覆うクローゼット、新婦のドレッサー、床に座るためのマットレスと肘掛け用クッション）とバスルーム（シャワーとトイレ）が与えられた。

数年後に次男が結婚したとき、長男夫婦と子どもは旧居に住んでいた。新婚の次男夫婦は、長男夫婦の使っていた実家の部屋を使った。さらに数年後に三男が結婚したが、そのときは長男一家は実家に戻っていて、次男一家が旧居に住んでいた。三男夫婦には実家をリフォームして、夫婦用の寝室とバスルームが用意された。さらにその数年後、次男一家は実家に近いところ（とはいえ車が必要な場所と距離）に家を建てた。

S家でも新婚当初は夫の実家に住むという「常識」は成立しているものの、長男、次男、三男は結婚後に実家に同時に住んでいない。S家にとって、長男、次男、三男それぞれの夫婦に寝室とバスルームを用意することは物理的には不可能ではないが、そうはしなかった。兄弟の仲ゆえか、妻同士の仲ゆえか、あるいは兄弟と両親の仲ゆえか、それとも妻たちと姑の仲ゆえか、推測はできるが断定はできない。

N家は長男一家と次男一家は同じ一軒家に住んでいて、三男一家は別に住んでいた。三男一家が住んでいる家がもともとの実家であり、長男、次男夫婦は新婚当初は実家に住んでいた。その後長男が資金を提供して新居を建て、自分の家族と、次に結婚した次男とその妻が移り住み、後から母親が新居に移ってきた。長男一家が母親と一緒に2階に住み、1階に次男一家が住んだ（建築構造上、2階の方が面積が広い）。

（2）嫁姑問題

サナアでは嫁姑問題をあまり聞かなかった。理由として、女性は若くして結婚するので（サナアでは20歳前後で結婚する感じだが、地方はもっと早い。児童婚はしばしばイエメンの社会問題として取り上げられ、映画『わたしはヌジューム、10歳で離婚した』（ハディージャ・アル＝サラーミー監督、２０１５年）の題材にもなった）、姑の方が圧倒的に家事がうまいことがある。それから後述するように女性は頻繁に実家に帰るので、そこで母や姉妹とお喋りして気分転換ができる。さらに、子どもの結婚に親は大いに口出しができるのだが、嫁選びには姑の意見が大きく反映される。たとえば「息子はおとなしい性格だからおとなしい嫁がいい」とあくまで息子の嫁を探しながら、同時に意識的か無意識的かいずれにしても自分との相性を見ているわけだ。実際、サナアの女性は圧倒的多数が専業主婦なので、嫁は夫とすごす時間よりも姑とすごす時間の方が長い。姑が嫁を選ぶのは、ある意味「合理的」である。

もちろんどの嫁と姑も仲が良いというわけではない。N家の長男の妻のファーティマは姑と同居していたが、食事の準備も含め家事はほとんどファーティマが仕切っていて、姑はほとんど自室ですごしていた。食事は一緒にとったが、二人の会話は少なかった。ただし家事全般を若いファーティマに任せていたので、姑が若い嫁を信頼していたことは確かだろう。

（3）一夫多妻と子どもたち

T家では2人の妻が同居していたが、2人の生活空間はフロアで分けられていた。筆者は第一夫人とその娘や息子たちと交流していて、第二夫人に会ったことは数えるほどしかない。経済的に余裕があるから妻2人を同居させることができるとも言えるのだが、知り合いのイエメン人に尋ねると「妻2人を同じ家に住まわせるのはありえない」という意見ばかりだった。

第一夫人の末子と第二夫人の長子は3～4歳離れているので、異母兄弟姉妹の1番上から1番下までは、親子ほど年齢が離れるが、1番下の子も異母兄姉をファーストネームで呼び捨てにする。兄弟姉妹であるという点では対等だからである。第二夫人はほとんど自分の居住フロアにいたが、彼女の子どもたちは第一夫人の孫たちと遊ぶこともあり、また第一夫人を慕っていたので、フロアを自由に行き来していた。

その後、第二夫人は離婚した。第二夫人の息子と娘1人は父親が好きだからということで、父と同居を続けた。夫人と娘2人はすぐそばの家に引越したが、娘2人のうち1人は父親の家と行き来していた。離婚後の生活費や養育費は夫が支払っていた。数年後に息子は結婚したが、新婚当初は父の家に住んだ。

一夫多妻が多くない理由の一つとして、結婚に際して花婿側は花嫁側に高額の婚資を贈る必要があることが指摘できるだろう。イエメンの場合、婚資は都市部で高く農村部で低く、年々上昇する傾向にあり、サナアでは日本円で100万円以上、個別の事例では数百万円に及ぶこともあった。加えて花婿側は花嫁の衣類、化粧品、アクセサリーなどを購入する必要がある。公務員の月給が100ドル≒1万円（2013年当時）と言われていたので、若い男性が一人で用意できる金額ではなく、彼の父、兄、祖父、オジが資金を集めて結婚させることになる。だから若い男性は頼りになる男性親族がいないと、なかなか結婚できないという問題もある。

（4）変化する家族

家にはいろいろな人が住む。T家には一時的にビルキスの父の妹が同居していた。S家でも一時的にアジーザの夫の大叔父（父方の祖父の弟）が同居していた。また4〜5世代が一緒に住むこともある。上の世代ほど初婚年齢が低いから、ありうるのだ。

両親が離婚すると、子どもは両親の家を行き来することもある。父方に引き取られていた子が、異母弟妹を連れて実母に会いに来る。父に引き取られていた子どもが、その後母と同居することもあれば、その反対の場合になることもある。筆者が友人の家に遊びに行った際、友人の異父兄（母親の前夫との間の息子）が母親に会いに来ていたこともあった。

数年おきにイエメンに調査に行っていた頃は、知り合いの家を訪問すると、まず家族の増減の確認をした。誰かが結婚する。次に行くと子どもが増える。また次のときは弟妹が婚約する。イトコが結婚する。

誰かが離婚する。筆者の知っているイエメンの家族の人数が多いという理由もあるけれど、家族はつねに増減する。

同居する人数が多くなれば、それだけ問題も起こりやすい。知り合いの家で何度か壮大なけんかを目撃した。T家では普段からビルキスが家族の相談相手である。大人も子どもも彼女に相談し、実際にけんかが起こると、彼女が仲裁していた。

3　何をするのか

(1) 家事の分担

朝食後に仕事に行く男性たち、学校に行く子どもたちを送り出すと、家に残った女性や子どもたち（イエメンの学校は午前と午後に分かれた二部制なので、午後から行く子どもは昼食後に登校する）は家事にとりかかる。

家事はほとんど午前中に済ませてしまう。朝食の片付け、パン作り（パン種をこねて寝かせておく）、洗濯（家族が多いから量は多いが、乾燥した気候のサナアでは、洗濯物はすぐに乾く）、掃除（掃除機を使ったり小さな箒《ほうき》で掃いたりする）、昼食の支度（レトルト食品や冷凍食品はない）。やるべき家事は多いが、昼食を片付けたら、午後はのんびりすごすのが都市部の女性のやり方である。

女性は実家で母や祖母から家事を仕込んでもらってから嫁ぐわけではない。「パンを焼くのは母の仕事だった」から、嫁ぎ先で初めてパンを焼くということもある。日本でもすべて家事を身につけてから嫁いだわけではなかったので（岩村 2005）、イエメン特有の事情ではないだろう。

子ども部屋の掃除などを任される。3歳児でも、赤ん坊が泣いたら大人に伝えることはできるし、メモとお金を握って、近所の雑貨屋に買い物にも行ける。難しい年頃のティーンエージャー男子は、サナアでも気難しい顔をしていることが多いが、幼い弟妹が泣けば、抱き上げてあやしてキスをしまくる。抱き方もあやし方も手慣れたものである。

一軒に女性が複数いることが多く、しかも専業主婦が多いので、家事は女性と子どもが分担しているように見える。しかしイエメンでは家計を預かるのは男性で、だから食料や日用品を買いに行くのも男性の仕事である。昼前のスーク（アラビア語で市場の意味）にはトマトやタマネギを買う男性の姿が見られる。ファーティマの娘は当時小学3年生だったが、ときどき母親に頼まれて「パパ、帰りにバナナとジャガイモを買ってきて」と父親の職場に電話をかけていた。もちろん仕事が忙しく買い物を妻に任せる男性もいるが、買い物をすっかり妻に任せる男性は、隣人や親族から非難されるかもしれない。

（2）食事

一日の食事でメインとなるのは昼食である。仕事や学校に行っている家族も帰ってきて、揃って食べる。といっても、皆が揃って挨拶を言うとか、揃って食べ終わるとか、日本のようなマナーは少ない。食事の開始時刻も毎日異なる。サナアでは床に布を敷いて、その上に直径1メートルほどのお盆を置き（布を敷くだけのこともある）、そこに大皿を並べて右手を伸ばして食べる。各自の小皿はない。席に着いた、ではなくお盆に着いた人から食べ始め、食べ終わったら立ち去って手を洗う。会話は少なめである。胡坐《あぐら》をかいた左膝に幼児を座らせて食べさせる男性も多い（昼食の段取りとメニューとマナーに関しては、拙稿（大坪2007）を参照のこと）。

昼食のときはテレビを見ない。テレビのある部屋で食事をすることは少なく、テレビがあってもつけなかった。テレビやお喋りは食後の楽しみである。そもそも午前中にテレビをつけていることがほとんどないので、食事のときにわざわざ消したというわけではない。また食事中にお喋りする子どもがいても、叱ることはなかった。

R家はアジーザの兄弟夫婦が同居しているが、昼食は2家族が一緒に食べていた。妻たちは普段でも夫の兄弟に対して髪の毛は隠すが、顔は隠さなかった。上下に分かれて住んでいたN家は兄弟で一緒に食事をとらず、ときどき義弟が2階に上がってくると、ファーティマは顔を隠して対応した（髪の毛はつねに布で覆っていて、義弟と会うときはその布で顔を隠した）。

T家は同居している人数が多いので、特注で巨大なスティール製の「ちゃぶ台」を作らせ、プラスチックの椅子（日本人が見れば風呂用椅子）に座って食べることにした。食事はまず仕事から帰ってきた男性たちが食べ、その後女性たちが食べた。これは食事の準備・片付けをする女性の手間を考えての順番であって、女性は男性の残りを食べているわけではなく、自分たちの食べる分は取り分けていた。子どもたちは男性たちと先に食べることも、女性たちと後で食べることもあった。

T家の4人兄弟は、筆者が知り合った当初から結婚していた。当時は嫁が2人ずつ、未婚の娘（ビルキスと妹）が2人で、離婚して出戻った長女は1人で、計4組が交替で昼の準備をしていた。その後、嫁たちは1人ずつとビルキス（妹は婚出）、計5人が交替で昼の当番をするようになった（長女に関しては後述）。嫁たちの子どもたちも簡単な調理を手伝い、「ちょっとニラを買ってきて」と使い走りを頼まれる。とくに午後から学校に行く子どもは使い走り要員である。大家族なので作る量は多いが、イエメンの家庭料理のメニューはそれほどバリエーションに富んだものではなく、自分の当番以外の日は昼食の準備をしなくていいので、それほど大変ではないと思われる。食事当番の女性は、夫の兄弟に対しては髪の毛と顔を隠していた。ビルキスは兄弟に対して髪の毛や顔を隠す必要はない。

T家では朝食と夕食は核家族ごとにとることが多く、夕方まで嫁や子どもたちは皆が集まる部屋にいるが、だんだんと自分たちの空間に去っていく。それも厳密ではなく、皆が集まる部屋に残って、ビルキスや第一夫人と他のイトコと夕食を食べる子どももいた。

ここまで紹介したのは第一夫人の娘と息子とその家族のことで、第二夫人は別のフロアにキッチンを持っていて、別に食事をとった。第二夫人の子どもたちは自由で、第一夫人のフロアで食べることもあった。

(3) 午後のすごし方

昼食を片付けて、礼拝をして着替えたら、午後はお喋りをしてすごす（男性は昼食後に仕事に戻ることが多い）。話す内容は日常の雑談ばかりである。全員で盛り上がることもあるが、数人ずつお喋りしたり、テレビでドラマやニュースを見たりもする。カートを嚙む人は嚙みながら、カートを嚙まない人も紅茶やお菓子をつまみながら参加する。男女で比べると、女性の方が嚙まない人が多く、女性の集会はカートを嚙む人ばかりの集会もあれば、嚙まない人ばかりの集会もある。

T家の第一夫人は毎日カートを嚙んだ。一緒に嚙むのは同居している嫁たち（いつも4人全員とは限らない）、出戻りの長女、三女である。三女は毎日夫に送迎してもらって、子どもを連れて実家に帰ってきて、カートを嚙んだ。第一夫人、長女、三女はカートを嚙みながら水タバコを吸うこともあった。ビルキスと出戻りの次女はカートも水タバコもやらなかったが、午後の集まりには出席していた。近所の女性も参加するが、カートを嚙まない女性が多かった。集まるのは女性ばかりなので、「外出着」は脱ぐ。子どもたち（第一夫人の孫たちと第二夫人の子どもたちと三女の子どもたち）は女性の集まる部屋には顔を出さず、客の連れてきた子どもも一緒に、別室や外で遊んでいた。夕方になって子ども同士でけんかすると、泣きつくのは母親で、そこで初めて「この女性の子どもはこの子か」とわかることもあった。

第一夫人の孫の世代の娘たちは、中高生になると、女性の集まる部屋の端に座って、客への茶菓の提供などを頼まれるようになった。出戻りの長女は午後の集まりの常連だったが、息子が結婚すると息子夫婦と同居するために実家を離れ、その後は毎日実家に顔を出すことはなくなった（長女の息子はずっと父と暮らしていた。結婚後は父の実家を出て、母と弟を引き取って暮らすことになった。この新居の資金は長女の父によるものだろう）。

アジーザとファーティマは、午後は子どもたちと家ですごすことが多かった。子どもの世話をしながらテレビを見たりして、カートは嚙まなかった。アジーザはよく姉妹や姑に電話をかけていた。ファーティマの姑は自分の部屋で一人でテレビを見ながらカートを嚙み、水タバコを吸っていた。

（4）週末は実家へ

イスラームでは金曜日が週末にあたる。サナア在住の女性は、実家が市内にあるなら、金曜日は実家に帰って母や姉妹たちとすごす。

実家には昼前に向かう。夫は妻を実家に送り届けるだけで、妻の親族に挨拶をする必要はない（挨拶をしてもいいし、妻の男性親族とすごしても構わないが、それは求められていない）。

実家に帰ってきた女性たちは昼食を一緒に作って食べ、午後はカートを嚙んだりお喋りしたりしてすごす。従姉妹や祖母やオバ、近所の女性が参加することもある。子どもたちは子ども同士で遊んでいる。女性たちの父母にとっては「他家の子」であるが、だからといって孫がかわいくないなんてことはない。

では金曜の午後に男性はどこにいるのか。アジーザとその姉妹は金曜日になると実家に戻り、実家に住む兄弟一家と昼食を一緒に食べるが、午後は兄弟は姉妹たちと別室ですごしていた。アジーザ夫婦はお互いの実家が近いので、アジーザの夫はアジーザを実家に送り届けた後は自分の実家にいたり、自宅に戻ったりしていた。

アジーザの兄の妻は、ほぼ毎週末、子どもを連れて実家に帰ったが、弟の妻は帰らず、アジーザたちと週末をすごした。彼女の実家はサナア市内にあったが、筆者が行くといつも一緒に昼を食べ、午後をすごした。

T家の場合、三女は平日でも実家に帰ってきていたが、金曜日になると婚出した五女も子どもを連れて実家に帰ってきた。T家の兄弟の妻たちはそれぞれで、ほぼ毎週末子どもを連れて実家に帰るのは次男の妻で、それ以外の妻たちは毎週帰るというわけではなかった。

ファーティマも毎週子どもを連れて実家に帰った。彼女の夫は車の運転ができないので、毎週末、夫の弟が車を運転して妻とファーティマを送迎した。

女性の実家が日帰りできる距離にない場合、実家に帰る頻度は下がるが、イード（イスラーム暦における祝日）や親族の結婚を機に1週間から1ヵ月ほど帰る。だから実際には、金曜日に帰ることができても帰らない女性もいれば、帰れないから帰らない女性もいる。しかし「結婚したら実家に帰るな」ということはない。娘たちが嫁ぐと、今度は娘たちを待つ側になるが、それでも実家に帰ることは珍しくない。女性は実家に帰るものなのである。

（5）家族や夫婦の時間

マグリブのアザーン（夕刻の礼拝の呼びかけ）が聞こえる頃、女性客のほとんどは暇を告げる。客が去ったら、あるいは訪問先から帰宅したら、家族が揃う時間である。子どもも一緒に紅茶を飲んだり、テレビを見たりする。昼間は子ども同士で遊んでも、夜は両親や祖父母に甘える。子ども部屋は日本の住宅のように最優先事項ではないから、子どもは居間で宿題をやり、居間で寝る。夜に飲み会はないから、父親の帰宅もそれほど遅くならない。

何かと男女が分かれているが、夫婦はお互い無関心で没交渉というわけではない。たとえば夫の職場の同僚が結婚するときに、夫は同僚の披露宴へ、妻は同僚の花嫁の披露宴に行くことになる。披露宴は男女別で開かれても、そこで見聞きした情報は、帰宅後に夫婦で共有される（花嫁や花婿の様子、花嫁の女性親族や花婿の男性親族の噂、客の様子など）。また夫は妻の女性親族と普段顔を合わせることがなくても、妻の妹に結婚祝いを贈り、妻の姪に縁談が進んでいることも妻から聞いて知っている（そのことをカートを噛みながら男友達に話すことはないことになっている）。社交は男女別で行われるが、団欒は家族一緒である。

新婚夫婦はカートを二人で噛むことがある。未婚女性はカートを噛むべきではないとされているのだが（ただし最近は噛むこともあるそうだ）、結婚すると「夫と噛むの」というノロケを聞かされる。アジーザもときどき夫と二人でカートを噛んでいた。

おわりに

イエメンの家族は日本の家族よりも人数が多く、また増減も大きく複雑である。大家族なのでけんかをすることもあるが、家事も分担できる。午前中に家事を片付けてしまえば、午後は団欒と社交の時間である。通勤・通学時間は東京よりもはるかに短い。子どもは習い事も塾もほとんど行かない。昼食に家族が揃うのも、毎日団欒と社交の時間がとれるのも、日本と比べると贅沢に思える。

イエメン人は子どもを放ったらかして、カートばかり噛んでいるような印象を与えたかもしれないので、少し補足しておきたい。T家の三女は毎日子どもを連れて実家に帰り、母や姉とカートを噛むが、T家の次男の妻が「子育てから解放されるし、お喋りして気分転換ができる。子どももイトコと遊べて楽しい」と説明してくれた。そして「私も週末実家に帰り、母や姉妹と話をする。話すことは大切だから、娘たちも連れて帰る」と続けた。実家を訪問したり電話したりして、お喋りすることは大切なのである。夫の実家に住む女性は、夫の女性親族と、自分の女性親族と双方をお喋りでつなぐことになる。カートは団欒と社交の機会を提供するが、必ずしも必要ではなく、彼女たちのお喋りの脇役にすぎない。

ところで読者は冒頭にまとめたイエメンの家族の「常識」が、登場した女性たちにすっかり当てはまるわけではないことに気づいただろうか。アジーザは新婚当初の2~3年を除いて、ずっと夫と子どもだけで暮らしている。ファーティマは姑と暮らしているが、家事をほとんど一人でこなしている。ビルキスは大家族で暮らしているが、結婚していない。何度も縁談が持ち上がったが、彼女は実家に残ることを選んだ。アジーザ、ビルキス、ファーティマは日常的にカートを噛まない。ビルキスの姉の息子は、結婚後にそれまで住んでいた父の家を出て、母と弟を引き取って暮らすことにした。S家の長女は「勉強が好きだから」と結婚せず、サナア大学で修士号をとった後にエジプトの大学に留学した。

イエメンの家族を説明するときに「常識」を説明するのは簡単である。「常識」だけを詳しく説明する方法もあり、その方がすっきりしてわかりやすいだろう。本章で見たように、個別の事例に注目すると、例外ばかりが見えてくる。ただし個別の事例だけを見ると、「常識」がわからない。家族は、そして家族を構成する個人は「常識」ではない。一人一人の人生を生きているのである。

コラム2

「母乳の父親」
――インドネシアにおける男性の育児参加をめぐる言説

西川　慧

イスラーム世界の男性というと、家父長的なイメージと結びついて、家事や育児にも参加しない「古臭い」男性像を思い浮かべるかもしれない。しかし、その実情は地域や時代によってさまざまである。なかでも現在のインドネシアでは家庭や育児における男性の役割が見直されつつあり、Instagram などのＳＮＳ（ソーシャル・ネットワーキング・サービス）やテレビ番組など日常生活において、家庭的な男性像が発信されている。このコラムでは、現代インドネシアにおいて変わりつつある男性の家庭内役割の特徴について見ていきたい。

最近、インドネシアで新しく聞くようになった言葉として「アヤ・アシ」（Ayah ASI）がある。「アヤ」とは父親を指す言葉、「アシ」は母乳を意味する Air Susu Ibu の略語である。直訳すれば「母乳の父親」となり、積極的に育児へ参加し、とくにパートナーの完全母乳育児を支援する父親を指して使われる。この言葉は現代インドネシアで広く受け入れられつつあり、筆者が首都ジャカルタで妻の出産に立ち会った際には、担当の医師から「頑張ってアヤ・アシになってね」と声をかけられたほどだ。

アヤ・アシという言葉は、男性の積極的な育児参加を推進する同名の社会運動を通して広まった。創始者は、男性の若手映画俳優やコピーライターら6名である。彼らは２０１１年から活動を開始し、自らの育児体験を広めるための書籍を出版したほか、ＳＮＳで育児に関する悩み相談を行っている。合言葉は「二人でつくった子どもだから、二人で面倒を見よう」である。

インドネシアでは、日本と比べて、もともと育児に積極的な男性たちの割合が高かったように思う。筆者が２００９年頃に留学でジャカルタ郊外に滞在していた際には、下宿先のお父さんが子どもたちを毎日学校までバイクで送り迎えする光景が見られた。また、妻の妊娠を機に、一度仕事を辞めて育児に専念することにした男性の知人たちもいる。しかし、村落部では様相が異なる。筆者が長期調査を行ったスマトラ島の村落部では、大声で泣く子どもの隣で、のんびりタバコをくゆらせながら「おーい、子どもが泣いてるぞ」と妻に呼びかける男性の姿が見られた。そう考えると、インドネシアにおけるアヤ・アシ運動は、男性の育児参加を明示的に呼びかける画期的な取り組みと言えるだろう。

ただし、アヤ・アシには日本の「イクメン」とは少し違う意味が込められていることにも注意しておきたい。アヤ・アシの場合、「母乳」と冠していることからもわかるように、可能な限り完全母乳での育児を推奨しており、粉ミルクの使用には否定的である。その背景には2年間の母乳育児を推奨するクルアーンの記述があるとも考えられるが、アヤ・アシの参加者たち自身は運動において宗教色を前面に出しておらず、やはり2年間の母乳育児を呼びかけるＷＨＯ（世界保健機関）の意見を理由として挙げる。運動の推進者たちは母乳育児の重要性を啓蒙するためのセミナーや、母乳量を増やすための生活習慣を教える講座も開催している。アヤ・アシ運動では、男性の育児参加と母乳育児重視のイデオロギーが分かちがたく結びついており、母乳を与える母親と、それをサポートする父親という役割分担が明確になされているのだ。

男性の育児参加への呼びかけは、イスラームに関するテレビ番組のなかでも見られる。たとえば、有名説教師ムハンマド・ヌル・マウラナなどが出演する人気テレビ番組『イスラームは美しい』（Islam itu Indah）では、家庭内における父親の役割に関するテーマが頻繁に取り上げられ、複数の説教師による説明が行われている。

ここでは、2020年2月27日の放送回「父親がいるとき、いないとき」を見ていきたい。放送の冒頭では司会者がマイクを取り、ムスリムの間で広く知られた父親の役割として、妻子を扶養する義務があると紹介する。しかし、説教師たちによれば、それだけでは不十分だという。たとえば、男性の育児参加を呼びかける活動を行い、関連書籍も出版しているベンドリ・ジャイシュルラフマン説教師は、父親の重要な役割として、子どもを楽しませることを挙げる。彼はムハンマドの言行録を引きながら、父親が優しく冗談を言うことで子どもたちの笑いにあふれた家庭を築く大切さを説き、それこそが天国に入る家族の特徴だと説く。反対に、家庭内で厳しい父親を演じていると、子どもたちが家の外でイスラームの教えに反した悪い楽しみを見つけてしまい、非行に走ってしまうのだという。

女性説教師のシファ・ヌルファディラは、女性側から見た意見を伝えている。彼女によれば、子育てに対する神からの報奨はとても大きく、母乳の一滴分であっても子どもはその恩を母親へ返すことはできない。父親が一人で育児をした場合も同様であり、非常に大きな報奨が得られるという。シファ説教師は、それほど子育ては大変なものなので、妻たちの手助けをしてほしいと男性たちへ呼びかける。

以上で見てきたように、現代インドネシアでは、男性たちをサポート役として育児に関与させようという言説が見られる。この「母親が育児の中心で、父親はサポート役」という構図はジェンダー平等の観点からすると不十分に思えるかもしれない。しかし興味深いのは、一言で「男性の育児参加」と言っても、日本の「イクメン」やインドネシアのアヤ・アシなど、さまざまなバリエーションがあるという点である。

　家庭内の役割分担をめぐっては、どの地域にも当てはまる画一的な「ジェンダー平等」を求めるのではなく、各社会の背景や個別の状況に応じた複数の形があることを認めたうえで、誰か一人に負担が偏らないよう見直す努力を継続していくことが必要であろう。インドネシアにおけるアヤ・アシ運動は、そのような努力の一端を担っているのである。

第3章

家族に絡めとられる
——モロッコのベルベル人母子にみる家族の捉え方

齋藤 剛

はじめに——店舗をめぐる争いが喚起する問い

「私たちは家族だから」

そう言いながら、モロッコの首都ラバト市に住むベルベル人女性ハーッジャは、夫ハーッジの兄の息子イブラーヒームとの間に起きた店舗の権利をめぐる問題について、筆者に説明してくれた。2018年夏のことである。ハーッジャが説明してくれたのは、「家族だから」店舗をめぐる問題を表沙汰にしたくない、問題を回避したいということであった。なお、ハーッジャおよびハーッジとは、メッカ巡礼を完遂した者に対する尊称である。女性に対してハーッジャ、男性に対してハーッジという尊称が用いられる。ハーッジャの正確な生年は不明だが、2018年の時点で70歳を超えるくらいの老齢に達していた。そして13歳年上の夫ハーッジは2016年に他界していた。

問題となっている店舗は、ラバト市の旧市街にある狭い通りに面した小さなもので、パン、小麦粉、飲

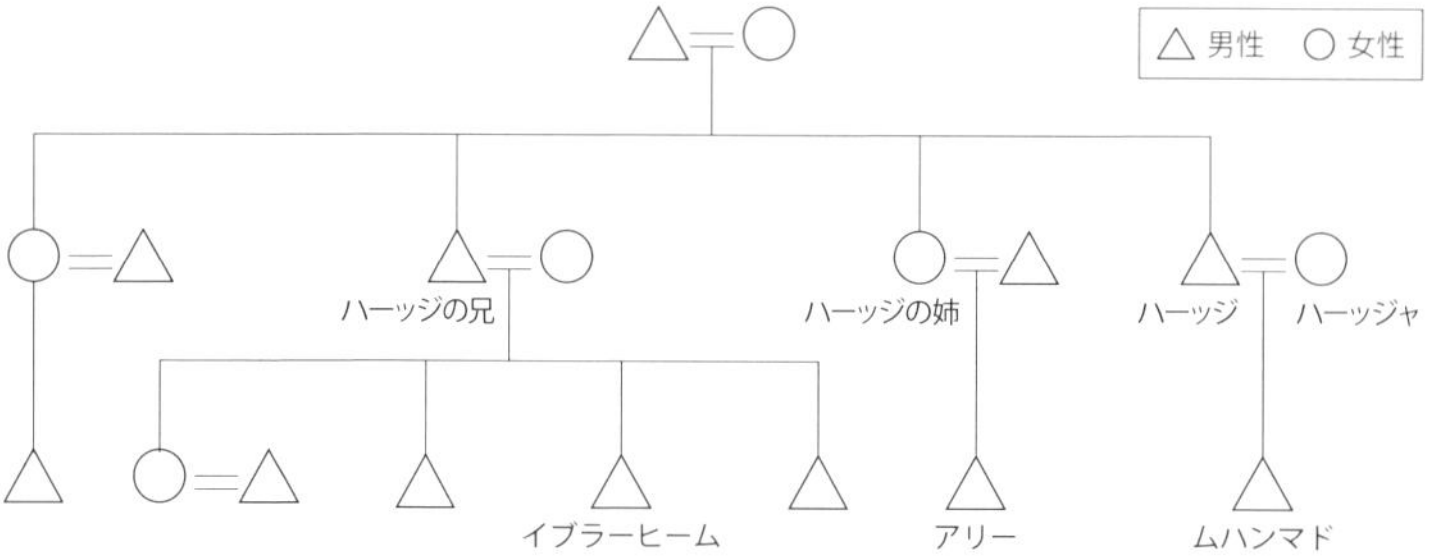

図1　登場人物の関係図

料（牛乳、水、清涼飲料水など）、インスタントコーヒー、砂糖、缶詰、駄菓子、ティッシュやトイレットペーパーなどあらゆる日用雑貨品の販売店として使用されていた。そして、その店舗で働いていたのはハーッジの姉の息子アリー――イブラーヒームのイトコ――である。

店舗に関わる権利はハーッジが保有していたが、問題の発端は、ハーッジの兄が1994年頃にその権利を自分の子どもたちに譲るよう迫ったことにあるという。ハーッジとその兄は幼い頃に両親を疫病で亡くしていた。そのため、ハーッジの兄は、残された兄弟姉妹をまとめる親代わりとしての役割を担うようになった。

ハーッジの長男ムハンマド（2018年当時40歳）によれば、ハーッジの兄は個性が強く、かつ「昔気質の人」で、ハーッジをはじめとした兄弟姉妹、さらには自分の子どもなどにも自分の考えを強要するところがあったという。兄の要求を断りきれなかったハーッジは、妥協案として、店舗の売り上げの一部をイブラーヒームが得ることを認める一方で、姉の息子アリーを店舗で働かせることを認めさせた。ハーッジの兄は、その後、1990年代の半ばに他界している。

一件落着したかのように見えたこの店舗をめぐる問題が再浮上したのは、ハーッジが病を患って、壮健だった頃のように仕事ができなくなってからのことである。ハーッジの長男ムハンマドによれば、イブラーヒームは、ハーッジが病気を患い、かつ老齢に達して物事を以前のようにきちんと判断できなくなったのを良いことに、店舗の権利が自分にあると認めさせようとしたのだという。この要求を聞き知ったムハンマドが父に代わって要求を拒絶したために、イブラーヒームは裁判に訴え、店舗の権利を自分が有していると主張するとともに、店舗で働いているアリーを追い出そうとしたというのである。イブラーヒームがアリーを追い出そうとしたのは、自分の息子に店舗を使用させようとしていたからである。

写真1　ラバト市旧市街の様子

　ハーッジ没後の2018年2月に裁判の判決が出され、ハーッジ側の主張が認められることとなった。だが、イブラーヒームが控訴したため、同年夏に筆者が話を聞いた時点では依然として係争中であった。それに、この問題は、すでに言及したアリー以外にも、ハーッジの姉の息子や、イブラーヒームの姉の夫などを巻き込んだ問題にもなっていた。そういう意味では、ハーッジとイブラーヒームの間の争いだけにとどまらない、一族を巻き込んだ大きな問題となっていた。
　当事者の一方であるイブラーヒームは、ラバト市と川を挟んで隣接する都市サレに自宅を構えていて、50代を優に超えていた。子どもたちもすでに結婚していたり、大学に通うほどに成長してもいた。その意味では、ハーッジャたちと生活をともにしているわけでもなく、立派に一家をなしているイブラーヒームを同じ家族とみなすのは奇妙にも思える。

ところが、会話はそれだけでは終わらなかった。母親であるハーッジャの説明をそばで聞いていた長男のムハンマドが話に割って入り、イブラーヒームについて、「あいつは家族なんかじゃない。敵だ」と嫌悪感をあらわにしたのである。権利をめぐる争いが起き、裁判に発展するほどにまで話がこじれていることを念頭に置くと、ムハンマドの怒りの方が、ハーッジャの言葉よりも自然であるように思える。だが、そのような印象を受けるとするならば、かえって不思議に思えてくるのは、なぜハーッジャが敵意をあらわにしないのか、なぜ同じ家族であるとあえて強調するのだろうかという点である。それに、親子の間で、見事に対照的なまでに見解が異なる点も気になる。

以下の節では、本章冒頭のハーッジャの言葉を導きの糸に、モロッコのベルベル人一家の事例から、不和や対立を通じて浮かび上がる家族なるものの特質の一端について検討していきたい。

1　故郷に支えられた生活／故郷を支える生活

議論を始めるにあたって、まずベルベル人、そしてベルベル人のなかの一言語集団であるシュルーフについて、イスラーム、アラブ人との関係を念頭に起きつつ、説明を付しておきたい。

イスラームという宗教は、預言者ムハンマドがアラビア半島のメッカで610年頃に布教を開始して以後、100年ほどの間にアラビア半島を越え出て、東は内陸アジア、西は北アフリカの大西洋沿岸にまで広がった。その一翼を担ったのが、ムスリムとなったアラビア半島出身のアラブ人である。だが、北アフリカ一帯にはアラブ人が到来する以前から住んでいる人々がいた。今日、ベルベル人という名で知られて

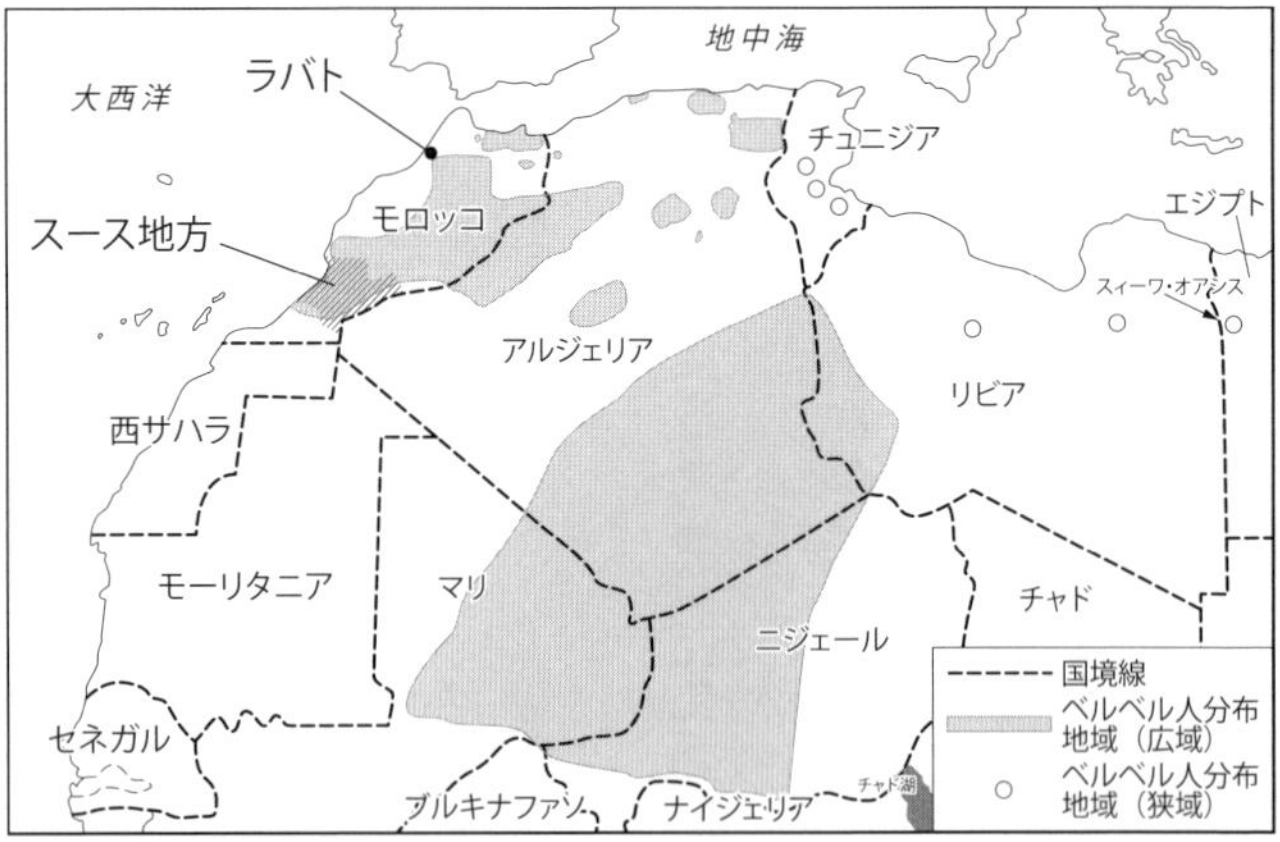

地図１　北部アフリカにおけるベルベル人の分布
［出所：Brett and Fentress 1996: 2をもとに筆者作成］

いる人たちである。北アフリカにおけるイスラーム化とアラビア語の受容などはその後時間をかけて進むが、その過程でベルベル人の間でもアラブ人と共通する習慣が広がることとなった。たとえば、家族について検討するうえでは、モロッコなどにおいて父系出自や部族が重要な社会編成の原理であることに留意しておきたい。

北アフリカにはベルベル人が集住していることで知られる地域が各地に存在する。モロッコに限っていうならば、ベルベル系の言語集団が集住する地域が大きく三つある（中野 1980）。北部のリーフ山地、中部のオート・アトラス山脈中央部からモワイヤン・アトラス山脈、南部のアンティ・アトラス山脈やスース地方である。ハーッジャたちは、これらの地域のなかでも一番南部に位置するスース地方などを故郷とし、タシュルヒート語を母語とするシュルーフ（ないしはイシュルヒーン）に属する。

シュルーフは、卓越した商業民としてモロッコでは知られている。商業民としての彼らの成功は、少なくとも19世紀終わりに開始された家族、親族、同郷者の紐帯を活用した出稼ぎによって可能となったものである（Waterbury 1972）。そして、故郷を離れて都市で定住生活を送る者が増加している現在でも、故郷との紐帯は強く保たれている。

ハーッジャとその夫ハーッジの半生も、都市への出稼ぎ、都市での定住生活の開始、故郷との紐帯の維持など、シュルーフに一般的に見られる傾向をなぞるものである。スース地方の山岳地帯出身のハーッジは、若い頃に出稼ぎのためにラバトに出かけ、旧市街に店舗と家を購入したのち、故郷に残していた妻をラバトに呼び寄せている。同時に故郷との関係はハーッジにとっての最大の関心事であり、故郷に残る兄に仕送りを続ける一方で、兄の子どもたち――つまりイブラーヒームをはじめとするオイたち――の出稼ぎを助けたり、彼らが店舗を保有できるようにしたりするなど、支援し続けてきた。故郷に残る兄に代わって、都市においてオイたちを監護する立場にもあった。ハーッジの支援もあって、ハーッジの兄の3人の息子たちはいずれも長じて自身の店舗を保有するに至ったほか、本章の冒頭に登場したアリーをはじめとするハーッジの姉の子どもたちも店舗で働く機会などを得て、ラバトに住むようになっていた。ちなみに、アリーについては、店舗で働く機会を与えただけでなく、ハーッジが妻と最初に住み始めた集合住宅を安く譲るなど、住居の確保でも支援をしている。ハーッジは同じ家族の一員として自分の兄弟姉妹の子どもたちの面倒を見ていたのである。

シュルーフの出稼ぎに関連したもう一つの特徴として、都市在住のアラブ人などからの差別を経験したと感じている者が広く見られることが挙げられる。モロッコは中部の平原地帯にあるフェズやマラケシュなどの都市を拠点としてイスラーム王朝が歴史的に栄え、それらの都市が政治的・宗教的・経済的拠点として機能してきていた。これに対してシュルーフはモロッコ南部の山岳地帯などを故郷としていた。モロッコ独立（1956年）後、国家統合を進める流れのなかでアラブ・ナショナリズムが影響力を持ち、アラブ人の優越意識が強くあらわれることになるが、その時期は、シュルーフが出身地を離れ、平野部の諸都市に多数流入した時期でもある。このような歴史的な流れのなかで都市生活を送るようになったシュルーフにとって、都市に先住するアラブ人による差別や見下しは、自分たちの都市経験を語るうえで看過することのできないものとなっている。シュルーフに先立って都市に住んでいたアラブ人は、新たに都市に流入したシュルーフを、田舎者で、都市における振る舞いの作法やマナーを知らず、同郷者でばかり固まって頑迷に自分たちの慣習を守ろうとする新参者とみなし、見下したのだという。

今日では、とくに都市で生まれ育ったベルベル人の多くは、アラビア語を日常的な生活言語としており、アラブ人としての自己認識も有している。その一方で、彼らの間では先行世代の歴史的経験を受けて、もともと都市部に在住していたアラブ人とベルベル人（シュルーフ）を差異化して捉えるステレオタイプ化された言説も広く見られる。

その言説においては、シュルーフの特徴として、家族や親族を大切にすること、故郷に残された貧しい身内に出稼ぎの機会を提供するなど、故郷への支援を怠らないこと、商売に関わっていることから信用が重んじられること、それゆえに嘘をついたりすることがないこと、礼拝をはじめとした宗教的規範の遵守を重んじること、もめ事を好まないことなどが挙げられる。その一方で、アラブ人については、これらのシュルーフをめぐる自己イメージを裏返した特徴、すなわち家族や親族のつながりを大切にしないこと、飲酒にふけったり、嘘をついたり、あるいは礼拝をきちんと守らないなど宗教的規範を遵守しない点が強調される（齋藤 2018a）。本章の議論から少しそれるが、こうしたステレオタイプ化された自己イメージ、あるいは民族表象は、植民地支配期の宗主国フランスが学術研究などを通じて作り上げたアラブ人、ベルベル人をめぐる民族表象とも重なるものである（齋藤 2018b）。

ステレオタイプ化されたこの言説にはいくつかの特徴がある。第一に、それはアラブとベルベルの差異を強調しているだけでなく、シュルーフが自分たちのことをどのように捉えているのかを示している。第二に、相互扶助がムスリムとしての宗教的規範の遵守と結びつけられていることが挙げられる。第三に、この言説は、単なる自己認識、他者認識の表明にとどまらず、人々の行為や関係に影響を及ぼす規範としての効果を持ちうることが挙げられる。ハーッジャの家族をめぐる発言は、このようなシュルーフのステレオタイプ化された自己認識やそれを言語化した言説と重なるものである。ハーッジャの発言は個人的な発言であるかもしれないが、シュルーフの出稼ぎと都市生活に関わる歴史的経験に位置づけられうるものなのである。

2　家族に関わる民俗概念

ところで、本章冒頭に記した「家族だから」というハーッジャの発言は、家族の範囲について私たちに疑問を抱かせるものであった。この点について理解を深めるために、ハーッジャがどういう言葉を用いていたのかをここで確認しておきたい。

イブラーヒームとの問題を説明する際にハーッジャが用いたのはファミラという語で、それはハーッジャの説明によれば、タシュルヒート語のアイト・ティゲンミ、アラビア語のアーイラにあたるものである。モロッコでは日常語に取り込まれたフランス語やスペイン語が多数存在する。ファミラもそのうちの一つである。ハーッジャは、まずファミラという語を用いたのであるが、そのことが気になった筆者が、タシュルヒート語とアラビア語だと、ハーッジャが言いたいのは何のことなのかと問うた時に、「同じことだけど」と言いつつ答えとして挙げてくれたのが、アイト・ティゲンミとアーイラであった。

ただし、仮にハーッジャが「同じこと」であると述べたとしても、アイト・ティゲンミがどういう意味を持つのかは、彼女たちの母語タシュルヒート語における家族に関わる他の用語とも関連させながら検討する必要がある。モロッコ南部では、家屋のことをティゲンミと呼ぶが、アイト・ティゲンミとはこの家屋をともにする人々、すなわち居住集団のことを指す。アイトは、さまざまな名詞の前に付される語で、通常、人々を指す。ティゲンミは家屋のことを意味するので、アイト・ティゲンミは、直訳するならば「家屋の人々」となる。この家屋をともにする人々が家族であると考えられるわけだが、それは核家族である場合も、拡大家族である場合もありうる。

タシュルヒート語には、核家族に相当するタカートという語彙もある。つまり、核家族に相当する概念や理解がある一方で、ハーッジャはイブラーヒームとの関係を、アイト・ティゲンミ、すなわち「家屋をともにする人々」という観点から捉えていたのである。

ティゲンミ、タカートとは別に、アフースという概念もある。これは3、4世代、あるいはそれよりもさらに上の世代に属する男性を共通祖先とした子孫のまとまりを指す。つまり、いわゆる父系親族集団、文化人類学における分析概念でいうならば父系リネージに相当するものである。なお、アラビア語には、血族、姻族やそれ以外の人をも含めた広義の親族を指すカリーブという語も存在するが、ハーッジャは、イブラーヒームたちとの関係を指す際に、このカリーブという語を積極的に用いることはなかった。

以上のように、現地には、私たちが通常イメージするような核家族に相当する概念は存在するし、ハーッジャももちろんそうした概念を知っている。そればかりでなく、彼女にとっても自分と夫、そして自分の子どもたちからなる核家族は日常生活において最も大切な単位の一つである。

その一方で、イブラーヒームたちのことをも含めて家族と捉えるのは、本章の冒頭で記した事件に限らずハーッジャの生活において珍しいことではなかった。というのも、筆者がハーッジャたちと出会ってから20年以上経過しているが、この間、イブラーヒームが故郷においてハーッジの兄の没後、２０００年代に入ってからハーッジの土地に承諾もなしに自分の家を建ててしまうなど、ハーッジの兄の子どもたちとの間にはさまざまな問題が生じていた。しかしそのたびに、ハーッジャは一貫して「家族だから」ということを理由に挙げて、事を荒立てるのを回避しようとし続けていたからである。

実際、イスラームの大祭（イード）の折などに、イブラーヒーム一家が訪ねてくることがしばしばあったのを筆者も目の当たりにしているほか、ハーッジの店舗――問題となっている店舗とは別にハーッジは自分が日常的に顔を出す店舗を保有していた――にイブラーヒームや彼の兄弟は毎週のように立ち寄っていた。問題があったとしても、訪問があれば受け入れ、付き合いを継続していたのである。それゆえ、今回の案件について例外的に、あるいは突発的に家族という言葉をハーッジャが持ち出したわけではない。

なお、ハーッジャたちの故郷では、世代を超えた婚姻を通じて複雑な姻戚関係が村落や部族の内外で構築されている。だが、ハーッジャとイブラーヒームの場合は、少なくとも当事者が知る限りでは、過去にハーッジャの出身一族とハーッジ、イブラーヒームの一族の間に直接的な姻戚関係はない。それゆえに、ハーッジャが「私たちは同じ家族」であると言うとき、自分自身とイブラーヒームが血縁関係にあるからイブラーヒームのことを擁護しているわけではない。あくまでもハーッジの妻として、ハーッジが自分の出身一族を大切にしてきたことを尊重し、その意向を汲んで行動し、発言していたのである。ということは、父系制をとるベルベル社会において、イブラーヒームと血縁関係にあると考えられるムハンマドが、イブラーヒームを家族ではないとみなしているのに対して、直接的な血縁関係にはないハーッジャの方がイブラーヒームを家族とみなすという事態が生じていたということでもある。

3　故郷と家屋

家族に関わるタシュルヒート語の基本概念の理解を踏まえて、ティゲンミ（家屋）を参照点とした人の集まりを家族とする点について今一度振り返っておこう。ハーッジとオイのイブラーヒームは、それぞれラバト市、サレ市に家を構えていて、同一家屋に居住していないので、厳密にはアイト・ティゲンミではないということになる。しかし、それにもかかわらず、ハーッジャは、イブラーヒームたちのことを指してアイト・ティゲンミと呼んでいた。

その理由の一端は、それぞれ異なる都市で生活を送っているとしても、故郷での暮らしが家族の関係を考える際の参照点になっているからである。ハーッジが故郷を離れてからも、故郷に残る兄に送金を続け、兄の家族を支えていたことについてはすでに記した。

このような経済的支援と合わせて重要なのは、ハーッジとその兄が、両親とともにすごした故郷の家屋を共同で所有していたことである。この家屋が、アイト・ティゲンミ、すなわち同じ家族であるというハーッジャの意識を支える参照点の一つになっている。家族を指す語としてアイト・ティゲンミを挙げたという事実は、家族を捉える際に、当事者の現在の居住形態を見るだけでは不十分であることを示唆している。ハーッジャにとっての家族の広がりを考えるうえでは、長年にわたって都市に暮らしているとしても、あくまでも故郷との関係が重視され続けている点が重要である。ハーッジャ自身が生きてきた半生のなかで培った具体的な人間関係や関心が赴く場との関わりのなかで家族は想起されており、そのような場として、都市生活を送るようになった今日でも、故郷は重要な意味を持ち続けている。

故郷における家屋と所有についてさらに注目しておきたいのは、兄の死後、1990年代後半の時点で、ハーッジがイブラーヒームなど兄の息子たちとの間で遺産分割を行っており、家屋も二つに分けていたことである。だが、二つに分けられた家屋の間に仕切り壁が設けられる一方で、二つに分けられた家屋は隙間だらけの木製の扉一枚でつながってもいた。扉には鍵がつけられてはいたが、故郷に残る兄の妻に託されていたので、行き来をしようと思えばいつでもできる状態であった。敷地は分割されたとしても、互いの間を実際には行き来ができるという意味では、家屋としての同一性が保たれていたと見ることもできる。すでに記したように、ハーッジとその兄の関係、さらにはハーッジがオイやメイを助け続けてきたこともあり、ハーッジとハーッジャは、オイたちも含めて自分たちを家族と捉えていたのであり、そしてその家族としてのつながりを物的に示しているのが故郷の家屋だったのである。

写真2　故郷の村落の様子

4　同郷者の眼差しと風評のなかにある家族

ハーッジ、そしてハーッジャたちは、ハーッジの兄の子どもたちだけでなく、自分たちの出身村落や周辺村落の人々との強い紐帯を保ちながら、日常生活を送ってきた。そうしたハーッジャやハーッジにとって同郷者とのつながりは、家族なるものと切っても切れないものである。そもそも、故郷の人たちの間には婚姻を通じた姻戚関係が世代を超えて幾重にも積み重ねられてきているし、現在でもその傾向は認められる。家族や親族の関係は、それゆえに同郷者との関係と不可分なものであり、家族というものは同郷者との広がりのなかでつねに問題とされるものである。

さて、ハーッジャは、家族内のもめ事が表沙汰となるのを避けたいと語った折に、同郷者の間で噂が広がることを「恥ずべきこと」（ハシューマ）であるとも述べた。オイたちとは「同じ家族」だからこそ、醜聞が公にならないように、事を荒立てないようにする必要があるという。この一件以外でも、ハーッジャが噂を気にする際には、「マリン・ブラード（故郷の人々）の口に話がのぼらないように気をつけないといけない」と述べていたが、こうしたハーッジャの発言から、家族というものが、同郷者による評価の対象となっていること、そしてそのことがハーッジャの重要な関心事であることが見てとれる。

地中海世界などを対象とした人類学的研究などにおいては、名誉を重んじる風潮に関心が寄せられ、これまで研究が進められてきた（田中・嶺崎 2021）。その際には、男性や家族が自分たちの名誉を守るために、家族内の女性を管理する側面に関心が向けられてきた。だが、名誉は女性を対象とした場合だけでなく、ハーッジャの言葉にも示されている通り、家族内の不和や諍いなどにも関わっている。他者の眼や噂、評判、さらには噂が広がることなどへの懸念が、問題の表面化を抑制しているともいえる。

一般的なイメージでは、「田舎」に暮らす人々は互いのことを知悉しているがゆえに濃密な人間関係のしがらみに絡めとられてしまうのに対して、都市では人々の関係はさほど濃密ではなく、個人化や家族の関係の希薄化が進むと想定されるかもしれない。ハーッジャたちの場合においても、故郷／「田舎」に比較すると、都市は見知らぬ人が多数住む空間であることに変わりはない。だが、その一方で、ラバトに出てきた多数の同郷者の存在、彼らの間での日常的な相互訪問、近所で店舗や住居を構えること、出稼ぎの手引きや店舗購入、仕事の斡旋、結婚相手探しなどにおける相互扶助の積み重ねなどといった特徴がある。都市生活を送りながらも同郷者たちとの関係は常日頃から保たれており、同郷者の評判や噂にハーッジャたちは日常的にさらされている（齋藤 2021）。店舗をめぐる噂が流布するのを回避したいとハーッジャが望むのは、故郷を一つの結節点とした同郷者たちの緊密なネットワークが、ハーッジャたちの都市生活を成り立たせている条件ともなっているからである。

5　家族であることをめぐる見解と世代間の歴史的経験の相違

話をハーッジャたちとの会話に戻そう。会話は、「家族だから」というハーッジャの発言だけでは終わらなかった。母親であるハーッジャの説明をそばで聞いていた長男のムハンマドが、イブラーヒームについて、「あいつは家族なんかじゃない。敵だ」と嫌悪感をあらわにしていたのであった。ムハンマドは、「敵だ」と述べた後に言葉を継いで、イブラーヒームの日頃の生活における問題点として、兄弟姉妹に対する接し方や、メッカ巡礼からイブラーヒームが帰還した折に出迎えに赴いた兄弟やハーッジに「わざと」間違った空港を伝えていたこと、身内の「孤児」に対する配慮に欠ける扱いなどを列挙した。店舗をめぐる問題は、それ自体がムハンマドの怒りをかき立てただけでなく、過去に起きたさまざまな問題をムハンマドが思い起こすきっかけともなっていたといえる。イブラーヒームを「敵」と呼ぶ発言は、これまでのイブラーヒームとの関係の総括として出てきたものである。

留意しておきたいのは、ムハンマドの説明や批判が、家族あるいは親族としてとるべき行動（兄弟姉妹の支援）、ムスリムとしてなすべき孤児の支援、さらには人として守るべき礼儀や振る舞い（歓迎しようとする人の心遣いに感謝の念を持って応じること）など、日常的・宗教的規範を根拠としている点である。それらの規範をイブラーヒームが遵守していない点をつくことで、イブラーヒームを家族と呼ぶに値しないことがたたみかけるように強調されたのである。ここでは、家族であることが、規範の遵守と不可分のものであることが示されている。

ハーッジャがあるべき家族像に依拠して問題を穏便にやりすごそうとする発言をしたのに対して、ムハンマドがイブラーヒームを「敵」と形容したのは、あるべき家族像という理念や理想ではなく、過去から積み上げられてきた現実にもとづいてイブラーヒームとの関係を冷静に見つめ直した結果であると見ることもできる。ハーッジャとムハンマドの発言は、「家族」なるものをめぐる理念と現実の緊張関係や、協調すべき関係と裏切りや収奪を含む関係の狭間に立たされた者の困難が示されているということもできよう。

ハーッジャが、家族は協調・融和すべきであるという価値観にもとづいてイブラーヒームとの問題が表面化するのを避けようとしていたのに対して、ムハンマドは、家族をめぐる規範の遵守を侵害しているという点で、イブラーヒームを批判している。両者は、イブラーヒームとの関係を家族、敵と対照的に見ているが、しかし、家族のあるべき姿をもとにイブラーヒームとの関係を捉えているという点では一致している。

だが、家族のあるべき姿を希求しながらも、ハーッジャとムハンマドが異なる見解を抱くに至ったのはなぜだろうか。これは個性に由来するものなのだろうか。そうかもしれない。だが、ここでは、親子で対照的とも思える見解を提示したハーッジャとムハンマドの間の、世代の違いと家族をめぐる歴史的経験の差異に注目したい。

ハーッジとハーッジャは故郷で生まれ育ってから、故郷を離れ首都ラバトに出てきた。ハーッジたちにとって都市での生活を送るうえでも伝手《つて》になったのは親族や同郷者である。これに対してムハンマドはラバトで生まれ育った。故郷との関係を重視するハーッジは息子を幼い頃から故郷に頻繁に連れていき、数ヵ月すごさせるなど、自分の「根」（アスル）を忘れないように気を配り続けていた。だが、イトコたちと年齢が離れていること、イトコたちが幼い頃から店舗で働いていたのに対して、ムハンマドは店舗を手伝うことはあるとしても、大学に進学するなど高等教育を受けており、それまでの親族とは異なる経験をしている。

つまり、親族や同郷者との関係の只中にあって人生を送ってきたハーッジやハーッジャと異なり、ムハンマドは親族や同郷者との関係のなかに生きることを余儀なくされているとしても、イトコたちとの間には就労経験の相違や年齢による隔たりがあったほか、高等教育を受けたことによる社会や人生、将来についての考え方などの違いがあった。それゆえに、ムハンマドは、両親が自明視し重視する家族・親族関係から距離をとって家族について考えることができる立場にあったといえる。実際、ムハンマドは、自分が家族や同郷者に対してできる限りのことをする一方で、忍耐し続けてきた両親と自分は異なると別の機会に口にしたこともある。なお、上に記したような教育、就労の状況、年齢差などは、筆者が推測でまとめたものではなく、ムハンマド自身の理解に立脚したものである。

以上のように、ハーッジャとムハンマドがともに家族のあるべき姿を強調する一方で、イブラーヒームを家族、敵と対照的に捉える背景には、故郷の人々とのつながりをどれほど重視しているのかがある。ムハンマドは、故郷の人々とつながりを有しつつも、自分の両親ほどには無条件に故郷との人々との関係のなかに埋没して生きようとはしていない。故郷の人々とのつながりがもたらす弊害に自覚的で、可能であればそこから離脱したいとも考えている。そして、故郷の人々の目を気にし家族を重んじるハーッジャも、家族の重みから離脱したいと考えているムハンマドも、故郷と不可分のつながりを持つ家族というものに絡めとられている。

おわりに——家族に倦《う》む

本章で提示した店舗の権利をめぐる一件は2018年に進行中のものであったが、ムハンマドは筆者が初めて出会った1990年代後半の時点で、イブラーヒームらと父親との強固な関係に言及する一方で、両親が故郷をともにする人々やオイやメイとの関係を重視することに、すでに倦んでいた。つねに多くの問題が起きるからである。しかし、そのように考え、また実際にイブラーヒームたちと顔を合わせるのをムハンマド本人が忌避したとしても、今日に至るまで、関係は継続し、今回の一件のようにこれまで以上に大きな問題に発展している。切りたくても切ることができない関係にあるのだ。

だが、ハーッジが衰弱したことが今回の問題を生じさせた要因の一つであるように、家族をめぐる捉え方や関係は、その担い手の死によって変化しうるものである。その意味で、家族というものの範囲をどのように捉えるのかは、個々人に委ねられている。誰を家族とみなすのかという考えを誰が提示するのか(今回の場合ならばハーッジャがイブラーヒームを家族とみなしていた)、その考えを共有しないとしても、母親たるハーッジャに免じて仕方なく受け入れるという親子の関係性にも家族の範囲の確定は依存している。

改めて振り返ってみると、今回の一件では、ハーッジャが重要な立場にあることが明らかになった。中東における家族を構成する原理として父系出自が重視されることはよく知られており、かつ、家族を構成するうえでも父の存在は重要であるが、家族なるものを支えていくうえでの妻、母親、女性の果たす役割の大きさを、ハーッジャの発言や息子を諭す行為は示している。

店舗の権利をめぐる一件は、家族なるものを支えてきたハーッジの死の影響と、ハーッジ亡き後も、ハーッジと同じく故郷の人々やイブラーヒームなどとの関係を維持しようとするハーッジャの考え、そしてイブラーヒームを批判しつつも、母親の考えを尊重するムハンマドの態度が示す親子のあり方をはじめ、家族なるものをめぐる論点をいくつも垣間見させてくれる。

本章を執筆している2021年9月15日に、控訴されていた審理について、イブラーヒームの訴えが棄却されたという知らせが筆者のもとに届いた。だが、これでイブラーヒームとムハンマドの問題が解消されるとは思えない。

第Ⅱ部
家族に死が訪れるとき

第4章

母という家庭の中心
――あるエジプト人母の姿から

鳥山純子

はじめに

2020年11月20日夜、エジプトで一人の女性が亡くなった。彼女のことは、スースーと呼んでおきたい。スースーはエジプト人男性と結婚した私にとって「義理の母」であった。その数日前に意識を失った彼女は、コロナ禍の只中にあったエジプトの病院で、家族の入室が許されないまま一人で亡くなった。病室の外では昼夜を問わず子どもや孫たちが彼女の回復を待っていたが、亡くなる瞬間の彼女には誰一人立ち会うことはできなかった。家族は長期戦に備え金策に走り回ってもいた。コロナ禍を背景に、酸素ボンベ代が高騰し、入院費が日々つり上がっていたのだ。しかし家族の願いもむなしく、入院してから2日後、彼女は家族の預金を使い果たすこともなく、最後はあっけなく逝ってしまった。その日私の携帯は、彼女の死を悼むSNSメッセージの通知が鳴り続けた。

亡くなる瞬間こそ一人ではあったものの、スースーの人生は「一人ぼっち」とはかけ離れたものだった。

彼女はいつだって自分の子どもたちのことを気にかけ、心配が過ぎて病気になってしまうような女性だった。心配のあまり神経を病む、というタイプではなかったが、逆に怒りと不満で血圧が上がり、亡くなる3年前には脳出血を起こしたのだった。家族に対する想いは、彼女だけが抱える一方通行なものではなかった。すでに成人していた子どもたちも、母親に全幅の信頼を寄せ、重要な書類は、預金通帳から子どもの出生証明まですべて彼女に預けていた。彼女が亡くなった夜、家族は精神的支柱を失った。

エジプトの社会生活のあらゆる局面において、家族は、欠かすことのできない重要な存在として認識されている。だからこそ、ジェンダー関係を論じるうえでも、「家父長制」という概念が重視されてきた。「家父長制」という概念には、さまざまな意味づけがなされているが、「エジプトの家族」の文脈で登場する際は、父系制と父方居住に加え、男性や年配の家族成員による、女性や若年者の扶養と監督の徹底、女性や若年者による男性や年配の家族成員への従属、と理解できるだろう（Inhorn 1996）。家族を持つことは、男性にとって、経済的、物理的、心理的に家族を扶養し、監督することを意味している。その見返りに、彼らは家族内で発言力を持ち、彼らの意向が重視されるというのである（Kandiyoti 1988）。

しかし、「家父長制」的な家族のモデルが理想とされながらも、実際の家族の形は決してモデルからだけで理解できるものではない。一見「家父長制」的規範に則り、男性を中心に構成されているように見えることはあっても、内部の力関係がすべて男性中心に動いているわけではない。また家族は、社会の動きや家族成員の成長によって、またときには偶然に見える出来事のもとに変化も見せる。本章では、エジプト人と結婚した私が生活をともにしたL家（夫の父母を中心とした3世代からなる大家族）で家庭内独裁者のように振る舞っていた「母」の存在を中心に、1990年代から2000年代のエジプト都市部の家族の一つのあり方を記述する。家族の具体的な日々の実践を見ることで、対外的には男性中心的な家族観を踏まえているように見えつつも、それだけでは説明できない家族の内実について考えることができるだろう。

1　出会い

私がスースーと初めて会ったのは、1998年11月初旬、ピラミッド近くにあるスースーの自宅でのことだった。記録がないので正確なことはわからないが、その日振る舞ってもらったのが、バミアと呼ばれるオクラと牛肉のトマト煮込みだったことは覚えている。スースーは、私に会釈だけをして、自分が調理した料理をテーブルに並べると、すぐに別の部屋に入ってしまった。目の下の隈の濃い、眼光鋭い小柄な女性。私は、この未来の義理の母に対して、その時、あまり良い印象は持たなかった。正直なところ、「ハズレ」を引いた気持ちになっていた。

その頃はちょうど、エジプト人の友人の家を訪れるのが楽しくなっていた頃で、私はエジプトの「母親」が大好きになっていた。エジプトの「母親」は、誰に対してもオープンで、楽しいことが大好きで、愛情と茶目っ気にあふれる女性たちといったステレオタイプがある。こうした「母親」の多くは、言葉が通じないことなど関係がないという風に、私に対しても優しく明るく接してくれるのだった。対してスースーは、余計なことは言わず、笑わず、それ以前にまず私に対する興味を一切見せなかった。スースーの私に対する塩対応は、私が彼女の息子と結婚してもあまり変わらなかった。午前中、彼女と私の二人きりで料理の下準備をすることもあったが、それでも会話は一向に弾まなかった。

スースーは、とにかく愛想笑いをしなかった。また、周囲の音が聞こえないほど何かに集中しているかと思えば、突然、近くにいる孫をものすごい剣幕でしかり飛ばすこともあった。人の悪口が大好きで、親戚や近所の人たちの噂話をしているときには、ギラギラと目を輝かせて超辛口の持論をまくしたてた。また気に入らないことがあれば、いい年の男性だろうと罵声を浴びせ、孫が車にひかれそうになれば、その車に飛びついて奇声を上げながら素手でボンネットを殴り続けた。そんなスースーに、私はたびたび心当たりのないまま無視されることがあった。そういう時はたいてい、一緒に暮らす兄嫁が彼女に何かを吹き込んでいたのだが、それを弁解することもできず、私はただスースーに怯え、嵐が過ぎ去るのを待った。私は当時エジプトで大学院に通い始めたばかりだったが、毎日放課後に、今日はスースーが怒っていないか、無視されないかと、祈る気持ちで家路についた。当時の私にとっては、彼女がいつ、何に腹を立てるかは予測不可能で、彼女の怒りは、私の生活を確実に居心地の悪いものにした。

スースーには、しばしば見知らぬ女性の来客があった。来客といっても、呼び出されたスースーは、少し外で立ち話をしたと思うと、食べ物や古着、お金を渡すと、すぐに居間に戻ってきた。そういう時は決まって、とても機嫌が悪かった。一緒に暮らしていくうちに、スースーが、彼女なりに周囲の人々を気にかけていることがわかってきた。近所に暮らす支援が必要な女性たちは、そんな彼女に助けを求めてたびたび我が家を訪れていたのだった。しかし、そうした優しさに触れてなお、私のスースーに対する恐怖心が薄れることはなかった。

私と彼女の関係が決定的に変わったのは、2000年11月末から始まったラマダーン（断食月）中のことだった。それは私にとって、大学院に通いながらすごす初めてのラマダーンだった。断食明けの食事のためにと、私は街中の安いスーパーで、アマルッディーン（板状にした干しあんず）という食材を買って帰るようになった。毎日毎日決まったものを買うのはさすがにやりすぎのような気がしたけれど、スースーはそれを思いのほか喜んでくれた。そして、私の皿に取り分けられる鶏肉の部位は立派になった。

その後、私はスースーに、大学で働いてもらっていた毎月のバイト代を半分渡すようになった。それ以前からスースーは、毎日20人分からなる家族全員分の食事を用意していた。そのおかげで、私は大学院から帰宅してすぐに、温かい家庭料理にあずかることができた。食費は夫が彼女に渡してはいたが、自分から直接お金を渡すことで、感謝の気持ちを伝えたいと思ったのだった。スースーは、お金がもらえることを単純に喜んだ。それは簡単なことだった。毎月お金を渡すこと、そしてときどきスースーに頼まれる臨時の出費を一緒に負担すること。それだけのことで、私はスースーに存在を認められ、スースーにとって頼りになる存在に昇格した。それは自動的に、L家における私の地位の上昇を意味していた。L家におけるスースーの意見は絶対だったのだ。

2　スースーの独立心

スースーは、人に愛想よく接すること以上に、実際的な物事を重視した。それもあって家族が皆彼女のことを頼りにしていることは明らかだった。皆何か問題があれば彼女に相談した。そしてそういう時スースーは、目をギラギラと輝かせて一緒に憤り、持論を語り、解決策を提案し、いくらでも時間を割いてつらさを共有してあげるのだった。

私自身、スースーと話をすることで救われたことが何度もあった。今でも覚えているのは、夫とのもめ事を打ち明けた時のことである。その時のスースーの言葉は、その後私がエジプト人男性と結婚生活を送るうえでの最良のアドバイスとなった。２００２年秋、私は、話し合いの時間を持ちたいという私の希望を数日にわたって無視し続けた夫に腹を立てていた。問題の中身が何であったのかは今はもう思い出せないが、当時のつらい気持ちだけは鮮明に思い出すことができる。その頃私は、第二子出産を経ての大学院復学、現地の旅行会社への就職など、人生の転機が重なり、日々これまでにないほど忙しく、いっぱいいっぱいだった。一方夫も、２００２年春から始めたアホワ〔茶房〕業が軌道に乗り、夜に出勤して、明け方に帰宅するという多忙な日々を送っていた。すれ違いの生活を送るなか、その日、出勤しようとした夫と私は口論を始め、階段の踊り場で本格的な言い争いになった。

夫が話を無理やり切り上げ出かけてしまい、残された私は気持ちを切り替えようと、いつものように子どもを連れて両親のいる居間に降りていった。すると、まだ不機嫌な私の手を取り、スースーは私だけを奥の部屋に連れ出した。そしていつになく強い瞳で「何があったのか」と尋ねてきた。夫婦の問題を姑に話す気にもなれず、私は適当に言い逃れをしたが、彼女の熱意に負け、夫が話し合いの時間を持ってくれないことやすれ違いの生活に対する不満をぶちまけた。

スースーは、私が落ち着くのをいったん待って、一体、夫と何を話し合うつもりだったのかと私に訊いた。そして答えを待たずに、「男と相談する〔必要のある〕ことなんてない」と断言した。私は、「でもお義父さんとは話をするでしょう」と食い下がったが、「ない。男と話し合うなんて無駄」と即答した。

私は、この言葉に目から鱗が落ちた思いだった。夫婦は話し合い、ともに解決策を探すもの、という私の固定観念は覆された。スースーが言うには、妻は妻、夫は夫とそれぞれの持ち場をきちんと守ればいいとのことだった。それ以降、私との話し合いに応じてくれる夫には感謝が生まれ〔慣れないことを頑張ってくれてありがとう、という思い〕、また夫に、私がいつも勝手なことをしている、となじられても、そうした誤解をいちいち気に病むことはなくなり、「あ、エジプトの夫婦プレイでおなじみの、ミスコミュニケーションね」と思えるようになった。

カイロの貧困層家庭の民族誌を描いたヴィカンは、エジプトの家庭における夫と妻は、何かをともにする存在というよりはむしろ、それぞれの行動が利害の衝突を生んでいると考察した（ヴィカン 1986）。ヴィカンは、その要因が、男性に課される家族の扶養義務にあったと看破した。妻を筆頭に、家族は男性に金銭的援助を求めるが、彼らの欲求は満たされることがない。一方男性は、家族の金銭的要求に応えることができず、そのことで自分自身の無能さを痛感させられる。男性は、そこから逃れるために茶房などの男性だけの世界に逃れるという（ヴィカン 1986: 154-158）。

スースーの場合は、自分の夫をなじりこそしなかったが、夫の給与の一部を、相談もせずに勝手に土地購入に充てていた。現在自宅がある場所の土地を、70年代半ばに探してきたのはスースーだったが、初期に入手した小さな区画を、15年ほどの間に2倍以上に増やしたのも、スースーだった。土地に関わることの一切は、すべてスースーが自分の判断で、ときに友人をガマイーヤ（頼母子講）に誘って、ときに自らガマイーヤを運営しながら、一人で成し遂げていた。

「夫にその計画を話していたら、決して実現はしなかった。男は、金があることを知っていたら、同じように働きはしない。夫がその計画を知らなかったからこそ、土地や金に甘えることなく彼は真面目に働き続けられたのだ」というのがスースーの見解だった。こうした話は、舅《しゅうと》も同席している場で語られることもあったが、それに対して舅は何も言わなかった。ちなみにスースーは、かなり早い段階から舅の給与の半分以上を年金契約の支払いに充て、高額な年金積立を行ってきた。そのため舅の定年後は、定年前の収入以上の年金で暮らすことができるようになっていた。

スースーの強さを物語るエピソードは数限りなくあるが、次はスースーが夫の同意を重視していなかっただけでなく、夫にあからさまに抵抗し、家庭の実効支配に成功していたことを示すものを紹介したい。

この時の争点は長女の名前である。

私がスースーに出会った頃、スースーには計7人（4男3女）の子どもがいた。スースーの長女のカリーマは、スースーが15歳で出産した第一子である。カリーマはそのけんか早さと正義感から、結婚するまでの間、近隣コミュニティの若者たちを性別を問わず従えていたことで有名だったという。しかし私が出会った頃には、すでに子どもを4人持つ、立派な母親になっていた。カリーマは子ども好きで、よくうちの娘たちを連れて半日ほど外出してくれることがあり、私にとっては頼りになる義理の姉だった。

カリーマとの最初の出会いから数年後、親戚のおじさんと話をしているときに初めて、私はカリーマにもう一つ名前があることを知った。どうやら、彼女の書類上の名前は、カリーマではなくダハブというらしかった。本人にそのことを聞いてみると、あっさり、「そうよ。誰もその名前で呼ばないけどね。スースーが原因なの」と教えてくれた。

周囲に訊いてまわると、次のような話の概要がだんだんとわかってきた。1965年、第一子となるカリーマが生まれた時、初めての子どもの誕生を喜んだ舅は、この女児に、彼の家族が代々行ってきたように、自分の母親の名前を付けた。その名前に特別な思い入れがあったわけではないというが、舅としてみれば、子どもが生まれたときにやるべき当然のこととして、そうしたらしかった。彼は、役所に出す出生届に、女児の名前をダハブと書いた。ところが、それを後から知らされたスースーは激怒した。初めて自分が産んだ子どもに、夫の母親の名前が付けられるなんて許せない。しかもそれを、自分が知らないうちに勝手にするなんて。腹を立てたスースーは、夫のこの行動を無視することにした。彼女は、ダハブという名前など最初から存在しないかのように、娘をカリーマと呼んだ。それから30数年後、私が出会った頃には、カリーマは、カリーマとしてのみ知られるようになっていた。親戚のなかには、この話を知っていて、冗談でダハブと呼ぶ者もいたが、少なくとも、スースーの前でその名前を口にする人はいなかった。

3　スースーと教育

L家は、過去30年のうちに階層上昇を経験していた。スースーは専業主婦、舅はホテルのシェフではあったが一家の稼ぎは限られていた。一方、観光業に従事するスースーの子どもたちは、4人が大卒でツアーガイドになっていた。彼らはガイドとして、舅の月収を1日、2日で稼いでいた。家族のなかでは、こうした成功をもたらした原因はスースーの教育熱にあった、ということになっていた。

スースー本人は、学校に通ったことがなかった。4人兄弟（1男3女）の長女だったスースーは、父親が早くに亡くなり、シングルマザーとなった母親を幼い頃から手伝わなければいけなかったからである。またスースーの母親は、娘たちが嫁に行くのを急がせた。その様子のことをスースーは、「ヒヨコのように、欲しがる相手に渡していた」と冗談交じりに話していた。スースー自身は、13歳の時に親戚の一人だった9歳年上の今の夫と結婚した。

ところで、スースーは、自分の実際の年齢を知らなかった。スースーが持っていた出生証明書は、実はスースーの前に生まれ、生後数日で亡くなった姉のものだったらしい。当時は、役所に書類を出すことがそれほど重要だと考えられておらず、両親は、姉が亡くなった際に死亡届を出さなかった。その後スースーが生まれたので、どうやら彼らは、それをそのまま使い続けることで事足りると思ったらしい。スースーは、その姉とおよそ2歳違い、ということで、その証明書に2年足した年を出生年と考えていた。もちろん誕生日もわからない。そこで最近では、3月20日、エジプトの母の日をスースーの誕生日としてお祝いしていた。

何人かの子どもたちが生まれた60年代末頃、スースーはラジオで知った「学校教育」になんとなく興味を惹かれたらしい。スースーの暮らすN村では、当時子どもたちを学校に通わせることはまだ当たり前のことではなかったが、気づけばスースーはなんとしても子どもたちを学校に通わせようと心に決めていたという。残念ながら長女のカリーマは学校の勉強に関心を持たなかったが、他の子どもたちは皆勉強ができた。次女にいたっては、小学校に入学を果たした1年目から2年飛び級した。子どもたちは次々に大学に進学し、外国語を学んでツアーガイドになった。ツアーガイドは、エジプトの旅行業界の頂点に位置する職種で、人気ガイドになれば、1日で公務員の月収1月分を稼ぐことができた。

こうした子どもたちの活躍によって、スースーの家族は中産階級の仲間入りを果たすことができた。当時の生活を振り返り三男は、高収入を得るようになった次女がシャンプー、歯磨き粉、綿棒といった新しい生活用品を家に持ち帰ってきた、と語ったことがある。教育はこの一家に収入の向上をもたらし、収入の向上は生活水準の向上をもたらした。スースーにとって教育は、ゆるぎなく重要な地位を占めるものになっていった。

そしてついに1996年、スースー自身も、夜間の識字教室に通い出した。ひとたび識字能力を身につけると、スースーは毎日アル＝アハラームとアル＝アクバールという大手日刊紙2紙を定期購読するようになり、毎朝2時間ほど新聞を読むようになった。スースーは2001年に起きた米国同時多発テロにも強い関心を示した。彼女は戦争報道を視聴するために衛星放送の受信機を設置し、アラブ系ニュースをかぶりつくように見るようになった。それまでスースーがテレビで見るものといえば、往年のアラブ映画や金曜日の説教ぐらいだったが、その後居間のテレビからは、一日中アラブ系ニュースが聞こえてくるようになった。

スースーが、教育を重視していたことを示すもう一つのエピソードがある。それが、姪っ子のカイロ大学進学にまつわるものである。1970年代、舅方の親戚に1人、勉強が抜群にできる女児がいた。しかし彼女の兄弟は早々に学校を中退し、彼女の家庭で学校に通うことや勉強することを応援してくれる人はいなかった。姪っ子の両親は、彼女に勉強よりも家の手伝いをするよう促した。姪っ子はスースーの長女より5歳ほど年齢が上だった。スースーは、この女児に、放課後スースーの家に来て勉強をすることを提案した。勉強ができる姪っ子が家に来れば、彼女の子どもたちにもよい影響があると考えたのだった。姪っ子はスースーの家で勉強をするようになり、無事に高校まで修了することができた。しかも彼女は高校修了試験では、大学への進学が可能なトップクラスの成績を収めたのだった。

しかし、姪っ子の父親は、彼女が大学に行きたいと訴えても取り合ってはくれなかった。大学に進学するという選択肢そのものが、彼女の家庭には現実的に存在しなかった。彼女は父親に、卒業後は家事を手伝うよう告げられた。

それでもスースーは諦めなかった。彼女は姪っ子の家族に、姪っ子と一緒に買い物に出かけると嘘を告げ、姪っ子を連れてカイロ大学に向かうことにした。姪っ子もスースーも、これまでカイロ大学に一度も行ったことがなかった。大学に縁のなかった二人は、大学の正面でミニバスを降ろされてなお、どこがカイロ大学かわからなかったという。そんな二人を助けてくれたのは、大学周辺で営業する小さなコピー屋の店主だった。二人の話を聞いた店主は、店に用意してあった大学願書を二人に渡し、とにかくわかることだけ記入して出してくるようアドバイスしてくれた。二人は言われたままに願書を提出した。

後日、書類不備のまま提出された願書にもとづき、カイロ大学の入学課から、姪っ子の父親宛てに電話で確認の連絡がきた。当時は各家庭に電話がある時代ではなく、近隣住民のなかに、比較的裕福で電話をひいた家があれば、その番号を使わせてもらう「呼び出し」が一般的だった。ある日、カイロ大学から連絡を受けた電話がある家の住人は、村の一大事とばかりに「カイロ大学から電話！　カイロ大学から電話！」と叫びながら、姪っ子の家まで使いに来た。それを聞いた近隣住民は、父親が電話に出る前に口々にお祝いを告げた。それに気をよくした父親は、電話口に出たときにはすっかり娘の大学進学を許していたという。

こうしてスースーは、N村初の女性の大学進学の陰の立役者になったのだった。姪っ子はその後、高校の社会科教員になり、そのうえ歴史の博士学位を取得するまで勉学を継続した。私が大学院に進学することに文句の一つも言わず、毎日食事の用意を続けてくれたのには、私がお金を渡していたからだけでなく、スースーなりに私の勉強を支えたいという気持ちがあったのかもしれない。ただし、私がこうした話を知ったのは、だいぶ経ってからのことである。

4　舅なきＬ家

2000年9月のある朝、すでに60歳で仕事の定年を迎えていた舅が、朝目覚めてベッドから起き上がろうとした際に床に倒れこんだ。脳梗塞だった。なんとか一命は取り留めたものの、そこから舅の闘病が始まった。スースーの生活は、夫の看病を中心とするものとなった。その後、舅は約12年間の闘病を経て、2012年に亡くなった。

舅の死に先立つ2009年末、舅は3回目の脳梗塞を発症し、寝たきりになった。それ以降、排泄介助から入浴、2時間ごとの寝返りに至るまで、舅は、介助者の助けなしにはいられなくなった。かつての「家長」は寝たきりになったが、それで生活が回らなくなるようなことはなかった。最大の変化は、奥の寝室に横たわった舅が杖を石のタイルに打ち付けて鳴らす音が時折響くようになったことだった。何かが必要になると、舅は比較的自由の利く右手で、杖を叩いて家族に合図した。奥から杖の音が聞こえるたび、私は寝室に向かおうとした。しかし、その半数以上をスースーに止められた。とくに何か必要なわけではない、行く必要はない、とスースーは言うのだった。スースーにそう言われては、その制止を振り切って、舅のもとに行くわけにはいかなかった。

スースーが舅を介護する様子には、明らかに棘が含まれていた。一度、スースーと一緒に舅の食事を用意していると、「彼は自分の母親の葬式を抜け出して、食事をつまみ食いしていた男。私は見たの。その時わかったわ。彼は意地汚い男なの。なんだって食べずにはいられない」と夫の悪口を口にした。しかしそんなスースーには、夜になると舅の寝台の脇で、二人きりでずっと何かを話し、笑っているような一面もあった。毎日毎日、舅に対する悪態をつきながら、それでもスースーはその時々の舅の病状に合わせて日々食事を用意し、用事があるときには、できあがった食事を決まった時間に舅に出すよう息子の妻に指示する徹底ぶりで介護をこなしていた。

その頃までにL家は、スースー夫婦と未婚の四男だけでなく、長男夫婦と子ども、次男夫婦と子ども、三男夫婦と子ども、という4世帯が共同で暮らすようになっていた。それぞれの世帯に独立した住居はあったが、一日の中心的な食事である昼食の準備は一緒に行い、余暇は、スースーの居間に集まってすごしていた。また、両親の家に建て増しを重ねて4階建てになった家の土地も、家屋も、水道も、電話も、舅の名義で登録されていた。それは大家族の生活そのものだった。しかし一度舅が亡くなれば、遺産相続の問題が起こることが予想された。さらに名義の書き換えなどをめぐり、各世帯に光熱費などの請求書が届くようになれば、これ以上共同で暮らしていくメリットはなくなってしまうように思われた。

一家の長を失ったL家には大きな変化が訪れるのではないだろうか。彼の名義の土地に建つ家屋はこれからどうなるのか。一家はバラバラになってしまうのではないか。私は、L家の行く末を心配した。

舅は結婚後、いくつもの仕事を掛け持ちで行い、最後は高級ホテルのシェフにまでなっていた。私の夫だったL家の次男はそんな父親のことを、現役の間は収入で家族を支え、定年退職を迎えてからも年金で家族を支え続けた「真の男」だと称賛した。また次男は、かつて舅が毎晩仕事から帰るとまず、スースーにぬるま湯で足をほぐしてもらっていた姿を忘れられないと言い、若かりし日のスースーと舅に、愛ある夫婦の理想の姿を重ねていた。

次男も、私と同じように、舅が亡くなることで一家に大きな変化が起こるのではないかと危惧していた。とりわけ彼が心配していたのが土地・家屋が舅名義になっていたことだった。婚出した娘たちからも遺産の取り分を要求されるようなことが起これば、土地・家屋の分割相続のために家族がバラバラになってしまう可能性があった。彼のこの心配は決して的外れなものではなかった。同様の問題を経験していた家族は、L家の周りにも珍しくなかった。その前年に夫を失ったスースーのすぐ下の妹も、彼女の夫が亡くなると同時に、家族のなかでの居場所を失い、家を失い、娘たちの家に順番に厄介にならなければいけなくなっていた。一般的に「父親の死」は、家族の大きな転機とされていた。

しかし、舅の存命中から読み書きのできない彼に代わってL家の書類作成などを行い家長の代理を務めていた長男は、少し違った意見を持っていた。長男に言わせれば、父親はそもそもめったに家にいない人物だった。休みの日には子どもと話をする代わりに、本家を訪ね留守にすることが多く、彼と何かをともにした記憶がほとんどないという。舅の看病が始まり、まず大変だったのは、家族が誰も、彼のことをよく知らなかったことだ、と漏らしたこともあった。長男は、舅が亡くなってもL家に変化は起こらないと予想した。そして重ねて、心配すべきは、この家を支えてきたスースーが亡くなる時だと言った。長男によれば、この家族を支え、家族のために外敵と闘ってきたのはスースーなのだった。そう言って彼は、次のような話をしてくれた。

彼が7歳か8歳の頃、近所でサッカーをしているときに、ボールがよその家の敷地内に入ってしまったことがあった。その家の住人に、ボールを取らせてほしいと頼んだが、「うちの敷地にあるものはうちのものだ」と言われて返してもらえなかった。そこで彼は、ちょうど休日で家にいた父親に事情を話し父親から頼んでもらうよう懇願した。父親は頼みどおり、隣人と話をしてはくれたが、相手に非難されるばかりで、結局ボールは返してもらえなかった。のみならず父親は、帰りがけに子どもの非礼を詫びた。その姿に失望した長男は、今度は同じ話を母親（スースー）にした。すると彼女は、息子の話が終わるのも待たず、その家に怒鳴り込み、子どもに嫌がらせをする卑劣な人間として、その家の住人に散々罵声を浴びせた。すると一瞬でボールは手元に戻ってきたという。

彼はこれまでも、これからも、家族の中心はスースーだと考えていた。父親が亡くなったところで、家族に大きな変化は起こらないが、もしもスースーが亡くなったとしたら、その時こそ家族が大きく動くだろうというのである。結果的には、長男のこの見解が正しかったことになる。舅が亡くなってなお、安定した年金収入のあったスースーは、経済的にも家族を支えていたし、子どもたちに舅の遺産について口を差しはさませることもなかった。スースーが元気でいたうちは、何の名義変更も行われないまま、すべてが舅の名前で残されていた。

5　スースーの最期とL家のこれから

２０１７年2月、スースーは突然脳出血を起こし、生死の境をさまよった。その後、発作の後遺症で満足に喋れなくなり、左半身に麻痺が起きてはいたが、この頃はまだ日々リハビリに通い、快方に向かうべく彼女も努力を絶やさなかった。ところが半年後の8月に再度意識を失うと、それ以降は、意識を取り戻した後も、半ば抜け殻のようになってしまった。それから3年と少し経った２０２０年11月20日、スースーは、推定70年の生涯を閉じた。

舅の闘病に比べても、家族によるスースーへの介護は手厚かった。この間、家族は少しでもよい医療をスースーに受けさせるべく奔走した。よい医者がいると聞けば、頼み込んで診てもらい、効果のある薬があると聞けば、それが高額でも買い与えた。父親の時とは違って、家族は、スースーの介護のため金に糸目をつけなかった。リハビリにも通わせ、理学療法士の出張も依頼した。また、スースーの介護をめぐり息子の妻同士がもめ始めたときには、24時間常駐してくれる介助士を雇いもした。スースーは、30分でも一人にされると、「誰も自分のことを構わない」と言って腹を立て、恐怖のあまり泣き叫び、取り乱した。意味のある会話を交わすことが難しくなってなお、彼女は一人になりたがらなかった。一人で静かに寝かされていた舅と違って、スースーの寝室には皆が入れ代わり立ち代わりやってきた。ほとんど寝たきりではあったが、家族の生活はスースーを囲んで行われていた。

そんなスースーが亡くなってから約1年、家族の生活は大きく変化を遂げつつある。結婚後サウジアラビアに住んでいた三女はアメリカへ移住した。次女もブラジル人との再婚と博士号取得を経て、エジプト文化の専門家としてブラジルに移住する計画を進めている。同じく博士号を取得した三男も、スースーの死を見越して、ペルーやスペインで積極的に講演を行い、海外移住に向けての準備を進め始めていた。また、これまでも「家長」の役割を務め、両親亡きあと家族のまとめ役を期待されていた長男は、村の外に一軒家を建て、自分の妻と子どもだけで新しい生活を始めようとしている。

エジプトの「家父長制」の議論では、家族の中心には、「家長」となる男性が位置づけられてきた。確かに、L家においても、その主な収入源は長らく舅であった。しかし家族の内実に目を向けてみれば、そこには「男性による扶養・監督」という説明が与える印象とは大きく異なるやりとりがあった。L家では、家庭の収入の運用は、その時々のニーズと将来を見据えて、母親であるスースーが仕切っていた。こうしたことはコミュニティの人々には周知の事実だったけれども、そのことが舅のプライドを傷つけたり、男性性を損なったりするものとは考えられてはいなかった。それは個人の性格・性質や、夫婦ごとの関係性のようなものとして理解され、特段奇異なものとはされていなかった。

スースーが完全に主導権を握っているように見えた家族運営のやり方は、決して「家父長制」と正面から衝突したり、その権威に挑戦し転覆させるようなものではなかったようである。むしろ、こうした女性たちの奮闘も、土地や年金の名義が「夫の名前で行われる」という点で、結果として「家父長制」という制度に括られうるところが「エジプトらしい」ともいえるだろう。女性だからという理由だけで意見が軽んじられるわけではないが、家族の功績は、良かれ悪しかれ公には舅の名前で記録される。しかし、だからといって女性たちの意見が重視されないわけではないのである。

おわりに

スースーが亡くなった後のL家は、遺産をめぐって家族が衝突するというよりは、スースーというタガが外れて、一気に別々の方向に動き出そうとしているようである。L家をつなぎとめていたのはスースーだったけれど、L家の子どもたちが外に飛び出していく力を育てたのもまたスースーだった。その点ではL家は、スースー亡き後も、スースーが目指した方向に、動き続けているのかもしれない。

第5章

上エジプト出身者の葬儀告示から考える家族のつながり

岡戸真幸

はじめに

本章は、エジプト第二の都市アレクサンドリアで、地方から移住してきた者たちが同郷の者の葬儀に関わる際に見られるつながりのあり方から、彼らの家族観が持つ人間関係の広がりを考えていく。アレクサンドリアは、地中海に面した都市であり、首都カイロ同様に地方からの移住者を多く抱えている。移住者のなかでも、上エジプト（ナイル川の上流にある同国南部）に出自を持つと主張する者たちは、家族のつながりを活かして都市で働き、移住後も故郷に住む家族や親族成員との交流を続けている。彼らは冠婚葬祭での交流を欠かさないが、とくに同郷の者の葬儀には、少しの時間でも駆けつけ、哀悼の意を示そうとする。

本章では、この葬儀の日に葬儀がどこで行われるのかを知らせるために、町のなかで人が集まる庶民的喫茶店（アホワ）などに貼り出される葬儀告示を取り上げる。故人の名前とともに家族や親族の名前が書かれたこの一枚の紙のなかには、故人を中心にした家族のつながりが示されている。

1 エジプトの家族について

エジプトで家族はどのように考えられているだろうか。家族をあらわす語はいくつか存在するが、同じ家で生活をともにする者たちをおもに指すウスラと、父系の系譜でつながり生活をともにしない人々までを含めて指すアーイラの二つがよく使われる。二つの呼び方は、明確に分かれているわけではなく、3世代くらいの家族だとどちらも使われる場合がある。アーイラという家族概念は、世帯にとどまらず、父系の系譜をたどれる者たちを同じ家族成員として捉える特徴を持っている。この特徴により、家族は、その成員の捉え方次第で規模を変える共同体になるのである。アーイラ成員同士は、互いに経済的にも政治的にも助け合い、成員が関わるもめ事では団結して解決することが期待される（岡戸 2020）。なお、女性は、自身の生まれ育った家のアーイラ成員であるが、結婚し子どもを持つとその子の母として夫方のアーイラの一員にもなれる。

本章でのちに触れるSという名のアーイラは5世代前の男性を共通の先祖に持つ者たちをお互いに結びつけるため、その関係を明確にたどることができる。しかしアーイラは、こうした具体的に系譜をたどることで成立する家族観に適用されるだけでなく、さらに古い世代にまでさかのぼり、お互いに共通の出自を持つと考えられる者たちの間で成り立つ場合もある。そのような関係性は、具体的な系譜が明示されず、家族的な近しさといった親近感を持って表現されるのである。この家族的な近しさは、擬制的な家族のつながりをあらわす形でも使われ、たとえば、エジプトの地中海沿岸の港湾都市であるポート・サイードで工場労働者を調査したライラ・ザキ・チャクラバルティの研究では、工場内部に工場主を家父長とし、労働者を子としてアーイラと見立てる構造が存在し、労働者同士の争いがあると「私たちは一つのアーイラではないか」となだめる場面があった（Chakravarti 2016）。実際に血縁関係にあるのは、工場主の息子だけである。他の労働者は、工場主から自身の親族（カリーブ）を紹介するように求められ、そうしたつながりから働くようになったので、厳密な意味ではアーイラ成員ではない。しかし、一つの工場で働く労働者をアーイラとみなし、工場主の選挙活動にも動員するなど、工場内では、家族が持つ相互扶助の役割を強調した関係性が構築されていた。

親族を意味するカリーブは、本章の事例でも葬儀告示に故人の家族とともに掲載される形で登場する。カリーブは、「近い」の意味をアラビア語の語義に持ち、父方と母方のオジ、オバ、イトコや姻戚といった父系出自に限定されない近しい関係性にある者たちを含んでいる。さらに、カリーブは、系譜関係の遠い者や厳密には血縁関係にない者をも擬制的に近しい関係性としてあらわす際にも用いられる（大塚 1983）。なお、アーイラは、父系に何世代もさかのぼった成員を含むため父系親族集団とも言われ、父系に限定した親族として、カリーブと重なる範囲がある。アーイラとカリーブを結びつけるのは、家族的な近しさという主観的な見方で関係を構築する家族観である。そうした家族観がチャクラバルティの研究のように、多くの者に対して、アーイラ成員が持つ役割を与えうるのである。

また、本章の事例では、ほかに家族を指す語としてアハルが使われる。アハルは、親しい者を指す意味合いで用いられ、血縁関係のない姻族も含まれる場合がある（八木 2019）。本章の事例では、系譜関係が明確ではない同郷の者たちをまとめる際に用いられ、地縁とも結びついていた。つまり、家族を指す語が複数存在することは、擬制的な関係も含めて、それだけ人と人のつながりを家族的な近しさの感覚から捉え直し、多様に定義する方法があることを示している。

ただし、エジプト国内でも、家族のあり方は多様である。本章で扱う者たちは、都市生まれであるが、アーイラのような父系に広がっていく家族同士の助け合いを重視する上エジプトの気風を受け継ぎ、子どもの多い大家族を形成する傾向がある。一方で、都市部では、少子化の傾向が高まっている。その理由に挙げられるのが、子どもにかける教育費の増大である（de Koning 2009）。中間層以上の階層においては、子どもが将来より良い労働条件や環境を手に入れるために、学歴と語学教育が重視されており、さらに授業料が高額な私立校入学や家庭教師の費用を捻出するために、子どもは2、3人で十分と考える世帯が多いという。

都市民と変わらない生活をしていても、自身の出自が上エジプトにあると意識する者は、都市では同郷の者と、そして出身村にいるアーイラ成員とも交流を持っている。父系のつながりを通じて祖先へとさかのぼることができるアーイラ概念は、同じ父系の系譜にあると意識する者同士を結びつけ、上エジプトでは村全体へ、さらに近隣村へと広がり、多くの者を含む父系親族集団へと発展しうる。また、なかには、自身の出自を遠くエジプトと紅海を挟んで対岸にあるアラビア半島にまで求める者もいた。出自をさかのぼり形成される父系親族集団は、厳密に父系だけで構成されるとは限らず、父方オジの娘を嫁にする父方平行イトコ婚のように双方とも父系になる関係性の影響もあり、母方などの姻戚も含む場合がある。本章の対象者の出身地域では、Aという名の父系親族集団が存在し、調査対象者との日常会話で、アーイラよりも規模の大きな部族を意味するカビーラとして言及される場合もあった。このAは、葬儀告示において、アハルの複数形アハーリーを冠して故人の名前に連なる形で上部に掲載されており、その後に掲載される者たちの帰属をあらわしてもいた。

アーイラも含め、日常的に生活をともにする者以上に広がる関係性は、所与のものとして存在するのではなく、お互いに同じ集団に属するという認識があり、その認識を保つ機会の存在によって形成される。都市での上エジプト出身者の葬儀は、普段は都市民と変わらない生活を送る者たちを、同郷の者の葬儀への参列によって、出身地につながる出自を持つ集団へと結びつける役割を持っている。葬儀告示は、調査対象者の出身村の人々が属するAの名前により、関係する多くの者たちに参列を呼びかけ、彼らと告示に掲載された者たちとを結びつける。本来故人の家族のための行事であるはずの葬儀は、アーイラ概念により、故人と同郷の者たちを結びつけ、彼らに地縁にまで広がる仲間意識を示す機会を提供しているのである。

2 マフムード氏による葬儀への参列

本章ではムスリムの上エジプト出身男性の事例を具体的に取り上げていくが、その前に背景となる葬儀について、まずは埋葬と追悼式がどのように行われるかを解説する。

エジプトでは人が亡くなった後、その遺体は、埋葬許可が取れてから土葬のため墓地へと運び、埋葬する。たいていの場合、埋葬のための行列は、故人の家から墓地まで遺体を乗せた車を囲んで故人の男性家族や親族成員、関係者が付き添っていく形で行われる。女性は、埋葬にはついていかず、故人の家でお別れとなり、ときには窓越しに身を乗り出すようにして嘆き悲しみ別れを告げる。その姿は哀切を誘う。女性に対して、男性は悲しみの感情をあらわすのを抑制するように言われており（Ghannam 2013）、そのため、泣く男性は、故人が自身の母など近親者である場合以外ほとんどいない。墓地に向かう人々は、その途中でモスクに遺体を運び入れて、昼の礼拝（ズフル）か遅い午後の礼拝（アスル）のどちらかに合わせて葬儀の礼拝を行う。そのため、埋葬に関連する行事は、ズフルかアスルの礼拝時刻を含む午前10時から午後4時くらいの間に行われる。たとえば、この時間帯以降に亡くなった者の埋葬は、葬儀の礼拝との関わりで、その日に行われない場合が多い。

故人の家の前には、図1のように埋葬に向かう弔問客を迎え、また夜の追悼式にも用いるための天幕が張られる。天幕は、三方を囲む形で支柱を立てて幕を張り、上部に照明器具を取り付け、道路を占拠する形で設置される。男女で弔問客を迎える場所が分かれるのが特徴である。天幕のそれぞれの入り口には、故人の家族や親族成員などが並び立ち、弔問客に対応する。弔問客は、故人の家族などに、「元気を出しなさい」「アッラーのお恵みがありますように」などと声をかけ、握手し、ときには固く抱擁し、天幕に入り、椅子に座る。天幕の奥には、クルアーンを朗唱する者の椅子がある。彼は、葬儀の間じゅう、クルアーンの章句を朗唱し続ける。その声はスピーカーを通して届けられるため、遠くからでも葬儀が行われていることがわかる。弔問客は、埋葬のための行列が始まるまでクルアーンを聞き、遺体が家から運び出されると墓地までともについていく。夜には、同じ場所で追悼式が行われる。追悼式も同様に、故人の家族や親族成員、また葬儀告示に名前がある者は、天幕の入り口に並び、弔問客に対応する。夜の弔問客は、ク

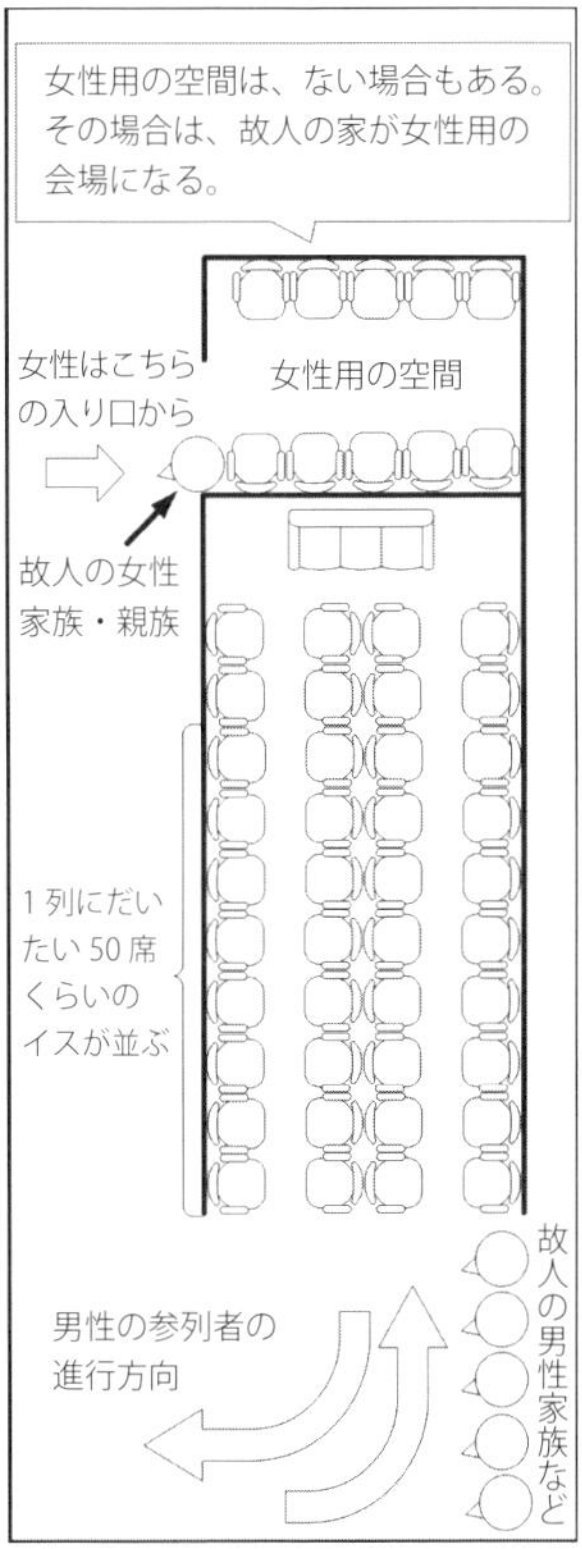

図1　弔問客を迎える会場

ルアーンを聞き、短い者だと15分ほどの滞在で、また入り口で故人の家族一同に挨拶をして帰っていく。短時間に多くの者が訪れるため、会場外は、弔問客同士の社交場ともなる。

追悼式は、夜の礼拝（イシャー）前後に1日のみ行われる。礼拝時刻は太陽の運行にしたがって決まるため季節によって異なるが、イシャーは、一年を通じて午後6時頃から9時頃になる。この時間帯には、昼間に仕事を持っている者も含め、故人と同郷の多くの者たちが弔問に訪れる。弔問客の大半は、男性である。故人が女性であるなど女性の参列者が多い場合には、女性用の空間が隣接して、または近い場所に別に作られ、女性の弔問客の姿も見られる。女性用の空間がない場合、女性は故人の自宅に直接弔問に訪れることもある。なお、追悼式の会場では、エジプト北部のナイル・デルタ出身者が遺族の場合、食事が出されることがあるが、それ以外では食事は出されない。

本章で検討する葬儀告示はマフムード氏（仮名）のイトコH氏が亡くなった際に作られたものであるが、本節では、まずマフムード氏たちがどのように同郷の者の葬儀に参列しているかを見ていく。マフムード氏とH氏は、それぞれの父親が兄弟同士の関係、つまり同じアーイラに属するイトコ（父方平行イトコ）になる。マフムード氏は、筆者がアレクサンドリアで行ってきた人類学の調査に協力した人物で、上エジプト出身の父を持つ都市生まれの男性である。筆者が彼とどのような関係にあったかは、本シリーズ第4巻ですでに書いた（岡戸 2021）。彼は、調査当時（2008～10年）60代であり、妻との間に7人の子どもを持ち、結婚した子どもたちが孫を連れて帰るのを楽しみにしていた。H氏は、マフムード氏よりも年上であるが、病床にあり筆者とは面識がなかった。彼らのアーイラ成員の大半は、都市に移住した後も互いに近い場所に住んでおり、結婚式や葬儀、ラマダーンの断食明けの食事に招待し合うなど、日常的に交流を保っている。

マフムード氏は、都市生まれでありながらも、自身のアーイラ成員をはじめ、父と出身地を同じくする者たちとの関係を絶やさずにいる。上エジプト出身者はアラビア語で上エジプトを指すサイードからサイーディーと呼ばれるが、マフムード氏は、都市でもサイーディーであると名乗り、定期的に父の出身地を訪問し、その地に住む自身と出自を同じくする者たちとの交流を続けている。マフムード氏も含めて、同様に自らをサイーディーと名乗る者たちは、サイーディーの持つ男らしさや気前の良さ、客への歓待精神といった気風をこの名乗りによって体現しようとしている。また、彼は、都市で父の出身地の名前を冠し、会員となった同郷の者同士の相互扶助や交流を目的とした同郷者団体の運営に関わっている。

同郷の者の葬儀に関して、マフムード氏は、知っている者が葬儀に関わっていると葬儀告示でわかったり、友人・知人から電話で直接自身が知っている者などの訃報を受けたりすると、その葬儀に参列するようにしていた。また、彼は、同郷の者の葬儀には一人で行かず、他の同村や近隣村出身者と一緒に参列するために、葬儀があるとわかると彼らと連絡をとり合っていた。葬儀に参列する者たちは、葬儀の参列が社会的な義務であり、故人の家族や親族成員と良好な関係を保つためには欠かせないものであると捉え、さらに、自身の家族や親族成員などの葬儀に弔問に訪れた者の葬儀には、お返しとして必ず行かねばならないと考えている。こうした考えは女性にもあり、日常的な付き合いのある女性が亡くなった場合には、たとえその者とけんかしていたとしても、かつて葬儀に来てくれた者であれば、その者の葬儀に参列すべきであるという（Early 1993）。ときに、亡くなった者についてはあまり知らなくても、遺族が自身のよく知っている者であれば、弔問に訪れ、その者に対して弔意を示すこともある。なお、預言者ムハンマドの言行録であるハディースには、葬儀の際に推奨される行為がいくつか記載されており、その一つとしてムスリムである同胞の葬儀には故人の生前の善行に報いるため急いで参列するようにとあり、その結果、宗教的な報酬が得られるとある（アル・ハッジャージ 1988）。

参列は、遺族と弔問客の双方がサイードィーとしての出自を確認し、また弔問客が同じ出自にある者たちとともに参列することで、彼らの間の関係を保つ機会になっているのである。マフムード氏は、同郷の者の葬儀に頻繁に参列し、多くの者との関係維持に努めていた。なお、葬儀を介して仲間意識を確認する慣行は、おもに農村で見られてきた（El-Aswad 1987）。

3 マフムード氏のイトコの葬儀告示から

サイーディーの葬儀ではしばしば葬儀告示が出されるが、ここでは、マフムード氏のイトコであるH氏の葬儀告示を分析する。葬儀告示とは、葬儀の当日に故人や家族、親族などの関係者の名前とともに、開催場所を知らせるために故人の住む街区を中心に貼り出され、その日の夜にはがされる葬儀の案内を指す。これは、その場所に住む者たちにのみ向けられた、限定的な案内である。一方、新聞紙上には、故人に哀悼の意を捧げ、ときには追悼式の日時まで記載のある追悼広告が出される場合がある。エジプトの主要日刊紙アル＝アハラームには、故人の家族や会社の同僚などが連名で哀悼の意を表する広告を出す追悼広告欄がある（長沢 2019）。一人の故人に対して、さまざまに故人と関わりのある者たちが、いくつもの広告を出す場合がある。どちらも必ず作られるわけではないが、追悼広告の方が新聞媒体に掲載されるため、より広く知られている。故人に対して、哀悼の意を表するとともに、故人とのつながりの提示を目的としている点は、葬儀告示と追悼広告のどちらにも共通している。

H氏が亡くなった日、マフムード氏は、他県まで別の同郷の者の葬儀に出かけており、帰りの車中で自身の次男から電話で訃報を聞き、次男にすぐにH氏の家に行き葬儀告示の作成に加わるように指示をした。マフムード氏とともにいた他の同郷の者も、自身の知っている者たちに訃報を次々に電話で伝えていた。翌午前2時頃にマフムード氏たちがようやく戻った時には、H氏の家の前ではその日に使われる天幕の設営が始まっており、その一角で男性のアーイラ成員や親族、同郷の者数人が集まり、誰の名前を入れるかを皆が次々に口に出し、A4用紙1枚にまとめる形で葬儀告示を作っていた。

永遠の命は、アッラーだけのものである（①）。
至高の神の慈悲に召された：A（出身地域の部族名）出身のＨ氏（②）

- （Ｈ氏を）兄弟とする者たち（存命の異母兄弟、３名の名前）
- （Ｈ氏を）父親とする者たち（息子、６名の名前）
- （Ｈ氏を）父方平行イトコとする者たち（マフムード氏等、５名の名前）
- （Ｈ氏を）父方オジとする者たち（故人の兄弟の息子（甥）たち、14名の名前）
- （Ｈ氏を）母方オジとする者たち（別のアーイラで、Ｈ氏とは別の郡出身者、10名の名前）
- （Ｈ氏を）親族とする者たち（同郷の者たち、大半がアレクサンドリア在住、20名の名前）

（③）

埋葬の行列が出発する時刻、出発場所（④）

アッラーが、あなたたちに悪しきものをお見せになりませんように。（⑤）

図2　マフムード氏の父方イトコＨ氏の葬儀告示（原文はアラビア語）

この告示には、図2に記載の順序で故人のほかに男性58名の名前が書かれている。女性の名前は記載されていないが、これは見た限り、他の葬儀告示でも同様であった。記載の仕方は、「故人は名前が挙がる者にとっての兄弟、父などにあたる」といった形で故人との関係ごとに整理されている。名前が挙がる者たちはいずれも存命であり、H氏のすでに亡くなっている同母兄弟の名前は記載されていなかった。なお、H氏は、上エジプトの生まれで、異母兄弟とともに手押し車で野菜を売ることから始めて店を持つようになったが、筆者の調査時には糖尿病が悪化し、すでに商売からは引退していた。彼の店は、その後、異母兄弟たちが引き継いでいる。野菜の卸売市場にも同郷の商人が店を持っており、彼らとの取引が存在する。同郷の信用のおける者同士の商売は、困った際に融通し合い、よい商品を分けてもらうなどの利点が存在するという。

葬儀告示の形式は、筆者が入手したり、現地で見かけたりした限りではほぼ同じである。図2の①と⑤は定型表現で、この表現が書かれていることで、葬儀告示だとわかる。②にはやや大きなフォントで、定型表現の後に故人の名前が書かれる。さらに、付属情報として出身地のアーイラ名やさらに多くの者を含む一族名が書かれる場合がある。この付属情報で、故人が都市以外の地方の出身者だとわかる。なお、故人が女性の場合、「誰々（男性）の母・娘」などの形で記載され、女性の個人名は書かれない。③は、のちに詳しく検討するが、故人と関係がある者の名前が故人にとって息子（故人が若い場合、存命の父）・オジ・兄弟など類別的にその関係とともに記載される。④は、故人の家のそばに張られた天幕から墓地まで遺体を運ぶ埋葬の行列が出発する時刻と、その出発場所の住所が記してある。同じ場所でその日の夜に追悼式が行われる。当日に貼られ、その日のうちにはがされるため、日付は葬儀告示に書かれていない。

③のH氏の関係者の掲載順序を見ると、故人の父を基準とした家族成員として、故人の兄弟の名前があり、それから故人の息子たちの名前がある。その次にアーイラ成員へと対象が広がり、故人の父の兄弟の息子である父方平行イトコで存命の同年代の者たちの名前が出る。マフムード氏の名前は、ここに書かれてあった。その後、故人が父方オジになる者たち、つまり故人の兄弟（同母兄弟と異母兄弟）の息子たちの名前が載っていた。同母兄弟の名前は、故人であるために載っていない。しかし、彼らの名前は、個人の名の後にその父の名が続く中東で広くみられる名前の形式によって、掲載された彼らの息子たちの名前から類推できる。このような順序でまず父系親族が整理されている。そして、故人が母方オジになる者たち、つまり、故人の姉妹の子どもたちの名前が挙がり、最後に同郷の者たちが親族（カリーブ）として記載さ

れる。以上から、この告示は、故人にとっての父方平行イトコたちと同郷の者たちを除けば、故人の父から見た孫までが整理されているといえる。

最後に分類される同郷の者たち20名は、親族とされているが、同村または近隣村の出身であるという以外に、実際の明確な血縁関係や姻戚関係は確認できなかった。H氏は高齢だったため、頻繁に外に出ることはなかったが、この20名の者たちとマフムード氏やH氏の異母弟は、互いの家族や親族成員で誰かが亡くなると葬儀に参列する間柄であり、また、マフムード氏も彼らのなかの何人かと他の同郷の者の葬儀に行くことが多かった。彼らの大半は、故人と同じ街区に住む者たちである。この③の部分には多くの名前が書かれるが、彼らと故人との関係性の記載の仕方や掲載順序については、筆者が見た限りでは決まりはないようである。生きている者を載せる場合が大半であるが、最近亡くなった者やその街区で有名な故人であれば、名前が載る場合があった。

H氏の葬儀告示には、出身地の父系親族集団名であるAが、第1節で紹介したアハルの複数形アハーリーを冠して掲げられており、マフムード氏たちのSというアーイラ名がない点に特徴がある。アハーリーには、一族や住民といった意味合いがある。この名の下に、告示では、世帯を越えて、故人と掲載されている者の関係が家族から親族まで類別的に整理され、さらに出身地の地縁に結びつく家族のつながりがあるように示されている。

4　葬儀告示に見える家族のつながり

マフムード氏たちのアーイラから見ると、葬儀告示は、アーイラ成員以外を包含するとともに、アーイラ成員すべてを掲載していないことがわかる。たとえば、H氏の父方平行イトコであるマフムード氏の兄弟の何名かの名前がなく、彼らの息子たちの名前もない。代わりに、H氏の姉妹（彼女たち自身は故人と同じアーイラ成員でもあるが、女性の名前は掲載されない）の息子たちの名前が故人を母方オジとする者として掲載されている。つまり、葬儀告示への記載の範囲は、アーイラを基盤とした父系出自による家族観がエジプト都市部に比べ強く残っている上エジプト出身者の葬儀であるにもかかわらず、故人の父からたどれる近い関係に限定されていた。

ただし、父系出自の考え方は、明確に系譜関係がわからない同郷の者たちが親族として記載される点にあらわれている。彼らはH氏と同じ街区に住み、商店や喫茶店の経営者や、会社員、卸売市場の商人などさまざまな仕事に就いている。彼らを結びつけるのは、Aという父系親族集団名による出身地を同じくする関係性である。こうした家族よりも大きな部族概念は、明確な系譜が示されないなかで、同じ出身地の者たちが互いに名乗り合うなど、共通の父系出自を持つという認識によってつながりが確認される。そのつながりは、彼らが上エジプトにいた時よりも、さまざまな地域の者が交じり合う都市への移住によって、出自意識が高まるだけではなく、出身地との結びつきにもなり強化されるのである（Miller 2006）。

第2節で触れたように、葬儀の参列は、自らの家族や親族の葬儀に来てくれた者へのお返しとして行う場合もある。葬儀の場では誰が来て誰が来なかったかがよく話題になるが、これは、自身が故人の喪失による悲しみの状況にある時に、その者が共感を示したかどうかが問われている。マフムード氏が葬儀告示に記載されている名前を見て参列を決めるように、彼は、自身の名前を葬儀告示に掲げることで、それを見た同郷の者の参列を期待し、H氏の葬儀を自身のつながりを確認する機会と捉えていた。葬儀告示において、彼はアーイラ内で最年長である自身の名前をまず書くべきだと筆者に語ったが、これは、自身の名前を目立つ場所に掲げ、多くの者に気にかけてもらいたいという願望のあらわれであるとともに、彼の考えるアーイラの形でもある。実際、マフムード氏は、多くの弔問客が来たことを故人のためであるとともに、自らが愛されている証とも捉えたのである。

一方で、「親族」として掲載される者たちも、弔問客を迎える天幕では、H氏の関係者として入り口に立ち、故人とのつながりを示す。自らの知っている者が弔問に訪れれば、彼らもマフムード氏と同様のことを考えるだろう。つまり、葬儀告示にAの名が掲げられ、同郷の者の名前も併記されると、葬儀は、H氏の近親者だけのものでなく、サイーディーというより大きなつながりが関わるものになる。葬儀告示は、掲載された者たち一人一人がH氏に連なって彼の出身地のAに属し同郷のつながりを持つことを示し、さらに出身地が同じでAに属するこの街区に住む同郷の者とのつながりを作り、彼らに同胞の葬儀への参列を呼びかけてもいるのである。

出自と結びつくつながりがある一方で、マフムード氏には、葬儀告示に書かれなかった彼の兄弟や子どもたちで構成される家族関係もある。彼には、自身を含め4男4女の兄弟姉妹がおり、彼らの子どもたちである多くの甥・姪がおり、さらに自身の子どもが7人おり、彼らも結婚したため、多くの孫もいる。ただし、彼らのうち、H氏の葬儀告示に名前が挙がったのはマフムード氏とその弟1人だけであり、他の成員は、成人しておりアーイラ成員であっても名前が挙げられなかった。

マフムード氏たちがアーイラとしてまず想定する者たちは、彼の祖父を基点にその子である5人の兄弟のうち、男子が生まれた4人の系統と彼らの子孫を含む。この祖父以降の成員たちを祖父の名を取ってアーイラSと捉え、そのなかで現在まで日常的に交流がある者たちは、H氏の葬儀告示に書かれた者たちとマフムード氏の兄弟やその子どもたちであった。また、アーイラは父系出自をたどり形成されるので、

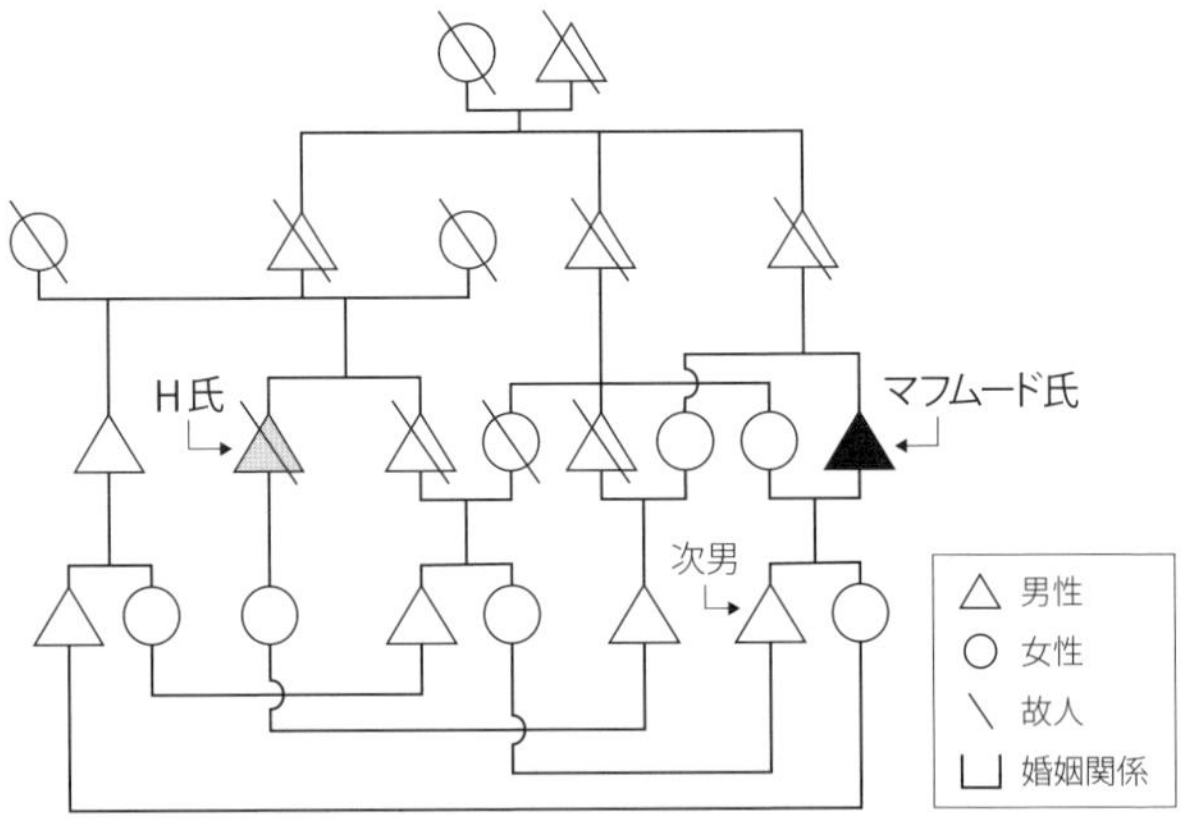

＊上記系図は、必要最低限の関係者のみで構成されている。

図3　マフムード氏とH氏の系図上の関係

上エジプトの彼らの出身村には、明確な系譜はたどれないが、同じ父系出自を持つと主張する者たちや、マフムード氏たちの祖父より以前の世代から分かれた者たちがいる。マフムード氏やH氏の異母兄弟など何人かのアーイラ成員は、今でも訃報があると駆けつけるなど冠婚葬祭の機会に故地を訪れ、彼らと交流を持っている。ただし、マフムード氏たちの息子たちのなかで、こうした機会に同行する者は少なかった。アーイラに冠する名前は、マフムード氏たちのように祖父の名であるとは限らず、それ以前の男性の名が使われる場合もあり、それぞれの個人が捉えるアーイラの範囲は、日常的な交流をどのように保つかにより一律ではない。

　こうしたアーイラの捉え方の違いは、葬儀告示にも見られた。マフムード氏の親世代以上はいずれも故人であり、H氏の同母兄弟もすべて亡くなっているが、異母兄弟は健在である。葬儀告示において、H氏のアーイラ成員のなかで最年長者で敬われるべき存在である自身の名が故人の次に掲載されるべきであるというマフムード氏の主張は、故人との関係がより近い同世代で存命の異母兄弟を優先する形で通らなかった。系譜間の記憶がまだ残り、関係がたどれるという意味では互いにアーイラ成員としての認識はあっても、葬儀告示では、故人であるH氏を基準に関係が整理されたのである。

家族成員の関係は、現在生きている者同士で構築されていき、同じアーイラとして父系出自の理念が残りつつも、世代を経るごとに分裂していく可能性を持っている。ただし、単にマフムード氏側とH氏側で分かれていくのではなく、互いの関係の結び直しが、中東で広く見られる父方平行イトコ婚の形で彼らの間でも行われていた。たとえば図3にあるように、マフムード氏の次男は、H氏の同母兄弟の娘と結婚している。この場合は、父の兄弟ではなく、結婚した当人から見れば、祖父の兄弟の息子（H氏の同母兄弟）の娘、日本で言うところのハトコを嫁にしたことになる。H氏の葬儀告示には、この次男の妻の兄弟の名前が、H氏の同母兄弟の息子にあたるため「故人を父方オジとする者」として掲載されている。この関係から、マフムード氏の次男は、葬儀告示に名前こそ掲載されていないが、訃報を先に知る立場にあった。

また、マフムード氏は、自身の娘をH氏の異母兄弟の息子と結婚させている。アーイラ内での内婚は、マフムード氏自身が父方オジの娘と結婚しているなど、ほかにもいくつか見られた。彼らの祖父以降のアーイラ成員のうち、マフムード氏側とH氏側の成員の関係が今も続いているのは、こうした婚姻によって世代を経ても関係の維持と再生産が行われてきたからである。

おわりに

本章は、上エジプトに出自を持つ男性の家族観について、彼がアーイラによる父系出自を基盤としたつながりから、どのように同郷の者までたどり関係を持とうとしているかを、葬儀の事例から考察した。H氏の葬儀告示は、H氏の異母兄弟たちの視点からまとめられ、マフムード氏の想定するアーイラのあり方とは異なっていた。実際には、告示の外側にも、系譜がたどれるアーイラ成員が多く存在したのである。この告示の特徴は、H氏、マフムード氏たちのアーイラ成員だけでなく、出身地にまで続く関係性を強調した点にある。この結びつきを可能にしたのは、父系出自をたどるアーイラが持つ家族観である。家族から父系出自をたどるこの関係性は、当たり前のように存在するのではなく、関係継続のための努力が必要であり、葬儀などの機会によって維持されてきた。

アーイラとしての家族観は不変ではなく、一つ世代が移れば、意識できる成員の規模は異なってくる。H氏の世代がほぼ故人になり、H氏やマフムード氏の祖父を知る者がいなくなれば、祖父の名を冠したアーイラとしてのまとまりも変化していくだろう。たとえば、父と息子ではそれぞれがイトコとして想定する者は異なり、マフムード氏にとってはH氏になるが、彼の次男にとってはマフムード氏の兄弟の子どもが該当する。H氏は次男にとってはオジになるのであるが、次男にとってより近い関係にあるオジとは、マフムード氏の兄弟を指す。こうした関係を支えているのは、互いがどういう関係にあるかを記憶し、日々更新していく系譜意識である。

マフムード氏が同郷者団体の運営に関わり、上エジプト生まれの父を介して、サイーディーとしてのつながりを他の同郷の者たちと共有する視点を息子たちがどれだけ持てるかは、彼らのこれからの生き方とも関わる。地方に自身の出自を求める生き方は、出身地の地縁にまで広がる多くの者を包含するつながりを持つ。そのつながりを保つ意義は、都市での困りごとがあった際に、解決に導いたり、相談したりする多様な関係を、日常生活を超えて確保することにある。

同郷の者の葬儀は、故人の死へ共感を寄せ、葬儀告示を通して同じつながりにある者に参列を呼びかける機会になる。H氏の追悼式には、入れ代わり立ち代わり多くの弔問客が訪れた。筆者が見た限り、並べられた椅子の数と入れ代わりから、訪れた者は400人近くと推計できる。そのすべてがH氏を直接知る者とは限らず、告示に掲載されている者たちのために、たとえば、マフムード氏の弔問を受けたことのある他村出身者が彼のために訪れる場合もあった。多くの者が弔問に訪れたのは、H氏やマフムード氏、または告示に名前のある者たちが長く培ってきた関係によると考えられる。葬儀には、マフムード氏の息子2人など葬儀告示に名前が載っていないアーイラ成員も、会場で弔問客の誘導を行うなどして関わった。彼らにとって葬儀は、故人が持つつながりを意識し、自らとも結びつける機会になっただろう。

多くの同郷の者が弔問に訪れるのが、マフムード氏たちの世代の葬儀のあり方だが、彼らの息子たちの世代の葬儀も同じようにサイーディーが集まるとは限らない。また、彼らがやがて亡くなる時に、同様に告示を作るかも定かではない。葬儀告示は、人が亡くなれば必ず作られるものではなく、誰かに知らせる必要があるために作られる。その誰かとは、都市に住むなかでも出自を忘れずに、今も自身をサイーディーであると考える、故人と同じ街区の住人たちである。サイーディーとしてのつながりは、さまざまな背景を持った者が入り交じる都市において、社会的背景がわかる信頼のおける人間関係を作っている。マフムード氏は、多くの者が弔問に訪れる状況を見て、「人は一人では生きていけない」とつながりを持つ意義を語った。悲しみの共有により、人間関係を維持したり、新たに構築したりする機会が葬儀にはあるが、そうした彼らの行動は、世帯や世代を超えてつながりを持とうとする彼らの家族観によって支えられているのである。

コラム3

家族を喪った悲しみを分かち合う
——ウズベキスタンの葬儀と泣き女

今堀恵美

ユーラシア大陸の中心に位置するウズベキスタンは人口の８割がムスリムである。20世紀初頭から１９９１年までソビエト連邦の一部として宗教活動が制限されており、２０１０年頃までは日常的に礼拝を行う人は少なかった。近年礼拝を始める人が急増しているものの、未だに大半のウズベク人にとってイスラームを身近に感じる大切な機会は、冠婚葬祭などの儀礼である。ウズベク人が経験する儀礼のうち、家族の絆を実感する場の一つが葬儀である。ここでは葬儀と故人のために泣く、泣き女（グーヤンダ）の習慣について取り上げたい。

イスラームでは人間の死を神の定めた予定と捉え、一般に故人に対して過度に泣きわめくといった悲しみの表現はタブーとされている。だが実際には、葬儀でイスラーム以前の習慣である泣き女が見られるところもあるという（鷹木

写真１　葬儀の女性部屋でグーヤンダ（泣き女）を囲んで哀悼する参列者

2002)。1980年代のエジプトでも葬儀で泣き叫ぶ習慣は見られたが、すでに当時から激しい哀悼は批判される傾向にあった(大塚 1985)。

ウズベキスタンの葬儀の習慣や考え方は地域によって異なるが、以下では私が調査したブハラ州村落部の事例を取り上げたい。私が最初に葬儀に立ち会ったのは2003年である。初めての調査から2、3年に一度は調査地を訪れてきたが、次のような葬儀のあり方に大きな変化はなかった。

村落部で人が亡くなると、すぐに専門家が遺体を清拭し、男性親族たちが墓地に遺体を運び土葬にする。土葬後から3日間、葬儀が行われる。家族が亡くなると、女性は白いスカーフを頭に被って服喪を示す。その後1年間は白いスカーフのみを被る。亡くなったのが夫ならば、妻は寡婦として生涯白いスカーフを身に着けるようになる。夫の死は、ウズベク女性にとって社会的地位の変化を意味し、それは彼女を取り巻く人々に明示されるものとなる。

同居する家族だけではなく、近親者は死後すぐに故人の家に集まり、3日間泊まり込みで葬儀に参列する。村落部の葬儀は男女別の部屋で行われる。遺体はすでに土葬されているので、葬儀で弔問客が遺体に対面することはない。弔問客は故人の家族にお悔やみを述べ、ムッラー(イスラーム知識人)とクルアーンの読誦を行う。葬儀では男性の親族や弔問客が泣く習慣はなかった。故人の近親者が大声で故人の名前を叫ぶことがたまに見られる程度である。

女性部屋でも弔問客が部屋に通されると故人の家族に弔意を述べる。部屋に入るときに靴を脱ぐ習慣のあるウズベク人だが、弔問の時、黒靴は脱ぐが、葬儀用長靴は履いたままだ(写真2参照)。女性部屋には机も椅子もなく、座布団に座る。故人を偲《しの》んでお茶を飲むが、葬儀に食布は敷かれない。食布とは村落部のウズベク人が食事時になると絨毯の上に敷いてパンや料

写真2　葬儀用長靴は履いたまま弔問する。葬儀から退出後は長靴の上から黒靴を重ね履きする

理を載せ、その周りを家族や客人とともに囲むための布である。家族団欒の象徴というだけではなく、ウズベク人が客をもてなす時、そこに必ずあるのが食布である。葬儀では多くの弔問客を迎えるが、食布は敷かれない。それは祝いの席ではないことをあらわすと同時に、家族の死を経験した女性の哀悼を弔問客と分かち合うためである。

　20人くらい弔問客が入ると、まずはウズベク語で泣き女による哀悼の詩が朗唱される。その後、参列者の女性たちは立ち上がり、家族を亡くした女性と泣き女を取り囲む。そこから泣き女が独特のリズムをつけて故人を偲ぶ泣き歌を歌うと、家族を亡くした女性を囲んで参列者の女性たちが輪になって右手で胸を叩きながら唱和する。泣き女が「故人は家族を大事にする人だった」とリードすると、参列者の女性たちは続いて、故人の名前を呼び「大事にしていた！」と叫ぶ。泣き女が生前の故人の様子を次々に口にすると、唱和する参列者たちの悲しみのボルテージも次第に上がっていき、なかには激しく泣き叫ぶ女性も出てくる。亡くなった家族がどのような人物だったかを思い起こさせ、故人との絆が再確認される場なのである。

　最後に故人の冥福を祈る祈禱が終わると、参列者が泣きながら遺族女性の肩を抱いて慰め合う。近隣や親族の女性たちが、家族の喪失を経験した女性のためにともに泣き叫び、悲しみを分かち合うことは彼女を孤立させず、支え合うことになる。この泣き女は専門職ではない。宗教関連の本や宗教を学ぶサークルでアラビア語などを学んだ人が務めるという。

泣き歌が終わって参列者が座ると、泣き女とは別の女性がオヤ・ムッラー（ムッラーの母、女性のイスラーム知識人）としてクルアーンのファーティハ章を読誦し、葬儀の祈りを行う。その後、参列者たちはムッラーと亡き女に謝礼金を渡し、次の弔問客グループと交代する。

部屋を出るとパンとスープが用意された部屋があり、女性の弔問客はそこでスープを食べて挨拶を済ませたら退出する。葬儀初日と2日目は葬儀のある家ではスープしか作れない（必要であれば他の家で料理を作って持ち込む）。3日目には米料理を作ることができる。ちなみに男性弔問客にはパン以外の食事は出されない。

2019年春、私はたまたま葬儀に立ち会う機会があり、その変化を目にした。埋葬法や葬儀の日程に大きな変化はなかったが、家族を喪った女性の悲しみを泣き女とともに分かち合う場がなくなっていたのだ。女性部屋でもクルアーンの章句を詠み、故人の思い出を座ったまま語り、冥福を祈る祈禱をした後、食事をとって葬儀は終了した。

聞くと、都市部を中心に以前のような激しく泣き叫ぶ哀悼の習慣は減ってきているという。村落部で泣き女の習慣が完全になくなったわけではないが、イスラーム復興の流れを受けて、今後徐々に変化していくのかもしれない。新型コロナウイルスが猛威を振るった2020年頃には、感染症で亡くなった人にはムッラーがクルアーンを読誦する葬儀の場すらなく、土葬のみ行われていたという。感染症は家族を亡くすだけではなく、亡くした悲しみを誰かと共有する場すらも奪ってしまうのである。

第6章

妻に家の半分を遺す
――エジプトの地方の町に生きたある男性の一生

竹村和朗

はじめに

本章では、エジプトのナイル・デルタの西に位置する町、マルカズ・バドル（以下、MB市と略称）に生きた一人の男性G（仮名。以下、人名はすべて仮名）を通じて、彼が生きた家族の形を描き出す。なかでもGが建てた家に注目し、Gがどのようにして土地を手に入れ、そこに家を建て、息子たちに家を与えて結婚させたのか、そして自身の死後その家をどう処分するように考え、指示したのかを明らかにする。

本章で用いるデータ、すなわちGの言葉や行動は、私がこの地で行ったフィールドワークから得られたものである。私はMB市を中心とする地域で沙漠開発に関する調査を行い、2011年7月から翌年4月までMB市内にあるGの家のアパートに住んだ。

「Gの家のアパート」という表現には説明が必要だろう。現代エジプトの建物は、鉄筋コンクリートの基礎と柱を建て、煉瓦ブロックを壁にした構造のものが多い（写真1参照）。近年の人口拡大を背景に、M

B市のような地方の町でも、一軒に一世帯ではなく、一つの家を複数戸に分けて、複数の家族が住み、生活を分けて暮らすことが多くなっている。その結果、従来は都市の集合住宅の一戸に用いていた「アパート（アラビア語でシャッカ）」という呼び方が、個人の住宅に対しても用いられるようになっている。たとえば、2011年に私が入居した時点のGの家の場合、1階のアパートに長男A一家が住み、2階を賃貸用とし、3階にG夫婦と末婚の次男Bが住み、4階は屋根を半分だけ造り、家禽の飼育や物置のスペースとしていた。

当時、調査のためMB市内に生活拠点を探していた私は、知り合いの不動産仲介人からGの家の2階アパートが空いたことを聞いてすぐに見にいき、簡素だが清潔な様子を気に入りここに住むことにした。エジプトではベッドやソファー、テレビ、ガスコンロや冷蔵庫などの設備が付属する「家具付きアパート（シャッカ・マフルーシャ）」が広く見られ、Gもそのようにして自宅の一戸を貸し出していた。カイロでは個人が所有する集合住宅の一戸を貸し出すことがよく見られたので、私はGもそうした「個人大家」の一人なのだろうと考えていた。ただ、契約後に2階アパートの鍵と、共用の廊下・階段への入り口である鉄製の門の鍵の二つをもらったときには、カイロの集合住宅とは少し勝手が違うと感じたものである（カイロの集合住宅では建物全体の入り口の鍵は渡されず、また入り口付近に門番一家が住み込んでいることが多い）。

写真１　Gの家

当時の私は30代初め、Gは50代半ばだった。Gの長男

Aが同世代という歳の差であり、これから世話になる大家さんでもあるので、年配の男性に対する敬称「アンム」を付けて、「アンムG」と呼んでいた（アンムはもとは「父方オジ」のことだが、日本語の「おじさん」に似た語感で用いられる）。当初は、この「Gおじさん」と長らく連絡をとり続け、この家を何度も訪れる「家族のような」付き合いになるとは思っていなかった。以下では、そうした付き合いを通じて知ったGの人生の家族的側面を示し、Gがどのような家族を生きてきたのか示していきたい（Gの人生譚については、拙著（竹村 2019a）の第2章を参照のこと。本章の議論はこれを新たな視点から組み直したものである。またフィールドワーク後のGとの付き合いについては、本シリーズ第4巻の拙稿（竹村 2021）を参照のこと）。

1　Gが生まれ育った家族

Gの家族観を知るためには、まずGが生まれ育った家族の状況を見る必要があるだろう。エジプトでは、結婚した夫婦は夫やその親が用意した家屋に住むと言われてきた。新居は夫の実家の一室ということも少なくなかったが、最近では夫の実家に増築されたアパートや新たに購入した集合住宅の一戸など独立した住居になることが多い（Singerman and Ibrahim 2001）。また、エジプトを含む中東は、父から子へ、名や権利が受け継がれる父系出自社会であるため、父系の血縁関係にある父方オジやイトコとの関係性が深く（岡戸 2020: 188）、状況に応じてその範囲や関係性が柔軟に変化することも知られている（アイケルマン 1988: 129）。

Gの場合、生まれはナイル・デルタ西部の農村地域で、１９５７年と聞いている。Gがまだ幼い頃、Gの父親がのちにMB市となるこの地域に新天地を求めて移動したのに伴い、一家はこの地に移ってきた。

郵便はがき

料金受取人払郵便

神田局
承認

7846

差出有効期間
2024年6月
30日まで

切手を貼らずに
お出し下さい。

101-8796

5 3 7

【受 取 人】

東京都千代田区外神田6-9-5

株式会社 **明石書店** 読者通信係 行

お買い上げ、ありがとうございました。
今後の出版物の参考といたしたく、ご記入、ご投函いただければ幸いに存じます。

ふりがな お 名 前	年齢	性別

ご 住 所 〒 -

TEL ( ) FAX ( )

メールアドレス	ご職業（または学校名）

＊図書目録のご希望 □ある □ない	＊ジャンル別などのご案内（不定期）のご希望 □ある：ジャンル（ □ない

書籍のタイトル

◆本書を何でお知りになりましたか？
□新聞・雑誌の広告…掲載紙誌名［　　　　　　　　　　　　　　　　　　　　］
□書評・紹介記事……掲載紙誌名［　　　　　　　　　　　　　　　　　　　　］
□店頭で　□知人のすすめ　□弊社からの案内　□弊社ホームページ
□ネット書店［　　　　　　　　　　］　□その他［　　　　　　　　　　］

◆本書についてのご意見・ご感想

■定　価	□安い（満足）	□ほどほど	□高い（不満）
■カバーデザイン	□良い	□ふつう	□悪い・ふさわしくない
■内　容	□良い	□ふつう	□期待はずれ

■その他お気づきの点、ご質問、ご感想など、ご自由にお書き下さい。

◆本書をお買い上げの書店
［　　　　市・区・町・村　　　　書店　　　　店］

◆今後どのような書籍をお望みですか？
今関心をお持ちのテーマ・人・ジャンル、また翻訳希望の本など、何でもお書き下さい。

◆ご購読紙　(1)朝日　(2)読売　(3)毎日　(4)日経　(5)その他［　　　　新聞］
◆定期ご購読の雑誌［　　　　　　　　　　］

ご協力ありがとうございました。

ご意見などを弊社ホームページなどでご紹介させていただくことがあります。　□諾　□否

◆ご 注 文 書◆　このハガキで弊社刊行物をご注文いただけます。
□ご指定の書店でお受取り……下欄に書店名と所在地域、わかれば電話番号をご記入下さい。
□代金引換郵便にてお受取り…送料+手数料として500円かかります（表記ご住所宛のみ）。

名	冊
名	冊

指定の書店・支店名	書店の所在地域 都・道　府・県　市・区　町・村
	書店の電話番号　（　　　）

Gはここで育ち、妻となる女性と出会い、結婚し、家を建て、生活の拠点としてきた。したがってGの周囲には、故郷の農村地域にはおそらく多くいたであろう父系親族集団（アーイラ）、すなわち同じ家族名を持つオジやオバ、イトコの姿がほとんど見えない。とりわけ、私が出会った50代のGにとって、息子の結婚を決めるなど社会的・経済的に重要な場面で頼りにするのは、同じ地域に住む自身の兄弟姉妹とその子ども（甥・姪）たちであった。

Gの兄弟姉妹関係は、家を建てる局面でも出てくるので、先に述べておこう。家系図はなく、折々に聞いた話をまとめたものなので正確でない点もあるが、全体像はつかめるだろう。最年長の兄は「父違い」と呼ばれていた。Gの母の最初の夫との子（つまりGの母は再婚していた）であるようだ。Gの両親はすでに亡くなっていたため、詳しい話は聞けなかったが、父親が違うということはアーイラが異なることになる（最初の夫が同じアーイラの者であった可能性もある）。それでもこの父違いの兄は時折Gを訪れていたので、家族付き合いはあった。ただし、この兄は後述するGの父の土地の相続には関係がない。

Gと父母を同じくする兄弟姉妹は、Gを含めて4男2女であった。姉妹については、文化的に「身内の女の話はしない」ことがマナーであるうえ、既婚女性は自身の子の名前を使った呼称（ウンム○○、「○○の母」の意）が一般的であるので個人を把握しがたかった。他方、兄弟はしばしば本人がGの家を訪れていたので存在を確認できている。

Gは三男であったが、自らを兄弟のなかで別格の存在だと自負していた。2011年のラマダーン月の最終日に、翌日のイード・アル＝フィトル（断食明けの祝日）をどのようにすごすのかGに尋ねたところ、朝にイードの礼拝をしたら後はずっと家にいる、と答えた。親族のところに挨拶しに行かないのか、とさらに尋ねると、Gはこう答えた。

自分より年上の人もうちに来る。なぜか。おれは兄弟のなかで唯一、学があるから。みんなの問題を何かと解決してきたからだ。

Gの「学」とは、彼が高校を出たことだけでなく、卒業後に就職した公務員職にも関係していた。特定を避けるため省庁の名は述べないが、Gはその専門知識を自身の人間関係にも役立ててきた。Gのなかで公務員（ムワッザフ）であることはアイデンティティの重要な一部となっていた。ただ、Gは公務員の職位を持つ一方で、カイロとMB市を行き来するトラック運転手としても働き、自宅の賃貸も行っていた。この点は矛盾しているが、公務員の給料が低いため、副業が許容される社会的雰囲気があった。

Gたちの兄弟仲は良好に見えたが、内心では競争意識があったようだ。とくに顕著だったのが、一つ上の兄Dとの関係であった。Dは、Gとは異なる官庁の地方公務員であり、若い頃ある辺鄙な地域に配属されていた。そこで僻地手当（G曰く「給料が2倍」）が付いたため、数年後に戻ったとき、Dは多くの貯蓄を得ていた。それを使ってDはGよりも早く、独立した家を建てた。しかしGは、Dの家の建設作業を「おれが監督してやった」と言い、Dだけではうまくいかなかっただろうとほのめかした。

またあるとき、同父母兄弟の長兄の息子（Gにとって甥）がGのもとを訪れた。住んでいる家を売って、その金で市内の別の土地を買うことについて「Gの意見を聞きに来た」という。Gは、甥の家の築年数、市内の土地価格の概況と支払い方法について述べた後、新居建設に必要な費用と手続きを概算して、利益があると見て売却を許した。彼らが帰った後、Gは、家を建てるためには金と手間がかかり、「自分のような頭（ラアス）が必要だ」と述べた。少し前に私と一緒に行ったカイロの金曜市（金曜日に開かれる中古品市場）で、質の良い蛇口や洗面ボウルを安く手に入れたことを引き合いに出して、こう言った。

カイロで買ってきた洗面ボウルは120ポンド（エジプト・ポンド。当時1ポンドは約20円）だが、ここで買うと600はする。しかも台湾製だ。な？　お金と頭が必要なんだ。

Gはこうした世渡りの知恵をどこで学んだのか。それは彼が誇る専門知識からだけでなく、ある親族女性から叩き込まれたものでもあった。Gは、公務員の研修のためにカイロに数年住んだが、その時の寄宿先のオバ（父の姉妹）のウンムH（Hは娘の名で「Hの母」の意）から「すべてを教わった」という。

ウンムHは離婚して娘を育てるシングルマザーで、親族の紹介でカイロの「死者の街」に住んでいた。死者の街とは、カイロ旧市街の東部にある墓地区域のことで、墓に人が住むのでこう呼ばれるが、人が墓のなかに住むのではない。イスラームは土葬のため墓地の区画が大きく、一つの家族の墓地の周囲を壁で囲い、中庭に樹を植え、休憩用の部屋を建てるなど一区画が大きな建物のようになっている。こうした墓地は、墓参りや埋葬で使用するとき以外は扉に鍵をかけている。墓地の持ち主は掃除や管理をする人を雇い、これらの者やその仲介で別の者が墓地の空いた場所を利用して住んでいた。ウンムHはそうした墓地に住む貧しい人々の一人だった。墓地には電気や水道も通っていて、それを飲み水として売ったり、墓地になった果実を売ったりして生計を立てていたという。ここにはウンムHの姉妹で、同じく離婚して2人の息子を抱えたウンムM（Mは長男の名）が身を寄せ、2人の姉妹は都会の片隅でひっそりと生きていた。そこに若き甥っ子のGが加わったことになる。大都市カイロを貧しくも生き抜いているこのオバを、Gは尊敬していた。

ウンムHはいろいろ厳しく規律正しい人で、そこですべてを教わった。茣蓙《ござ》に上がる前にスリッパや靴を脱ぐこと。タバコは寝室以外の台所や外で灰皿を使って吸うこと。夜寝る前に食事をしないこと。ベッドがきしむので寝つけないときにもぞもぞしないこと。毎日午後の2時半から5時まで昼寝をし、その後夜9時まで勉強すること。すべてに規律（ニザーム）があった。

仕事に慣れ、カイロの街や人のことがわかるようになると、口やかましいオバから離れて、死者の街の別の場所で一人暮らしをした時期もあったようである。ラジオを買って好きな国民的人気歌手ウンム・クルスームの歌を聴くなど、自由で楽しい青春のひとときであったが、「墓地だから夜は怖かった」とも言っていた。

こうしたときのGの語りには両親の話はほとんど出てこない。私が出会った頃にはすでに両親が亡くなってから年月が経っていたこともあるだろうが、それは、6、7年前に亡くなったというオバのウンムHも同様である。それほどこのオバの影響が大きかったのだろう。親からではなく、親族の、それも離婚して一人都会に生きる女性から生きる知恵を学んだのは、親族の役割として考えさせられるものがある。

後年、Gは自らを「エル＝ワズィール」（大臣、重荷を背負う者の意）と呼んだ。「時間に正確」「安心できる」「女を任せられる」という仕事上の評判から、周囲の人が自分をそう呼ぶのを気に入り、自身の通り名としていた。Gの生き方には、確かにウンムHの教えが根づいていていた。

2　結婚し、マイホームを建てる

カイロでの暮らしを経た23歳の頃、Gは実家の近くでのちに妻となる女性、ウンムA（結婚・出産前には当然別の個人名を名乗っていたが、便宜上すべてウンムAとする）と出会った。当時、彼女は18歳であった。30年前を振り返って、「私だってあの頃はお菓子みたいにきれいだったんだから」と言う。彼女は夫との出会いをこう語った。

17か18のとき、私はすぐそこの工場で働いていた。マンゴーやトマトなど果物や野菜を切って瓶に詰め、箱に詰める仕事。ジーパンを穿いてた。2人の姉がサイーディー（上エジプト出身者。ウンムAの両親もサイーディーであった）と結婚していたが、自分はサイーディーの言葉も知らないし、好きじゃなかった。ある時、Gが仕事でここに来て見初められた。すぐに婚約して、婚姻契約をした。すべて簡単に済ませた。

結婚は1980年頃であった。結婚披露宴の写真は残っていないが、当時の二人の写真がある（写真2）。結婚当初は、Gの実家の一室を新居としていたようである。当時のMB市は市内に空き地が多くあり、地域に人を呼び込むために、政府はそうした土地を人々が「勝手に」使うことを許容していた。Gの父親もこの方法で土地を得た一人で、市内の中心地区の400平方メートル（以下、平米）と少し外れた地区の390平米の土地を「勝手に」囲って自分のものとしていた。

写真2　若き日のG夫婦

Gの父はその400平米の土地に120平米ほどの平屋を建て、それを自宅にしていた。Gによれば、家の中央に廊下のような共用部分があり、その両側に部屋が三つずつ、計6部屋あった。片方の端にトイレがあり、その対角線上の端に父母と未婚の末弟がいる広めの部屋があった。トイレの隣の部屋は物置にしていた。それ以外の四つの部屋を既婚の兄弟3人が使っていたのだが、長兄が2人の妻を娶っていたので2部屋を使い、Gと兄Dがそれぞれ1部屋ずつ使っていた。これも写真などは残っていないが、かつてよく見られたという平屋に複数世帯が集住する大家族の姿が想像される。この大家族のなかでのGたちの新婚生活は、ほとんど語られない。ただ、結婚から2年後に長男Aが生まれ、Aの3年後には次男Bが生まれているので、夫婦関係はそれなりに円満だったのだろう。

Gの父が1992年に亡くなると、Gたちは相続で父の土地を分けた。400平米の土地は100ずつ4区画に、390平米の土地は100が3区画と90に分けられて合計8区画になった。400平米の4区画をGと末弟、姉妹の1人、長兄の妻の1人がとり、390平米の4区画をD、長兄のもう1人の妻、母、もう1人の姉妹がとった。長兄は妻が2人いたのでその分多く区画を得ただけでなく、のちに母の1区画と姉妹の1区画をそれぞれ「よそ者」（ここでは「親族でない者」の意）に売ってしまった。これが、長兄の特権としてよくあることなのか、当人の個性なのかはわからない。末弟も土地を売ったので、8分の3がすでに親族以外の手に移っている。前節で述べた長兄の息子は、長兄から390平米の1区画を継承した者だったので、もし彼が売却したとすれば、Gの父の土地は死後20年で半分に減ったことになる。

Gは自身の土地について、1995年に、MB市における土地所有の公的証明書として認められる予備売買契約書を取得している。なお土地分割の際に隣接地との境に明かりとりの空間を設けたためか、書面上の土地面積は約87平米となっている。

Gが家を建てた時期は（正確な記録がないので推定になるが）、相続で土地を分割した後かつ最初に賃貸した1997年より前なので、95～96年頃と考えられる。冒頭で述べたように、現代の家屋は、まず鉄筋コンクリートの基礎と柱を建て、1階ずつ壁や内装を整え、徐々に上層階を増築していく形をとることが多い。Gも最初に4階分の基礎と柱を建て、1階の壁と内装だけを整えた。トラック運転手の副業で稼いだ貯金と公務員のローンを組み合わせて、建設資金を調達したようである。

1997年にGは、この地域に発電所を建設するために技師や工事関係者がやってきてMB市に滞在することを知り、自分たち夫婦が住んでいた1階アパートを貸して、自分たちは屋根と壁だけを急造した2階に移り住んだ。このときの家賃は月に650ポンド、3年間の契約であったという。この金額は、当時の公務員の月給と変わらない大きな額だったのではないだろうか。参考までにいえば、私が2002年にカイロ中心部の1LDKの家具付きアパートを借りた時の家賃が1000ポンドだった。公務員の月給が数百ポンドで、1000ポンドあれば上等だと言われた時代である。Gの1階アパートの間取りは2LDKと広いが、地方の町であることを考えると相応な額であろう。

Gは公務員の給料とトラック運転手の副業収入、家賃収入の3本柱で少しずつ金を貯めては2階を増築し、内装を整え、3階部分も増築した。この過程において、家を建てる計画をし、資金を集めるのは「夫」たるGの役割であったが、その収入をやりくりし、2人の息子を育て、Gが時折連れてくる職人や親族、友人に食事を出し、アパートの掃除をするのは、「妻」たるウンムAの仕事であった。ウンムAは、他人に家を貸し、そのあいだ造りかけの家に住むという辛抱を、長年Gとともに耐えてきた。彼女にも、夫と一緒にマイホームを建て、それを完成させた自負があったように思われる。

そのうちに長男Aが20歳を迎え、結婚を考える年になった。Gは「父の責任」として、息子に新居を用意してやらなければならない。そしてGにはGなりの「父の希望」があった。

Gは、自身が公務員としてその恩恵にあずかっていること、学業は優秀であったが家が裕福ではなかったため大学に行けなかったことを悔しく思っていて、息子には勉強して大学に入り、公務員や教師など安定した職に就いてほしいと考えていた。しかし長男Aは高校を卒業すると、むしろ父親の副業に倣い、現金を稼げる運転手になってしまった。最初は近隣地域の高校生を送り迎えするバスを運転し、のちにアレクサンドリア行きの長距離乗合バスの運転手となった。運転手は定期的な現金収入は得られるが、自動車を所有するオーナーによるインフォーマル・ビジネスであり、公務員ほどの保障は望めない。

Gは、せめて息子の妻には教師や公務員を、と願っていた。しかしAが「結婚したい」と連れてきた女性は、学校の送迎バスで出会った女子高校生で、しかも婚姻可能年齢に達していなかった。GはAにもう少し待つことを勧めたが、息子は譲らず、相手の親も結婚を早く進めることを求めてきた。そこでGは知り合いのマーズーン（婚姻公証人）にある工夫を頼み、1000ポンド余分にかかるが、うまく公式の婚姻契約登録ができるようにした（マーズーンなどエジプトの婚姻制度については、本シリーズ第1巻〔竹村 2019b〕を参照）。しかし、それを実行しようとした矢先、相手の父親が自分の知り合いのマーズーンなら半額の500ポンドで公式の登録ができると言ってきたので、そちらを選び、Aは結婚した。ところがこれが公式の登録ではなく、一部手続きが省略された「ウルフィー（慣習）婚」であることが、その1年後、夫婦に子どもが生まれた時になって判明した。Gは自身が息子に願った女性を迎えることができなかったばかりか、息子とその妻、相手方の家族に一杯食わされた格好であった。

これが尾を引いてか、Gはずっと息子夫婦に不満を抱えていた。Aの妻を「怠け者」と批判し、「夫もひどけりゃ、妻はもっとひどくて」と怒りをにじませた。結婚当初はA夫婦に新築の2階アパートを使わせていたが、廊下にタバコの吸い殻や魚の骨を投げ捨てるといったA夫婦の規律に反した行為が目に余り、GはついにA夫婦を新居の2階アパートから1階に移動させた。さらに1階の壁に大きな穴を開けて、専用の出入り口を造り、1階アパートの元の扉を閉じて、A夫婦には共用の門や廊下を使わせないようにした（冒頭の写真1では、左手に共用の入り口があり、その右側に1階アパートの入り口が開いている）。私が2011年に入居した時、この問題は親子の間に横たわり、「長男の嫁」に対するGの不信と不満が渦巻いていた。

Gにはもう1人息子がいる。次男のBは、私が出会った頃には、G夫婦とともに3階アパートに住んでいた。長男Aは長距離運転手らしく朝早くに家を出て、夜遅くに疲れ果てて帰ってくる生活をしていた。結婚の経緯はともかく、「働く男」の姿を見せていた。これに対し、当時20代後半のBは、定職に就かず、昼すぎまで寝て夕方になると外出し、明け方に帰ってくる昼夜逆転の生活をしていた。仕事場を転々とし、最近は市内交通の担い手、三輪自動車トゥクトゥクの雇われ運転手をして日銭を稼いでいるようだった。

そんな不良息子ではあったが、Gは次男にも「父の責任」を果たし、結婚のための新居を用意しようとしていた。私が入居した当初、Gは「上の部屋（3階）は自分たち、下が息子夫婦（1階）、この部屋（2階）はもう一人の息子（B）が結婚するまで貸すつもりだ」と言っていた。ただ、私が思いがけず長く居続けたことで考えを変えたようだ。その年の11月に毎年部屋を借りに来る常連客（イチゴやブドウを買い付けに来る仲買人）が来ると、彼らに3階を貸し、自分たちは寝室と台所の壁だけ急造した4階アパートに移り、そこに住んだ。そうして2軒分の家賃を稼ぎ、Bの結婚準備のために4階アパートの内装を進め、私が帰国する予定だった3月末までにBを結婚させる準備を整えた。

Gが急いだのは、思いがけない収入があったことだけでなく、Bが「早く結婚したい」と父を急かしたからでもある。実はBは、見た目と異なり「未婚」ではなく、「結婚している（が完了していない）」状態にあった。兄のAのように、エジプト人ムスリムの男女が結婚する場合には、マーズーンのもとで必要な届け出、すなわち婚姻契約を登録したうえで、周囲に結婚を知らせる披露宴を行うことが通例となっている。婚姻契約をしても披露宴をしなければ、夫婦は一緒に暮らすことができず、完全に「結婚した」状態にはならない。Aの場合、（公式ではなかったが）届け出をし、披露宴を行っており、完全に「結婚した」状態にあった。対するBは、同じようにやや公式でない形で婚姻契約の登録は済ませていたが、新郎が用意すべき新居が準備できておらず、披露宴も行えずにいた。Bは「妻」と勤め先の工場で出会ったが、この娘も、当時まだ婚姻可能年齢に達していない高校生であった。Gの「父の期待」はことごとく裏切られたことになる。

それでもBは、父を動かし、2012年3月に披露宴を行い、「結婚した」。二人は晴れて夫婦となったが、すぐに子どもを授からなかったことを焦り、Bの妻は2年後に不妊治療を始めた。まだ20代と若かったが、当人たちはさまざまな圧力を感じていたのだろう。幸い治療の効果があり、すぐに双子の女の子を妊娠・出産した。2015年2月には、Bの妻は2人の赤子の面倒を見ながら、ウンムAを助けて家事を一手に担っていた。そこにAの妻の姿は見えなかった。

この頃、A夫婦には深刻な離婚危機が生じていた。以前から激しい怒鳴り合いをすることはあったが、ある時エスカレートしてAが妻に手を出してしまったことから、妻は息子二人を置いて（それでも二人の間にはその数年間に2人目の息子が生まれていたが）実家に帰ってしまった。夫に暴力を振るわれたことを理由に訴えられるだけでなく、結婚時の約束を盾にした過大な支払金を請求されるかもしれないと、Gは懸念していた。これまでの経緯もあり、GはAの妻とその家族に対して不信感を持っていた。Gは重い持病を抱えているうえ、眼の手術をしたばかりで体調が万全でないなか、息子の身の破滅の可能性に思い悩んでいた。当のAはそれでも仕事に出て、ウンムAがやんちゃな男児二人の世話に追われていた。

1年後の2016年にGは脳梗塞を起こし、脚が不自由になって階段を上れなくなった。そのためG夫婦は1階に移り、Aは離婚問題を機に外にアパートを借りていたので、2階と3階の両方を貸し出した。Aは毎朝、息子二人をGのもとに連れてきて仕事に行き、夜遅くに戻ると息子たちを連れて自身のアパートに帰る生活を続けていた。Aはもとより、病身のGも、夫の看護と孫の世話をするウンムAも、自身の双子を育てつつ家事を手伝うBの妻も、皆疲弊していた。

Aの夫婦問題がいったん解決したのは、2017年初旬のことである。二人は復縁し、再び一緒に（ただし外のアパートで）暮らすようになった。Aの妻はGのもとを訪れることが許され、時折その姿を見るようになっていた。この頃にはGの病状も少し上向き、サングラスをして外を歩けるまでに回復していた。

私がGと最後に会ったのは、2018年2月である。眼の問題は続いていて、時折注射を打ちに遠方の病院に通っていたが、脳梗塞の影響はだいぶ薄れて歩くこともできるようになり、定年退職が近づくなか、職場にも復帰していた。しかし、定年退職した直後の5月下旬、Gは急に体調を悪化させ、近隣の病院に運び込まれたが、治療の甲斐なく数日後に亡くなった。

3　死ぬ前に妻に土地を分ける

Gの死後、2018年8月に私がウンムAのもとを訪れた際に、ウンムAがこうつぶやいた。

お父さんの退職金2万9000ポンドはまだ出ない。すぐにもらうと半額で、1年待つと満額もらえる。それで待つことにした。でも出ても、私は8分の1しかもらえない。残りはAとBで分ける。

この「8分の1」という数字は、イスラーム法の相続規定にもとづき現代エジプト国家の制定法（1943年法律第77号）で定められているもので、夫を亡くした妻で子のいる者の取り分に相当する。ウンムAは続けて、Gの公務員年金に付随する自分の年金額が減らされる可能性があることや、そうした手続きをするために病院から死亡証明書をとって役所に出し、個人IDカードも作り直したことを述べた。見せてもらうと、カード上の記載は、確かに「既婚女性」から「寡婦」に変わっていた。私がGは退職金をどう使うつもりだったのかと尋ねると、ウンムAは突然Gの今際《いまわ》の様子を語り始めた。

最後の日が一番大変だった。最後の言葉は「アー」〔「はい」を指すアイワのこと〕だった。「水飲む？」と聞いたらそう答えた。お父さんはよく「おれには息子が3人いる」と言っていた。あんたはわが子より良い子だって。実は昔小さい頃に亡くなった子がいたから、その子とひっかけていた。あんたのことを「いつもは遠くにいて、なかなか帰ってこない」と言っていた。

亡くなった子は、AとBの間にいたのだろうか。Gは私のことを「息子」と思ってくれていたようだ。胸に迫る話だが、ウンムAが続けてした相続の話には、当然そうした感情的な関係性はまったく含まれていなかった。Gは、息子A・Bとの関係において生前ある仕掛けを施していた。ウンムAはこう語った。

お父さんはこの家の権利の2分の1を私にくれる契約書を書いていた。AとBは自分の子どもだけど、言うことを聞かせるため。

翌日その契約書を見せてもらうと、土地の予備売買契約書の裏に直接書かれたメモと、「譲渡証明書」と題された書式の2通があった。これらがどういうものか、ウンムAに尋ねると、こう答えた。

土地の半分は譲渡で私のもの。残り半分とアパートは相続で分ける。私の取り分が多くなったから、土地は私の許可がないと売れない。それが大きい。売ってしまって別のところに住む人もいるけど、お父さんはそれを好まなかった。

最近は物価高騰でアパートの賃貸料も高くなり、2011年には「家具付きアパート」で1000ポンドだったのがこの頃は2000ポンドにしていて、他のアパートなら3000ポンドはかかる、とウンムAは言った。実際、当時Aが借りていた外のアパートは「家具なし」だが1200ポンドもしていた。ウンムAは、すぐに家や土地を売りたくないと考えており、それはGの考えでもあった。自分の死後に息子たちが突発的に家を売ってしまわないように、Gは準備していたのである。

Gが残した2通の書類は、形式と役割がやや異なるだけで同じ内容を指している。これらによれば、所有者Gが妻ウンムAに自宅の土地87・07平米の半分にあたる43・53平米を無償譲渡し、以後二人がこの土地の共同所有者となる。書類には、MB市の土地を管理する旧南タフリール農業社の公印が押されており、これが正式な書類であることを示している。

Gのねらいは何だったのだろうか。これまでの親子関係を鑑みれば、Gが息子やその妻の浅慮を警戒していたことは容易に想像できる。Gは自分の死後、息子たちがアパートやその賃料を取り合ったり、そのために妻の居場所がなくなったりすることを危惧していたのだろう。それは親から受け継いだ土地を守るといった理念的な意味合いよりも、土地という価値ある資産を残すという実利と、自分と妻とで建てた家に対する若干の思い入れ、何より自身の死後の妻の生活を守るためであった。

資産という点では、妻により多くの権利を与えることによって、誰がどのアパートを得るかという交渉の主導権、すなわち、子どもに「言うことを聞かせる」力を妻に与えようとしたとも考えられる。Gの家の価値は、売却価格だけでなく、一戸以上がつねに賃貸物件として稼働し、定期的な現金収入をもたらす生きた資産である点にある。これらの資産および利益の分配において、相続法の規定では妻は「8分の1」しか得られない。こうした法規定は、現在では法律で定められているが、もとはイスラーム法規定に由来し、Gはこれらを熟知していた。2012年に私が調査で入手した別の土地の契約書を読んでいた時、手書き文字が読みづらいのでGに相談するとそれをすらすらと読み解いてくれたうえ、関係する相続法規定をそらんじたことがあった。Gは生前贈与の方法があることも口にしており、かねてよりこうした仕組みを考えていたようである。

譲渡は、2013年4月15日になされていた。この日付は、次男Bの結婚から約1年後にあたる。「父の希望」はともかく、息子二人を結婚させるという「父の責任」を果たし、残されたのは、数年後に迫る定年後の暮らしと、いつ訪れるかわからない自分の死後に長く続くであろう妻の暮らしを守ることであった。その仕組みを作ることこそが最後の「夫の責任」だと、規律正しく女を守る男、エル＝ワズィールは考えたのではなかろうか。

おわりに

本章では、Gという一人の男性の人生を通じて、エジプト社会における家族の生きた実例を取り上げた。Gは地方で生まれ育ち、公務員になり、首都で職場とオバに鍛えられ、地元に戻り結婚し、父から相続で土地を得て、副業し、家を建て、増築し、息子二人を結婚させ、孫を持って死んだ。こう書けば、よくある――むしろ、よくやった――男の一生に見える。

Gの個人的な資質を抜きにして、「家族」という視点から眺めたときにGを特徴づけるのは、若い頃にカイロでオバから受けた教育であったように思われる。Gはこの女丈夫から規律を学んだと述べたが、おそらくそれだけではない。Gには確かに家父長的な強さもあったが、むしろ論理の鋭さや言語表現の豊かさ、合理性や計算高さで周囲の人を惹きつけ、引っ張る力を持っていた。Gは、力を誇るマッチョイズムには毒されていなかった。それをオバから学んだ「女のしたたかさ」と言ったら、Gは怒るだろうか。

もう一つ、Gの家族関係のなかで特筆すべきは、妻への財産分与の配慮である。Gの父が合計790平米の土地を何の工夫もなく妻子に残した結果、妻、すなわちGの母は相続法規定と合致する遺産の8分の

1、100平米を得ただけであり、その他は子どもたちに渡り、その後半分近くが散逸した。Gの兄弟やMB市の男たち、あるいはより広く同時代のエジプトの男たちがどのような相続対策をし、妻に対しどのような財産分与をなしているのかがわかったとき、Gの配慮の真価が明らかになるだろう。

しかしながら、Gのこうした努力にもかかわらず、妻ウンムAは、夫の死からわずか3年後の2021年4月に亡くなった。直後に電話で聞いた話では、新型コロナウイルス感染症の罹患が決定打となったようだが、それ以前から、彼女は夫を亡くした寂しさと喪失感、これらに起因する心身の不調に苦しんでいた。Gは妻に生きるための財産を残したが、エル＝ワズィールに守られていた女は、それだけでは生きていけなかった。それほどの情愛がこの夫婦にはあったのだ。

と私は考えていたが、現実はもう少し複雑だった。2022年8月にコロナ禍後初めてエジプトを訪れ、ウンムAの墓参りを果たしたとき、彼女が生前に、夫と同じ墓ではなく、同じMB市の墓地にある自分の母親と同じ墓に入ることを望み、息子たちが母の希望に即してそのように埋葬したことを知った。ウンムAは、「母の墓の方がモスクに近く、アザーンがよく聞こえるから」というもっともらしい理由を述べたという。しかし私には腑に落ちなかった。息子たちに再度尋ねるとBの妻が、夫婦が同じ墓に入らないのは変わったことではなく、そういうこともあると答えた。それでも納得しない風であった私に対し、Aが、ちょうどその直前に来ていたオバ（Gの妹）を引き合いに出して、こう言った。

母さんも昔は父さんの兄弟姉妹といろいろあったからな。さっき来たオバさんもそうだけど。父さんの一族（アーイラ）の墓に入りたくなかったんだろ。

新しい町であるMB市にはアーイラの広がりはまだ少ないが、そこに家族がある限り、夫婦・親子の問題に口を出す親戚や義理の親との緊張感のある付き合いは必ずある。先に見た通り、Gの兄弟仲は悪くはなかったが、競争意識はあった。Gたち兄弟は新婚生活を父の家の一室で始め、兄弟の夫婦が同じ屋根の下で暮らす時期もあった。仕事で家を空けていた夫であり息子であるGには見えなかった家族生活の闇が、妻のウンムAにはよく見えていたのかもしれない。ウンムAの選択は、Gがともに生きた家族について、Gが語らなかった部分――妻と夫の家族との関係――の存在を指し示している。ウンムAからの「遠くにいる息子」への最後の贈り物として受け止めたい。

それにしても、同じ墓に入らないとは。Gは思った以上にしたたかな女性たちに囲まれていたようだ。思えば、ウンムAや息子たちがGの言うことを聞かず、反対にGに要望を突き付ける場面もしばしば見られた。そういうとき、Gは素知らぬ顔してやりすごしていたように見えたが、内心はどうだったのか。エル＝ワズィールにしてもそうなのだから、カイロの壁に落書きされたように、「男でいるのは楽じゃない（エッ＝ルグーラ・ミシュ・ビ・スフーラ）」（van Nieuwkerk 2019: 3）のか。それともそうした男性性や女性性のあり方すらも、それを内包する家族の形とともに、変わっていく可能性があるのだろうか。その答えは、Gとウンム Aが遺した2人の息子とその家族とともに考えていくしかあるまい。

コラム4

ひとりで頑張る
――イランの「家族経営」企業

岩崎葉子

「家族経営企業」と聞いて日本の私たちが思い浮かべるのは、下町の小さな工場や飲食店などであろうか。社長自ら陣頭指揮を取り、伴侶、子ども、親族などを動員して家族ぐるみで操業している企業は少なくない。日常業務や顧客との関係構築などを家族のメンバーがそれぞれ分担し、みんなで一つの事業を守《も》り立てていく。中小・零細企業の多い日本においては、こうした家族経営はごく普通に見られるビジネス・モデルであろう。

イランもまた中小・零細企業のひしめく国である。エネルギーや金融関係の大企業を例外として、日本と比較してもさらに規模の小さな企業が多く、就労者数が10人を超えると「なかなか大きい」という印象さえ受けるほどだ（製造業を例にとると、2003年に公表された直近の全数調査では全体の96％を「就労者数10人未満」の企業が占めた。現在でも状況は大きく変わっていないと考えられる）。

私たちは中小・零細企業が多いと聞けば、なるほどそれでは家族経営企業がその大部分を占めるのではないかと、上にあるような「家族ぐるみ」企業を連想しながらつい決めつけてしまいがちである。しかしここには注意が必要で、イランには確かに創業者とその近しい家族・親族が経営陣に名を連ねる企業が少なくないのだが、その様相は日本とは異なっている。

そのことに気づかされたのは、フィールドワークの過程でイランのさまざまな企業の法的地位について調査したときのことである。全体の大多数を占める中小・零細の企業群のうち、「法人化」した企業の多くは有限責任会社、（非公開の）株式会社、協同事業組合のいずれかの企業形態をとっている。現在のイランの商法には株式会社をはじめとするいくつかの企業形態が規定されているが、上の三つは出資者の人数や資本金額など設立の要件を満たすのが容易なため多く採用されているのである。

そうした中小・零細企業で聞き取り調査をすると、創業者兼オーナーである社長の下に、その妻や子ども、兄弟姉妹が会社の役員に連なっていることは珍しくない。ところが、現地で企業を回って調査をしているとき、オフィスなり商店なり工場なりに、そうした家族の姿を見ることはほとんどない。多くの場合、社長本人が何人かの臨時雇いとともに孤軍奮闘しているばかりで、その実態は私たちの思う「家族ぐるみ」経営のイメージからは程遠いのである（法人化していない零細企業などでもこうした傾向は同様で、家族が社長とともに働いているというパターンはきわめて稀である）。つまりイランの多くの法人企業はいわば「形式的」な家族経営企業なのである。

「他人を入れるよりは家族でもメンバーにしておいた方が、権限だの義務だの禁止事項だのについて意思疎通が楽でしょう」「会社を登記するときも（登記局が）それを勧めるくらいです。ご自身の家族名義にしておいた方がいいですよ、という具合に」とは、あるイラン人法曹の言である。

家族のメンバーが実質的な操業の現場には関わらず、社長一人がすべてを采配するやり方は、一見すると家父長的な伝統に由来するビジネス・スタイルであるかのようだが、フィールドワークを重ねるうち実はそれがリスク回避のためのイラン的な経営戦略の一環であることがわかってきた。

イランにおける企業経営の際立つ特徴の一つに「多角化」の追求がある。一つの事業に心血を注ぎ、中長期的視野に立って技術と顧客の獲得に努める姿勢が称揚される日本のような国もあるが、イランはそうではない。企業を取り巻く流動的な経営環境に柔軟に適応できることこそが経営者の才覚であるから、むしろ資源を分散していくつもの収入源を確保することがよしとされる。したがって社長が同時に別の商売を手がけている事例も少なくない。中小製造企業を対象に行ったアンケート調査でも、3割ほどの会社が「事業の運転資金を（経営陣による）他のビジネスから回している」と答えている。

　もう一つの特徴は「単独主義」で、他企業との長期的な取引関係を結ばず、大企業の傘下に連なることもしない。これらはひとえに、特定の企業間関係の維持にすべてを注ぎ込み、抜き差しならぬ状況に陥ることが最大の経営リスクと考えられているためだ。グループ化を避けるのは相手が家族であっても同様と見えて、会社を設立する際に親兄弟から融資してもらうパターンは存外少なく、先の調査では1割余りしかない。

　もちろん、イラン国内でそこそこ名を知られた日用品・食品メーカー（たとえば石鹸・シャンプー、紳士服、菓子など）や両替商・貴金属商などには、創業者とともにその一族が実質的な経営に参画し、ときには代替わりが成功するような事例もないではない。投下資本が大きければ回収のインセンティブが上がるのも自然なことだ。ただし仮に2代にわたって事業体として続く場合でも、もともとの事業の継承・維持に主眼があるわけではない。イランで長年活躍するある経営コンサルタントはこんな事例を挙げる。

「（創業者）自身が起業家で、彼が物資流通の事業を起こして、娘に継がせました。飲料などの流通です。それからもう一つ別の会社を建てます。これが観光会社。こちらは息子がやっています。もう一つ別の会社も作って、日本の自動車メーカーから輸入する。それも息子に譲りました」

このような具合に、家族がまるで方向性の異なる分野に進出することでリスクのバランスをとるのである。

とはいえイラン型ビジネスの定石はといえば、成功を収めた初代が未練なくブランドごと赤の他人に売却するといったパターンであろうか。

革命、戦争、経済制裁などに翻弄されいつ何が起こってもおかしくない不安定なビジネス環境だからこそ、たった一つの事業に家族全員を巻き込んで運命共同体にならぬようにすることが、イランの社長の腕の見せどころだ。事業はあくまでも家族が食べていくための方策であって、彼の人生の目的ではないのである。

第Ⅲ部
家族をめぐる法の論理

第7章

ムスリム家族法の近代化と宗教コミュニティ間の対立

伊藤弘子

はじめに

インドでは、グローバリゼーションの進展に伴って家族のあり方が変容しつつある。都市部への人口集中が進み、女性の教育レベルとともに初婚年齢が上昇してきた。しかし、社会全体と個々の家庭のなかで、家父長制や男女差別はいまだに残り、女性への搾取が形を変えながら続いている。本章では、インドにおけるムスリム家族法の法整備について、ムスリムとヒンドゥー教徒の対立という面に着目して紹介する。

イスラームとムスリムについて考えるとき、一般的には中東・北アフリカにおける状況を念頭に置くことが多いだろう。しかし、アメリカのシンクタンクであるピュー研究所の調査報告によると、ムスリム人口が世界最多のインドネシアと第二のインドに加えて、パキスタンおよびバングラデシュからなる南アジアを加えた4ヵ国で、世界のムスリム人口の42％に達するとされる（Diamant 2019）。インドのムスリム人口は、インド総人口の15％（2020年センサス）に至るが、79％を占めるヒンドゥー教徒に対し、ムスリムは「宗教的マイノリティ」に位置づけられている。しかし、２０５０年にはインドはヒンドゥー教徒とムスリムの双方について世界最大の人口を擁するであろうと推計されていることからも、本書においてインドのムスリムについて同国のヒンドゥー教徒との関連から述べる意義はあるといえよう。

１９４７年8月に、インドとパキスタンは英領インド帝国から分離独立したが、ヒンドゥー教徒をはじめとする土着宗教の信徒を多数とするインドと、ムスリム国家として建国されたパキスタンとの間で、所属する宗教の人口が多い地域に移住しようとする者たちの大移動が生じ、各地で大規模な衝突や暴力事件が発生した。それ以後、宗教コミュニティ（集団）間の対立が続いている。

インドの憲法では、第25条で宗教の自由に関する権利を、第44条で統一民法典の制定を国の務めと定めた（藤音 2018: 27-32）。また１９７６年の憲法改正で、世俗国家であるとの文言を前文に挿入し、すべての宗教を平等とした。統一民法典の制定は、固有法を廃止し、一般法としてインド領域内のすべての者に、所属コミュニティにかかわらず均一な法的保障を保障することを目的としていた。しかしながら、第44条は努力規定として定められているものの、世俗国家という概念が、国家がいずれの宗教も優遇せず、宗教コミュニティの自治を認め、その固有法の併存を維持するという意味なのか、あるいは反対に宗教は個人の内心の問題として宗教法の効力を失わせ、一般法で統一すべきという趣旨なのかは明らかでなかった。独立直後は、西欧諸国における法整備に倣い、宗教法や慣習法の適用範囲を制限していくことにより近代化をはかることを予定していたであろう。しかし後に、ヒンドゥー教徒が多数を占める国会で、固有法を廃止し、私法統一することは、マイノリティの宗教の自由への侵害につながるとして反対され、現在まで統一民法典は施行に至っていない。

インドでは、ヒンドゥー教徒とムスリムの間だけでなく、ヒンドゥー教徒内のカースト（インドではヴァルナ、ジャーティと呼ばれる職能集団）間の対立や、シク教・仏教などの土着宗教およびキリスト教の信徒との間でも暴動が生じることがある。自分たちが所属する宗教や学派のコミュニティの優位性を強調し、他のコミュニティを排斥する思想や現象を、インドではコミュナリズムと呼んでいる。近年、ヒンドゥー至上主義団体である民族奉仕団（ＲＳＳ）を母体とするインド人民党（ＢＪＰ）の政権下でヒンドゥー文化による国民の統合をうたうポピュリズムの傾向が強くなり、コミュニティ間の対立や暴動が誘発されるようになっている。

２０１０年代半ば頃から、ムスリム男性が非ムスリム女性を騙し、イスラームへの改宗と婚姻を強いるという陰謀論である「ラブ・ジハード（愛の聖戦）」が、ＳＮＳなどで広められるようになった。異宗婚を抑制し、なかでも「ラブ・ジハードから非ムスリム女性を保護」することを目的として、改宗を伴う婚姻登録申請がなされたときに違法・不当な改宗強制の有無を調査することを定める改宗制限法は、すでに10の州で効力を生じている。愛情深く育てた娘をたぶらかし改宗と結婚を強要したとして、「異教徒」たる男性に対する娘の親族による暴行が黙認されたり、同法のもとで官憲の支援により両親のもとに連れ戻された女性が同じコミュニティに属する別の男性との結婚を強制されたりという、人権侵害を後押しするような州法が成立・施行されてしまうのはなぜなのか。ムスリムとヒンドゥー教徒コミュニティの対立を歴史的に振り返りながら、近年の家族法に関連する動向を考えたい。

1　宗教を原因とする政治的対立の歴史的背景

8世紀頃からインド亜大陸に外来の宗教としてイスラームが流入し、16世紀に成立したムガル帝国は、ほぼインド全域にわたる広大な領域についてイスラーム化を進めた。征服王朝としてムスリムの支配者は、当初は民衆の多数を占めるヒンドゥー教徒との融和路線をとって国土を拡大した。しかし、17世紀半ばに非ムスリムへの非寛容政策に転換したことから、非ムスリム住民との対立が深まり、反乱が頻発して皇帝の求心力と国力の低下を招いた。ムスリムやヒンドゥー教徒が支配する独立国である藩王国が各地に成立し、英国による植民地支配下においても、インド帝国領域の半分に達する広域について英国と同盟関係を締結して自治権を認められ、藩王が信仰する宗教は当該地域社会に大きな影響を与えた。インド帝国の構造や秩序維持に必要な法整備を進めるうえで、同一コミュニティに属する土着民同士の家族関係や宗教に関わる問題については、国家は最低限の介入をするにとどめた。

宗教法は、当該宗教の信徒に一元的・統一的に適用される規範ではない。学派による解釈の差異、カーストや地域に固有の慣習や慣行の影響を受けて、宗教法は多様化しながら各々のコミュニティで共有されてきた。このようなコミュニティは、多くの場合において内婚集団でもあり、異宗婚やカーストを越えた縁組がなされることはまれであったから、家族関係や宗教に適用される固有法は、国内に並立する状態になっていた。英国の統治政策においても、英法系の契約法や刑法が全域に統一的に制定されたのに対して、家族および宗教に関する分野は、原則として各当事者が所属するコミュニティの固有法の効力を引き続き認めた。そして、児童婚や寡婦の地位等の英法理に反すると考えられる分野および事項に限定して、判例法や成文法による近代化を図っていった。

19世紀半ばからの英領インド帝国時代には、主としてヒンドゥー教徒とムスリムの対立を利用して一体的な独立運動を妨害する分割統治政策がとられた。第二次世界大戦後にイギリスはインドから撤退することになったが、ヒンドゥー教徒とムスリムに分断する分割統治政策により対立を煽られてきた人民は分裂した。１９４７年にインド帝国が分割されインドとパキスタンとして独立する前後には、インド側に移住しようとするヒンドゥー教徒などと、東西に飛び地になったパキスタン側に移住しようとするムスリムの間で混乱と暴動が起き、１００万人とも言われる死者や１２００万人の難民が発生した。独立直後の１９５１年センサスでは、インドの総人口３億６１００万のうち、ムスリム人口は３５００万人（９・８％）であったのに対して、直近の２０１１年センサスでは総人口が12億１０００万人に対してムスリムは１億７０００万人で、２０５０年にはインドが世界最大のムスリム人口を擁する国になるとも予想されている（Hackett 2015）。ムスリムは、インドで宗教的「マイノリティ」の位置づけにあるとはいえ、日本の総人口以上の人数がインド一国にいることには留意すべきである。

現在、インドには土着の宗教を信仰するヒンドゥー教徒（２０１１年センサスによると全人口の79・８％）、シク教徒（同じく１・７％）、仏教徒（０・７％）およびジャイナ教徒（０・４％）と、外来の宗教を信仰するムスリム（14・２％）、キリスト教徒（２・３％）、ゾロアスター教の一派であるパールシー教徒（０・７％）および無宗教者（０・１％）がいる。コミュニティ間の衝突として最も知られ注目されてきたのは、本章の対象であるヒンドゥー教徒とムスリム間の対立である。この他に、インド北西部に分布が多いシク教、南インドに多いキリスト教徒とヒンドゥー教徒との対立も数多く報じられ、とくに南インドでは、ヒンドゥー至上主義団体が州政権をとった20世紀末から、キリスト教徒に対する暴行、ヒンドゥー教への強制改宗や教会の破壊などの暴力行為が増加していると言われる。

2 近年のインドにおける宗教を原因とする政治的対立

分離独立後に長期政権を続けた国民会議派は1960年代に保守化し、さらにインディラ・ガンディーによる強権的政治や汚職の横行で求心力を失って、80年代にはヒンドゥー・ナショナリズムが高まった。ヒンドゥー至上主義団体である民族奉仕団を母体とするインド人民党が98年に政権をとり、核実験を行うなど、第二次世界大戦後に交戦状態になりカシミール地方の帰属をめぐって緊張状態が続いてきたパキスタンおよび中国への対立姿勢を明示した。同時にインド国内のムスリム市民に強硬な姿勢をとったため、民衆の間でもコミュニティ間の対立が激化した。2004年選挙では国民会議派が政権を奪還したものの、2014年に再びインド人民党が政権をとり、民族奉仕団出身のモディ首相を擁する政権が発足してからは、ヒンドゥー教徒の数の優位性をもとにマイノリティを軽視し「数」で押し切るポピュリズムの傾向が増している。

インド人民党が2014年に続き2019年の選挙でも圧勝し一党優位状態になると、上位カースト寄りの多数派主義とムスリムを敵視した政策を次々と推進し、そのメッセージを受けた暴徒が暴力・破壊行動に及び、結果として両コミュニティの対立が激化している。おもな例として次の3点を挙げることができよう。

①アヨディヤ事件——1992年に、ヒンドゥー教の聖地とされるアヨディヤに建立されていたモスクがヒンドゥー教徒の暴徒に破壊され、数千人が犠牲となる暴動に発展した。2019年に最高裁が

この地をヒンドゥー教徒に委ねる判断を下して以来、ヒンドゥー寺院の起工式や祭事など、折々にモディ首相がアヨディヤを訪問してプレゼンスを高め、ムスリム・コミュニティの反発を招いている。

②カシミール自治権――ムスリム住民が大多数を占め、中国・パキスタンと領有権が争われていることから憲法で暫定的に認められてきたジャム・カシミール州の自治権が、2019年に撤廃され、ムスリム住民の反発を招いている。政府が同州を拠点とするイスラーム過激派を鎮圧するために派兵し、パキスタンとの緊張も高まっている。

③国籍法改正――2019年末に公布された改正国籍法で、2014年以前に周辺国から宗教的迫害を理由として流入した難民を対象とするインド国籍申請要件からムスリムを除外したため、宗教にもとづく差別的取り扱いであるとして大規模な抗議活動が広がった。同時期に、国民登録制度の不備により190万人の住民についてインド国籍を確認できない事態に至り、これらの者のなかに印パ分離およびバングラデシュ独立時の難民やその子孫やムスリムが含まれていたことから、国籍法改正問題とあわせて、より大規模な抗議運動が広がった。

モディ政権が長期化し、中央政府および州レベルで民族奉仕団との関係が強い政治家の影響力が強まっている。「ヒンドゥー文化」に反するとしてムスリムを攻撃する争点のうちでも、分離独立前から問題となってきたものとして、畜牛屠殺禁止問題がある。ヒンドゥー教では牛が神聖視されてきたことから、近年、牛の屠殺や食肉の法規制が州レベルで相次いで行われ、牛肉食の慣習があり食肉解体・皮革加工業に従事する者が多いムスリムの生活を逼迫し、屠畜に従事するムスリムが「動物愛護派」集団に襲撃される事件が起きている。インド土着のヒンドゥー文化の優越性を強調し、外国や、外来の宗教を敵視することによって多様なインドの国民の結束を高めるという政策は、総人口の8割を占めるヒンドゥー教徒のなかの一定の者たちには効果的ではあるかもしれない。しかし、マイノリティを切り捨て多様性を否定する政策は、憲法や建国の理念との矛盾につながる。

3　ムスリム家族法の法整備

英領インド帝国の裁判所では、ヒンドゥー教徒とムスリムの家族と宗教に関わる法律問題に関する事件について、各人が属するコミュニティの固有法を適用して紛争解決をするものとしたが、イギリス人裁判官によって英法寄りの解釈がなされがちだった。ここから南アジアのイスラーム法は、「アングロ・ムスリム法」とも呼ばれる。もともとインドのムスリムには移住者や、外来の宗教としてイスラームを受け入れた土着の者たちが多かったので、土着の慣習法の影響を受け、離婚や再婚の認容や不動産の相続などについて抵触が生じていた。そうしたことから、ムスリム身分法適用法（1937年）はムスリムへの土着の慣習法の適用を廃止し、ムスリム婚姻解消法（1939年）は裁判離婚の制度を整備して、インドに多いスンナ派ハナフィー学派法では困難だった妻による離婚請求を認めた。インド帝国ではムスリム法と並行してヒンドゥー教徒他の固有法においても法整備を進めたが、支配者である英国の法理を判例法や単行法でパッチワーク的に導入する方法で社会改革を進めるのは時間がかかるし、既得権者の抵抗は避けえなかった。

19世紀から20世紀には、中東・北アフリカ諸国で、ムスリム家族法の成文法化が進んだ。ここでは、イスラームの規範にある真の神の意図を理解し、イスラームを「純化」してムスリム法の近代化を図ろうとする視点が見られた。すなわち、ある者が所属する法学派以外の学派の解釈について、それがもっぱら外国で効力を認められている場合においても、その適用をすることによって、国内で従来認められてきた学派の解釈以上に弱者保護や子どもの福祉がもたらされるのであれば、このような結果はむしろ、より神の真意に沿うものであるとして、当該国内でも認めようと考えるのである。

南アジアで、英領時代からムスリム・コミュニティによって進められてきたムスリム法の近代化の結実の一つが、独立後にパキスタンで制定され、現在も同国およびバングラデシュで施行されている1961年ムスリム家族法令である。同法は、インド亜大陸のスンナ派ハナフィー学派のムスリムが行ってきた一夫多妻制とタラーク（離婚）宣言に、仲裁評議会の監督機能による制限を課している。一般的にムスリム男性は、一方的なタラーク宣言によって婚姻を解消することができるものの、推奨されるタラークは、1回目の宣言の後で、通常3ヵ月のイッダ（女性の再婚禁止期間）中の扶養義務を負い、この期間中に離婚の意思に変わりなく撤回をしない場合には、再びタラーク宣言を行うべきとする。撤回の機会は2回あり、原則として3回目のタラーク宣言で離婚宣言の撤回が不可能となる。インド亜大陸では、ハナフィー学派に属するムスリムの間では、タラーク宣言を3回連続で宣言し、1回のイッダ経過後に離婚が確定する「トリプル・タラーク」が行われてきたが、これは推奨される方式ではないとして諸国で制限されていた。同法では、タラーク離婚を希望する男性は仲裁評議会に届け出て、和合を図らなければならないと定め、複婚をしようとする男性についても、複婚の前に他の妻（たち）の同意を得たうえで、仲裁評議会の許可を得なければならないと定めた（タラーク宣言などイスラーム法の離婚制度については本シリーズ第1巻（嶺崎2019; 小野 2019）を参照）。

インドでは国民の大多数が非ムスリムであるため、異教徒が主導する国会で成立した法がムスリムに適用されることに拒否感を覚えるムスリムは多い。前述の植民地時代に制定されたムスリム法は、農地を適用外としていたし、タラーク宣言による夫の一方的な離婚の制限は近年までなされず、ムスリムの固有法に影響する立法や判決はつねに大きな議論を呼ぶ。離婚後扶養に関する一般法の適用をめぐる１９８５年のシャー・バーノ事件と、その後、近年までのムスリム女性の権利保護を目指した立法や判決の変遷をたどると、ムスリム法の法整備への社会・政治的な困難さが見えてくる（伊藤 2016: 128）。

一般法である刑事訴訟法（１９７３年）は、各人の宗教を問わず、離婚後に経済的に困窮する女性が、元夫に対して扶養を請求する制度を設けている。古典イスラーム法ではイッダ期間中しか夫は扶養義務を負わないので、ムスリム妻である原告にとって一般法による終身の扶養請求を得ることは死活問題であった。最高裁はムスリム妻に一般法にもとづく扶養請求権を認めたが、政治的に脆弱だった政府がムスリム・コミュニティの猛反発を抑えられず、１９８６年にムスリム女性の離婚の権利に関する法律が成立し、最高裁判決が覆されてしまった。ただし、この後も引き続き、ムスリム女性に対する権利保護を求める運動は続いた。まず２００１年に最高裁はムスリム夫婦の離婚に際して、イッダ期間後の生活に必要な費用を考慮して扶養額を決定しなければならないと判断し、２０１７年にはトリプル・タラークを違憲と認めた。さらに、２０１９年のムスリム女性離婚法改正では、トリプル・タラークを無効とするだけでなく、このような宣言をする夫について3年以下の懲役および罰金刑を定めた。

インドでは、憲法が定める基本権の侵害があると認められる事柄について、国民が直接、最高裁に提訴する権利を保障する（第32条）。これらのムスリム家族法の改正も、最高裁が迅速かつ簡易な手続により審議を開始し、基本権の侵害を認め、それを是正する法整備を立法府に求めるという方法によって、立法府における宗教コミュニティ間の対立を反映して審議の引き延ばしや廃案に持ち込まれることを抑制することが可能になった。

4　異宗婚――婚姻の自由と宗教の自由への制限

異宗婚は、英語の inter-faith marriage または inter-religious marriage の訳語である。イスラームではムスリム男性が啓典の民であるユダヤ教徒およびキリスト教徒の女性と婚姻することは許容される。しかし、ムスリム女性はムスリム男性以外とは婚姻できず、ヒンドゥー教のような多神教の信徒との婚姻は禁止されている（異宗婚の禁止については、本シリーズ第1巻のインドネシアの事例（大形 2019）も参照）。インドでは、婚姻の挙行に際して当事者は、英法型の一般法である特別婚姻法による民事婚か、固有法による宗教婚のいずれかを選択することができる。同一の宗教、カーストや学派等のコミュニティに属するカップルは、固有法により婚姻をすることが多い。

前述のように、コミュニティは内婚集団でもあり、異宗教カップルは少ないうえに他のコミュニティの成員からの受け入れが困難な場合も多い。２０１３年に米国の大学がインドで行った調査によると、20代前半の女性の２・３%、20代後半の女性の２%が異宗婚をしており、宗教別に見るとキリスト教徒（３・５%）とシク教徒（３・２%）は比較的高く、ヒンドゥー教徒では１・５%、ムスリムは０・６%であった（Desai et al. 2008）。また、２０２１年1月に公表されたピュー研究所の研究報告でも、異宗婚を避けるべきと考える者が国民の過半数いることが示されている。いずれの宗教においても、男性が異宗婚をしようとする場合より、女性の異宗婚をやめさせるべきと考える者が多い。とくにムスリム女性の異宗婚をやめさせるべきとする者は74%、ヒンドゥー教徒女性の異宗婚をやめさせるべきとする者は64%いた。

インド亜大陸のムスリムの先祖の多くがいわゆる低カーストなどの被差別コミュニティからの集団改宗者であったり、外国系であるなどの理由から、上位カーストのヒンドゥー教徒コミュニティに属する者の異宗婚は、ヒンドゥー教徒側の親族からとくに強い拒否感を持たれがちである。法律上は、異なる信仰を保ちながら一般法による方式を選択して婚姻することもできるのだが、妻が婚姻前に改宗し、夫や夫の親族が信仰する宗教の方式で結婚する場合が多いため、妻側の親族にとっては宗教と親族関係を断つだけでなく、コミュニティでの親族の位置づけを貶める行為と考えられる。そのため、妻側の親族が、婚姻前の男女交際や棄教を許さず、当事者に激しいハラスメント行為を行ったり、親が決めた別の者との婚姻を強制する場合がある。

インド亜大陸では、婚姻は家同士あるいは女性の父と夫になる男性との男同士の約束であり、とくに女性の労働力に依存しない階級では、女性側の親族に高額な持参金（ダウリ）の提供を求める慣習が行われてきた。持参金禁止法の制限があるにもかかわらず、持参金の慣習は、インド亜大陸ではヒンドゥー教徒だけではなくムスリム同士の婚姻でも行われており、持参金の額や内容に不服な夫や夫方の親族が妻を殺害する「持参金殺人」が疑われる妻の「自死」件数は、現在でも非常に多いとされる。

近年、識字率と比例して初婚年齢は上がってきた。しかし、持参金の授受は表面化しないから、取り締まりや捜査が容易ではないうえ、グローバリゼーションによって従来の身分階級制度のもとでは固定されていた職業以外の新しい職種に就くようになったことで、社会的階層の上昇をすることが可能になった。グローバリゼーションにより増加した中間層の間で消費傾向が強くなったことも、持参金の高騰に拍車をかけていると考えられている。「持参金」として期待されるのは金品だけではない。婚姻は家同士の結びつきと考えられ、当事者の親族は、新しく親戚になり関係が強固なものになった者たちからもたらされる支援と利権を期待する。婚姻は、当事者だけでなくコミュニティ全体の関心事なのである。

また、娘の親族にとって、娘の自由恋愛を許した父や男性親族の管理能力が疑問視され、娘の貞操が疑われるような状況に陥るということは、それが、たとえ一方的なストーカー被害にあっているのだとしても、娘とその家族の落ち度であり、一族全体の名誉を汚す事態であるとみなされる。インド亜大陸では、恋人との密会や駆け落ちなどの娘の不品行によって傷つけられた一族の名誉を守るために、父や兄などの男性近親が、自ら、あるいは誰かを雇って娘と恋人を殺す「名誉殺人」が頻繁に報道されている（名誉殺人については、第9章のトルコの事例も参照）。

名誉殺人は、南アジアの北部から北西部にある慣習で、パキスタンでの報告数も多い。パキスタンでは、2016年に露出的な衣装と性的にオープンな発言で知られていた女性インフルエンサーが男性親族に殺害された事件をきっかけとして、親族による名誉殺人に対する罰則が強化された。インドにはドメスティック・バイオレンス禁止法があるが、同法は被害者の保護を重視しており、加害者の処罰は、一般的な殺人や傷害罪を規定する刑法に委ねられ、親族による加害行為に特化した規定ではない。

名誉殺人は、近親男性によって直接なされる場合と、コミュニティの男性成員からなる合議体の決定として命じられる場合がある。インドでは、伝統的かつ非公式な男性成員のみで構成される合議体（カースト・パンチャヤット）の活動が存続している地域があり、その合議体がコミュニティの秩序を乱した者の処分を定め、公式の法や司法手続きによらない解決を図ることがある。親族やコミュニティの名誉を汚した男女がリンチされたり、殺害命令が発せられたりするなど、男性の支配構造の下で、コミュニティと親族の双方から女性の人権が脅かされる。

婚姻しようとする当事者が異なる宗教を信仰していた場合には、親族・コミュニティからの反発はより大きくなり、とくにインド人民党やヒンドゥー至上主義勢力が標榜するインド文化の核であるヒンドゥー教への攻撃であるとして、ムスリム・コミュニティへの批判に利用されてきた。2018年に南部のケーラーラ州の高等裁判所は、ヒンドゥー教からの改宗ムスリム女性と夫の固有法による婚姻について、女性の父からの請求をもとに、改宗と婚姻が夫から強要されたものであったと認定し婚姻を無効とした。しかしこれに対して、最高裁は当該州裁判所の判決が、憲法が定める法の前の平等、差別禁止、自由権に反し、婚姻の自由を侵害し違憲であると判断し、24歳の成人女性の自由意思にもとづく改宗を有効として判決を破棄し、婚姻の成立を認めた。同様に、ウッタル・プラデーシュ州でも州レベルの最上位である高等裁判所が、改宗した元ヒンドゥー教徒女性とムスリム男性との婚姻を強制改宗にもとづくものとして無効の判断をしたが、この決定は最高裁判所によって覆された。

州レベルで異宗婚の効力を否定する動向は、その後もエスカレートしており、2020年以降、ヒンドゥー至上主義勢力が強いハリヤーナー、マディヤ・プラデーシュをはじめとする複数の州で、改宗を伴う異宗婚について改宗強制の有無と婚姻成否の審査をする改宗制限法が制定されている。いずれの州でも改宗を強制したムスリム男性らが逮捕される事件が報道されている。

異宗婚への妨害行動や当事者への圧力は、婚姻当事者に対する個人的なハラスメントにとどまらず、エスカレートしている。2020年10月には、異宗婚家族の親密さをテーマとしたインドの宝飾チェーンのコマーシャルがSNSで大規模な批判を受け、放映を打ち切られる事態になった。この企業は、伝統的な結婚式や宗教的行事の必需品である宝飾品を題材としながら現代の家族像を示す映像を折々に公開してきた。問題になったコマーシャルでは、ムスリム一家に嫁いだヒンドゥー教徒女性が、婚家が主催したヒンドゥー教式のベビーシャワー（安産と子どもの幸せを願う出産前の祭事と親族の内祝い）の場で、義母から豪華な装飾品をプレゼントされる。異宗婚のスパイスを添えながら、家族の親密さと思いやりを描く構成をとった。まず妻が、義母に誘われて部屋に入ると、夫が積極的に料理を運び、義父が部屋の飾り付けをしており、義妹がヒンドゥー式の祝い菓子のレシピを調べて作った形跡がある。ヒンドゥー教徒の実家の家族と、婚家のムスリム家族が総出で集い、ヒンドゥー教式の祭事を再現しようと努力している様子に妻が驚き、嬉しく思っていると、義母が豪華な装飾品を取り出し、身に着けさせてくれようとする。女性が、「あなたたちの宗教の行事ではないのに」と遠慮すると、義母が微笑んで、「どこの母も、娘を喜ばせたいと思うものよ」と答え、装飾品が大写しになって、広告は終わる。伝統文化と家族のつながりの尊さを訴えた美しい映像だが、この広告がテレビやインターネット上で公開された直後から、ラブ・ジハードを推奨しているという批判が高まった。同社製品のボイコット運動や店舗への嫌がらせが高じ、同社は従業員の安全のために映像の公開を取りやめざるをえなかった。

ヒンドゥー至上主義者は、ラブ・ジハードというセンセーショナルな語を用いて人々の危機感を煽り、メディアやSNSを利用して、インド全土のヒンドゥー教徒に宗教の自由の侵害であるという意識を植え付けようとする。2021年6月にインド北部のスリナガル在住のシク教徒の女性がイスラームに改宗し、ムスリム男性と婚姻した事件も、その典型例である。

この事件では、女性の父をはじめとする親族が、この婚姻は改宗を強要され、洗脳された状態でなされたものであり、自由な意思にもとづく婚姻合意ではなかったとして婚姻の無効を訴え、改宗制限法にもとづく娘の保護を求めた。英国法の移植を受けたインドの婚姻法では、婚姻当事者が婚姻時において詐欺脅迫や飲酒などの影響下になく、婚姻上の権利義務を理解したうえで完全な婚姻締結能力を有していたことを求める。改宗制限法は、異宗婚の事例に限定して成人女性が正常な判断力、婚姻締結能力を有していなかった可能性があるとして、当局による審査と異宗婚挙行の許可を制度化するもので、親族による成人女性の婚姻自由を制限する。本件では、婚姻当事者である夫婦が実家へ連れ戻されることを恐れ、警察に保護を求めたが、裁判所は保護の必要性を認めず、娘の身柄を親に引き渡した。

妻の親が申し立てた改宗制限法が定める誘拐、改宗と婚姻の強要に該当するかの審理が行われた裁判所の外をシク教徒の団体が取り囲み、この二人の結婚はラブ・ジハードである、妻をその父のもとに返還せよと主張した。第一審裁判所は当事者の主張を聞き、証拠調べが始まった。しかし、夫が釈放されないまま、両親に引き渡された妻はシク教徒の男性とシク教方式の宗教婚を強要された。2021年7月当時の報道では、ムスリムの前婚の夫はムスリム方式の婚姻の成立と、後婚の無効を申し立てると言っているが、その後の報道はない。

おわりに

改宗制限法は、成人の意思による改宗を伴う婚姻が、詐欺強迫にもとづく改宗である可能性があるという前提に立って、改宗の違法性を審査する。立法推進派のなかには、改宗をせずに一般法である特別婚姻法にもとづいて婚姻をするのであれば、同法の規制対象にならないのに、あえて当事者が改宗をしてから固有法での婚姻をすることに、ラブ・ジハードの可能性が隠れているのだと言う者がある。しかし、宝飾店の広告にもあらわれていたように、インドでは、妻が夫の親族と同居し共同家族の成員となることが通常であるから、そのコミュニティで受け入れられるためには、婚家に入る女性が夫側の慣習に合わせることを求められる。改宗をしてコミュニティの一員となることを選ぶのは当然の選択であろう。結局のところ、成人である子どもの改宗と異宗婚を受け入れがたいという感情は、旧来の家族成員間での男性の支配構造の揺らぎに対する反発に由来するものであり、家父長制の影響が家庭内、コミュニティ内、そしてインド全土で今なお根強いともいえる（Sahgal et al. 2021）。

改宗制限法が州法として立法され、婚姻当事者の信教の自由と婚姻の自由が法律により侵害され、州の高等裁判所が相次いで違法、不当な改宗の強制で婚姻は無効であると判断するという状況は、由々しき事態である。立法府でヒンドゥー至上主義政党が政権をとっている州では、インド人民党と民族奉仕団の立場を反映して、反ムスリム的な立法が相次いでいる。州法、州裁判所の判決および国会で成立した連邦法の違憲性は、最高裁によって是正しうるものの、最高裁決定が改宗制限法について何らかの判断をしたとしても、同様な対立構造は、形や場所を変えて生じるので、インド各地で激化するコミュナリズム全体の沈静化に十分とは言えない。

インドでは旧弊な慣習を、社会的弱者のなかでもとくに女性の権利保護を目的とする法整備をすることによって改革してきた（粟谷・井上 2018）。しかし、モディ政権のもとでヒンドゥー至上主義勢力が、ポピュリズム勢力を取り込むための道具として、父親に保護され導かれる子女からなる家父長制的な家族像をインドの美徳・理想として掲げることが効果的であることもまた、否定できないのである。

なお、本稿の校正段階である2023年1月の時点で、マディヤ・プラデーシュ州の改宗抑制法に反して異宗婚をした男女について、同州高等法院は起訴を認めず、連邦最高裁判所に同法の適用に関する判断が求められている。

コラム5

家族と国籍

伊藤弘子

国籍とは、国と国民を結ぶ法律的な紐《ひも》のようなものだと言われる。どれほど長期間、外国に居住していたとしても、国籍を持ち続けている限りは、目に見えない紐でつながっているように本国との法律的な関係が存続するのだと説明されることもある。

かつて、人は、その出生地を治める領主や王の所有物と考えられ、移動の自由も帰属先の選択も認められなかった。18世紀から19世紀に、言語や文化を共通とする国民が主権者として統治すると定める国民国家の形成が進むと、国民としての身分や地位は、通常は親子関係にもとづいて父から受け継ぐものとされた（父系血統主義）。

19世紀に産業革命の影響や交通機関の発達などにより自発的な人口移動が進み、外国での永住を目的とした移住も増加した。これらの移民は家族とともに移住、あるいは生活が安定した後に家族を呼び寄せて、移住先国に定着していった。移民を受け入れた諸国は、移民受入政策によって国内の人口を増やそうとしていたから、移住してきた者たち（第一世代）には審査のうえで国籍取得を認め（帰化）、第二世代以下の子孫には、国内で出生したことにもとづいて国籍を与えた（生地主義）。

誰に、どのような場合に国籍を与えるかは、その国の国民の範囲を定める問題であって、国家の主権に関わる問題の一つとして各国がその国内法で独自に定めることができるとされている。かつての北米やオーストラリアで見られた有色人種への国籍取得上の禁止・制限は、現代では人種差別として容認されないが、一般的な帰化許可数の多寡や審査手続の詳細は、外交的・政治的判断にもとづいて各国が定めるべきものとされている。

しかしながら、人は、いずれかの国の国民としての身分を得てこそ人権を完全に保障されるから、各国は、各当事者の自己決定権を尊重しつつ、国籍の取得・喪失の要件を明らかにして法整備すべきである。国籍の得喪について各国が法整備するうえで遵守すべき問題として、国籍自由と国籍唯一の二つの原則が認められており、国際条約や各国法で採用されている。

国籍自由の原則とは、各人がいずれの国の国籍を有するかについて当事者の意思を重視すべきであり、各国家は各人の意に反して国籍を剥奪してはならないという考えである。ここから、移民送出国は、外国に永住目的で移住した国民に国籍離脱の自由を認めるようになり、これに対してフェミニズムの高まりとともに、妻は夫に従属し外国人妻は夫の本国の国籍を取得すべきとする夫婦国籍同一主義は、夫婦独立主義に置換されていった。

夫婦国籍同一主義のもとでは、国際婚姻により外国人妻は夫の国籍を当然に取得し、婚姻前の国籍を喪失していた。明治期の日本でも、日本人が国際結婚や国際養子縁組をする際に、允《いん》許《きょ》（許可）を政府に求めなければならなかった。允許を得ると日本人の妻または養子となることが認められた外国人は、日本国籍を取得し、日本人配偶者・養親の戸籍に入籍した。反対に、外国人男性の妻あるいは養子となることが認められた日本人は、外国人配偶者・養親とともに日本を去るものとして親の戸籍から抹消され、日本国籍も喪失した。

しかし、現在は、国籍自由の原則のもとで身分変動にもとづく国籍の得喪を当然には認めない。外国人との家族関係を得た者が配偶者・養親の国籍の取得を望む場合には、原則として本人が帰化許可申請手続を行うことになる。

国民としての身分を、国民との家族関係から受け継ぐというシステムをとる国においては、出生時に法律上の父の国籍を取得する父系血統主義と、婚姻・養子縁組等の身分変動にもとづく国籍取得の双方で「家族」を一体として国民に取り込んできた。しかし、20世紀に諸国が母親にも子に国籍と国民としての身分を継がせる父母両系血統主義に転換すると、出生子が父母の双方から国籍を伝えられ、重国籍者になる事例が増加した。

国籍唯一の原則は、人はいずれか一つの国家の国籍のみを有するべきとして、重国籍および無国籍のいずれについても発生防止・解消しようとする。確かに、重国籍状態にある者には外交保護権、参政権や兵役の義務等が複数の国について生じうる点で問題になるが、グローバリゼーションが進展した現代社会においては、複数の国家にルーツを持つ者に、厳密に一つだけの国籍に絞ることを強要することは、心情的にも現実的にも困難である。

これに対して無国籍状態の速やかな解消は、より重大である。なぜなら、いずれかの国の国民としての身分があってこそ完全な人権保護がなされうるのであり、とくに子どもの人権保護のためには出生時から国籍が確定的であることが望ましいからである。それゆえに、子どもの権利条約などの国際条約でも、各国は無国籍者の発生防止や無国籍状態の解消の努力をすべきであると定めている。

いずれの国も、国籍自由の原則と国籍唯一の原則を組み合わせ、無国籍者の発生防止に努めている。同時に、旧宗主国と植民地の関係や祖先の出身国と移住先国の社会的・歴史的背景や政治的判断から、特定の外国の国民について、内国国民に準ずる身分を認め、出入国・在留や就労上の特別な扱いをする場合がある。そのような例として、インド系外国人とその外国人配偶者に2015年から付与が始まった海外インド市民権が挙げられる。

世界中に3000万人以上いると言われるインド系外国人（たとえばアメリカやイギリスに移民したインド人の子女や孫）が、出生国の国籍・市民権のほかに海外インド市民権を得て、インドに「里帰り」を繰り返したり、親の郷里で同族・同宗教のインド人と見合い結婚をして配偶者を本国に連れ帰ることがよくある。近年は、親の知人や親戚が仲介する「お見合い」ではなく、各人が主体的にマッチングアプリで知り合い、SNSを使って国境を越えた交際をすることも容易になった。

マッチングアプリや結婚相手を求める新聞・雑誌広告の自己紹介欄では、自分の属性や相手に求める条件として外見、学歴、年収に並んで宗教、学派やカーストなどのコミュニティが記されており、現在でも婚姻にあたって当事者双方が同一コミュニティに属する者であることが重視されていることがうかがわれる。現代的なツールを用いてグローバルな婚活がなされるようになっても、配偶者選びには国籍と並んで同じコミュニティへの帰属が重視されるのは、結婚が当事者だけの問題ではなく、親族との連帯が不可避と考えられていることのあらわれであろう。

第8章

変わりゆく家族のかたち
——現代イランの場合

森田豊子

はじめに

イラン・イスラーム共和国（以下、イランとする）はイラン人を民族的マジョリティとする人口約850 0万人の国で、人口の90％以上がムスリムである。ムスリムはムスリムでも、世界のムスリム全体の約20％を占めるシーア派が多数派を占める。20世紀カージャール朝およびパフラヴィー朝期の王政時代から西洋を範とする近代化が推し進められてきたが、1979年のイラン革命後にイスラーム共和国となった。

日本でイスラームというと反体制の過激派がすぐに思い浮かぶかもしれないが、イランは国家体制の中軸にイスラームをおいているイスラーム体制の国家である。革命直後に米国と断交し、イスラーム革命の輸出を唱えて隣国イラクと戦争（1980〜88年）となったが、その後はどの国とも戦争をしていない。イランのイスラーム体制は立法（議会）、行政（大統領）、司法（裁判所）の三権分立制度にもとづいており、大統領、議会議員などは選挙で選ばれている。ただし、憲法では三権のほかにイスラーム法の知識など宗教的に十分な資格を持つと判断された最高指導者を設置し、最高指導者が宗教的権威として影響力を持つだけでなく三権や軍などに実質的な権力を行使できる仕組みを持つことでイスラーム体制を担保している。

このような特徴を持つイランで、家族のあり方は時代を経るなかでどのように変化したのだろうか。イスラームでは家族形成が大いに奨励されており、イランでも革命後に改定された憲法第10条は「家族はイスラーム社会の基礎となる単位である。法律、規則とすべての関連する立案は家族形成を促進するものでなければならない」と規定している。イスラーム体制における議会ではつねに、どれだけイスラーム法を尊重し、取り入れるべきなのかが議論されており、その結果生まれた法律が現実社会に影響を与えている。

ここでは、このように世界でも特異な体制を持つイランの家族について、とくに家族をめぐる法律をもとに論じていこう。具体的には第1節で家族の形の時代的な変化に、第2節ではとくに女性の権利をめぐる国内法の変化に、第3節では家族の変化に伴う家族の登録をめぐる国内法の変化に注目し、イラン社会の現状とこれらの法規定の変化との相互関係、現代イランが規定する家族をめぐる国内法とイスラーム法との関係について考える。

1　家族は変わったのか

イランで人気を博したテレビドラマに『父親中心主義（ペダル・サーラール）』（1995〜96年放映）がある。イランの言葉ペルシア語で「ペダル」は父親を指し、「○○サーラール」とは○○中心主義のことを言う。「人々（マルドム）」が付いた「マルドム・サーラール」には、民主主義の訳語がつく。父親中心主義の対義語は「子ども中心主義（ファルザンド・サーラール）」であり、親が子どもの言いなりになる家庭で、「今時の若い者は……」と親世代が子ども世代の変化を嘆くときにこの言葉が使われる。

このドラマのなかの父親は、家計の管理から、息子の仕事、近所付き合いまですべてを取り仕切っており、結婚した息子たちは家のなかにそれぞれ部屋を与えられて妻と子どもたちと一緒に暮らしている。食事時になると全員が揃い、父親の号令で食事が始まる。結婚した娘も近くに住んでおり、頻繁に行き来している。このような大家族のなかで末息子がイトコと結婚することになり、父親は家のなかの一室を新婚家庭のための部屋として準備する。しかし、息子の結婚相手は仕事をしており、結婚後に夫の実家に同居するのはいやだ、近くでもいいので独立して暮らしたいと堂々と宣言するなど、「父親中心主義」を貫きたい父親が「子ども中心主義」を求める息子夫婦に振りまわされる、世代間の認識のギャップを描いたドラマである。

本書の他の章でも描かれているように、中東イスラーム諸国では伝統的にこのドラマのように数世代の大家族が一緒に住んでいたり、親戚が近くに住んでいたりして、頻繁に行き来する様子が見られた。しかし、イランでは革命前の1970年頃から、地方から都市部に移住する人々が増え始めた。移住者たちは必要に応じて親戚の家の近くに住むなどしていたが、基本的には核家族で住むことが多かった。さらに、革命後、海外へと移住する人々も増えた。それ以上に、時が経つにつれてドラマのなかで見られたような、結婚後に夫の実家で同居する伝統的な習慣に反発する、異なる価値観を持つ若者も増えてきた。

そのようなイランの家族の変化を見事にあらわした映画が『イラン式料理本』（モハマド・シルワーニ監督、2010年）である。ここには3世代の女性たちが登場する。監督の祖母の世代、母の世代、妻や妹の世代である。監督は1973年生まれで映画公開時に37歳だった。100歳になる彼の祖母は9歳で結婚し、嫁ぎ先に来て何もわからないまま大家族のなかでの生活を始めたとインタビューに答えている。監

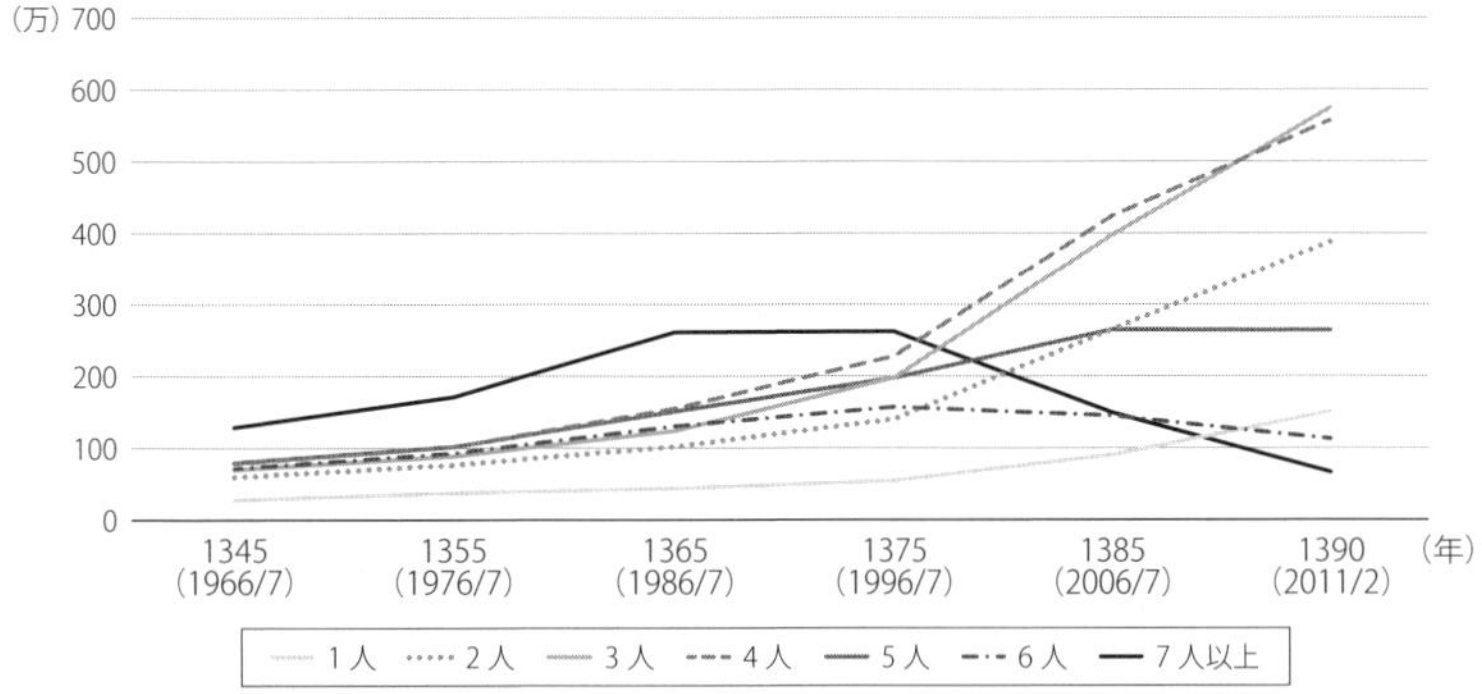

図１　世帯あたりの家族の成員数

［出所：イラン統計局 HP（https://www.amar.org.ir/）から筆者作成］

督の母親世代には13歳や14歳で結婚した女性もおり、大家族のための大量の料理を他の家族たちとお喋りしながら楽しげに行っている。一転して、都市に住む監督の妹は2人の子どもを育てながら、夫が家に招いた大人数の客のために一人で料理をし、監督の妻はイラン料理の缶詰で客をもてなす姿が映し出された。

イランの家庭料理は作るのに手間や時間がかかるものが多いが、外食ではなく、親戚や職場の人たちを家でもてなすことが一般的である。それは、大家族だったり、親戚が近くにいたりするなど簡単に助けを借りることのできるコミュニティがあればこそできることである。映画のなかで監督の妻は手料理を作ることを諦め、監督の妹は都市の核家族でワンオペ育児をしながら、大家族の感覚が抜けない夫が何も考えずに招待する客をもてなすのに、誰の助けも得られずに一人で大量の料理を強いられるのだった。

イランにおける一世帯の人数の変化は図1の通りである（横軸はイラン暦でカッコ内が西暦、以下の図表も同じ）。グラフを見ると、家族の成員が7人以上の世帯数は、１９８０年頃から１９９５年頃をピークに減少している。それに反比例して１人世帯

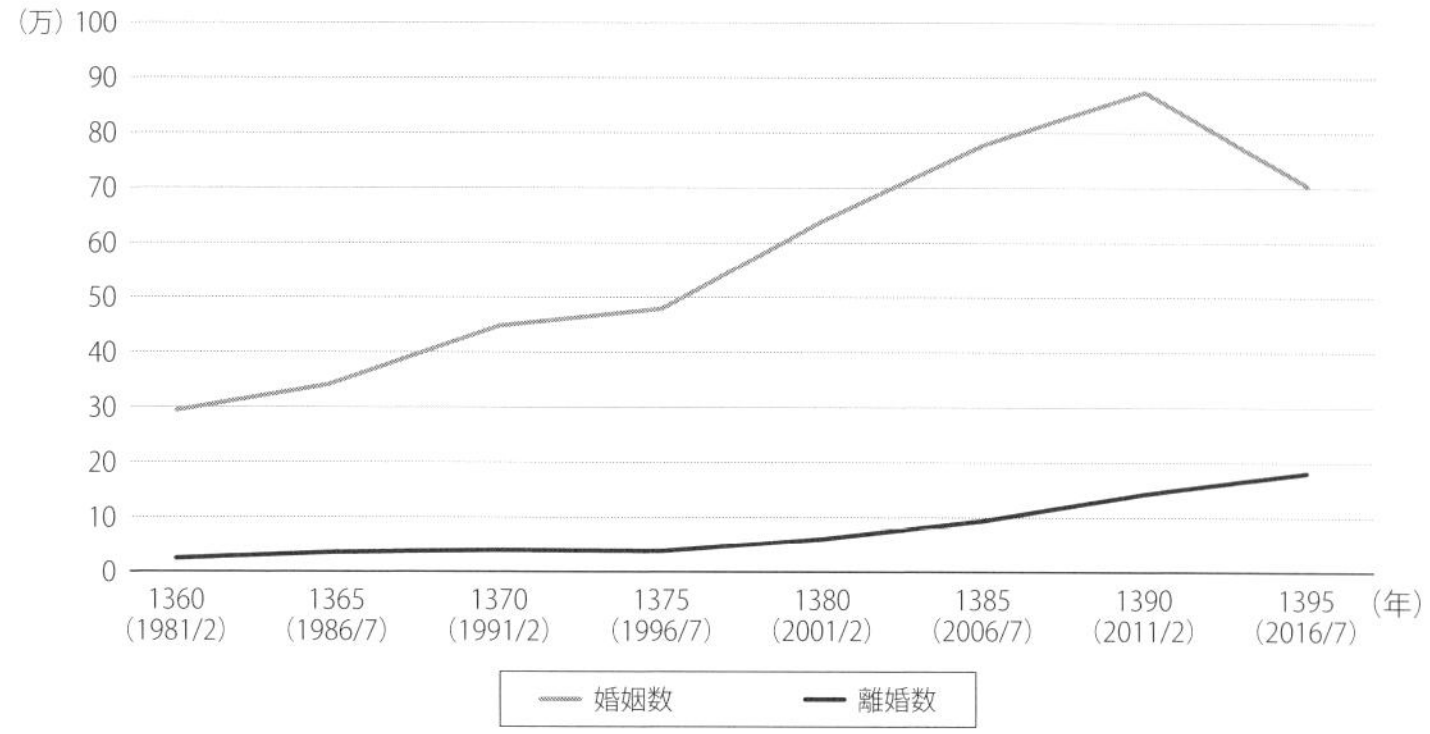

図２　婚姻数と離婚数の推移

［出所：イラン統計局 HP（https://www.amar.org.ir/）から筆者作成］

や３人、４人世帯の数は、１９９５年頃から増加している。別の統計によると、２０１５年のイランの１世帯の平均家族数は３・３名である。イランの人口は革命の起きた１９７９年には３７２４万人、イラン・イラク戦争が終結した１９８８年には５３０８万人、１９９１年には５７６８万人と20年で約２０００万人増加している。その後２０１９年に８２１９万人となり、革命から40年で２・２倍の人口になっている。人口が最も増加した時期に生まれた世代は「１３６０年代世代」と呼ばれ、イラン暦１３６０年代（１９８１〜９０年）に生まれた彼らは２０２２年現在、30代から40代になっている。ちょうど１９７９年のイラン革命を経て１９８０〜８８年のイラン・イラク戦争といった、時代の転換期に生まれた世代だ。この世代は人口の21％を占めており、日本における団塊の世代のように同年代間で激しい競争にさらされた世代である。先に挙げた『父親中心主義』のドラマが１９９５／６年に放映されているが、ちょうど時代の転換期をあらわしているようで示唆的である。

図２はイランにおける婚姻数と離婚数の推移である。離婚数は年々増加しており、２０００年代に入ってその傾向は強まっている。他方、婚姻数は明らかに１３９０（２０１１／２年）か

表1　平均初婚年齢の推移

		1335年（1956/7）	1345年（1966/7）	1355年（1976/7）	1365年（1986/7）	1375年（1996/7）	1385年（2006/7）	1395年（2016/7）
地方	男性	24.3	24.4	22.7	22.8	24.6	25.5	26.5
	女性	19.3	17.9	19.1	19.6	22.3	23.4	22.0
都市	男性	25.7	25.6	25.1	24.4	26.2	26.5	27.8
	女性	18.5	19.0	20.2	20.2	22.5	23.3	23.4

［出所：イラン統計局 HP（https://www.amar.org.ir/）から筆者作成］

ら1395年（2016／7年）にかけて減少している。先述のようにイランの人口はこの間増加しているので、人口が減少して婚姻数が減ったわけではない。

また、平均初婚年齢は表1の通りである。イランの新聞報道などによると、「1360年代世代」は未婚率が高く、また生涯未婚となる可能性も高いという。彼らの世代は先述の通り、受験や就職で厳しい競争にさらされ、結婚の優先順位が高くなかったことが、その理由の一つであるという。さらに、革命後にイランは米国と断交し、2002年以降、核兵器開発疑惑による欧米諸国の厳しい経済制裁にさらされたために、経済は長年低迷しており、「1360年代世代」だけではなく、結婚できない若者が増加している。そのためイランのとくに都市部では、これまで見られてきた伝統的な大家族の形が変化している。

イスラームでは伝統的に結婚を推奨する一方で、婚姻関係にない男女間の性的関係には厳しい罰が与えられる。イラン刑法でも姦通罪として刑事罰を受ける。イランの婚姻は1種類だけではなく、国内法で合法的な婚姻とされるものには、期限を定めることのない「永久婚」と期限を定める「一時婚」の2種類が存在する。イランの法律で認められている、シーア派に特有とされる一時婚とは、両者の合意のもとで数時間から99年までの婚姻契約を結ぶことができる制度である。一時婚の制度の基本には「人（とくに男性）は性欲を我慢できない」という考え方があり、家族形成はあまり想定されていない（一時婚で子どもができた場合については後述する）。革命後のイランでは、なかなか結婚できない若者が比較的手続きが簡単な一時婚をすることで、性犯罪を防ぐことができるとして推奨された。一時婚の婚姻契約は秘密裏に二人だけで行われる場合もあるが、原則として女性が初婚の場合には後見人の許可が必要となる。また、婚姻契約の記録が残ると（とくに女性は）永久婚をする場合に不利な婚姻契約となる場合が一般的である。

そのため、近年イランの若者たちの間で「白い結婚」という形も見られるようになったことがしばしば報道され、政府もその現状に懸念を示している。「白い結婚」とは婚姻記録が白いままであるということを指し、永久婚であれ一時婚であれ、正式な婚姻手続きを経ることなく同棲生活をすることである。このような「白い結婚」を行う男女は、地方から都市に出てきた高学歴の若者が多く、経済的な理由から仕方なくこのような形態をとっているともいえず、彼らの結婚に対する倫理観や価値観そのものが変化した結果起きている現象であると推測される（山﨑 2019: 228-231）。

2 イラン家族保護法

家族の重要性と家族における男女の役割の違いを強調してきた革命後のイランであったが、革命から40年経ち、上述のように社会や家族のあり方が変化してきた。そもそも革命前から存在するイラン民法でも家族とは「夫婦と親子からなる」と定義されていた。イランでは、立憲革命（１９０６～１１年）のなかで初めて憲法が制定されることになったが、家族に関係する家族法規定が含まれた民法典の編纂が始まったのは１９２８年である。この民法はフランスやベルギー、スイス民法などをもとにして作成されたものであるが、家族法に関して、一時婚制度など当時はまだ社会の常識として捉えられていた古典イスラーム法の諸規定（以下、イスラーム法とする）がそのまま民法に取り入れられている部分もあった。

イスラーム法とはイスラーム法典という一つの決まった法典があるわけではない。イスラーム世界で法律を制定する単一の権威が存在するわけでもない。イスラームの学問を修めたイスラーム法学者たち（ウラマー）が長い時間をかけて、聖典クルアーンや預言者ムハンマドなどの言行録を集めたハディースなどのテキスト、ウラマーたちによる合意や類推などを法源に多くの議論を重ねた結果、ある程度のまとまりとしていくつかの法体系が作られてきた。そのため、イスラーム法は一つの法典ではなく、法学派によって異論が存在する規定の集大成を指す。スンナ派には4つの学派があり、シーア派には別の学派が存在する。どの学派を採用するのかについてはおおむね地域ごとに決まっている。ムスリムの義務としてすぐに思い浮かぶ一日5回の礼拝などの宗教儀礼などから始まり、刑罰、結婚や離婚に関する規定など、社会生活における多様な規定がイスラーム法には含まれている。近代になってムスリムの住む地域が国民国家として独立するにあたり、それぞれの国家単位で憲法、民法、刑法などの近代法が編纂されてきた。法律が編纂される際に、それまで社会の秩序や紛争解決のために使われていたイスラーム法規定をどれだけ取り入れるのかは、それぞれの国ごとに決定された。したがって、法律のなかのイスラーム法の尊重度合いは各国で異なっている。

イランでは、先述の通り、王政時代に西洋を範とする近代化が進められていた。20世紀に入って憲法を皮切りに、各法律が西洋法を範として制定されたが、民法など家族に関係する法に関しては、イスラーム法規定も当然のように取り入れられた。時代が下って、パフラヴィー朝第二代国王モハンマド・レザー・パフラヴィーの時代、1963年に国王が上からの近代化として白色革命を宣言した。白色革命の一番重要な改革は農地改革であったが、そのなかには女性参政権の導入も含まれ、それによって女性議員が生まれることになった。イランでは１９３４年に西洋的な高等教育機関であるテヘラン大学が設立されたが、その翌年から女性の入学も認められていた。

まだまだ数は少なかったものの、テヘラン大学法学部を卒業後、米国などに留学した経験を持つ女性議員たち、および彼女たちに賛同する近代主義者の男性たちが、当時の女性たちの置かれている現状に疑問を投げかけた。この流れは、イスラーム法規定が色濃く取り入れられたこれまでの民法の家族法規定を変えることを目的とした新しい法律の制定につながった。これが、１９６７年のイラン家族保護法である（森田 2019: 165-168）。この法律は１９７５年に改定され、そのわずか４年後にイラン革命が起きた。

イラン家族保護法では、婚姻や離婚に関する規定で大幅な変更が加えられた。まず結婚であるが、イスラーム法では、1人の男性が４人まで妻を娶ることができる。これを完全に否定して複婚を禁止しているのは、イスラーム諸国のなかではチュニジアやトルコなど少数の国家しかない。国際社会で複数の妻を娶ることに対する批判が強まるにつれて、各国では基本的に既婚男性が２人目の妻を娶る場合の条件を国内法で厳しく規定することで２人目の妻を娶りにくくするという措置がとられている。１９６７年イラン家族保護法では、既婚男性が２人目の妻を娶る場合に裁判所の許可が必要であると規定し、１９７５年の改正法では最初の妻の同意を要件とした。これによって既婚男性が２人目の妻を娶るためのハードルが大きく上がった。

さらに画期的なことに、１９７５年の改正法では婚姻最低年齢が、男性20歳、女性18歳と定められた。一般にイスラーム法ではブルーグ（イラン民法では男性15歳、女性９歳と規定）という身体的な特徴の変化をもとに、婚姻可能な成人であるとされていたが、近代になり、１９９０年発効の子どもの権利条約にもとづく、18歳未満の婚姻は児童婚であるという認識が世界で広がるにつれて、イスラーム諸国でも国内法で18歳未満の婚姻を禁止する国が増えてきた。イランでは婚姻可能最低年齢はもともと民法に規定があり、革命前の民法では原則として男性18歳、女性15歳となっていたが、１９７５年のイラン家族保護法でその年齢が20歳と18歳に引き上げられたのである。同法にはこの年齢未満でも婚姻できる例外規定も設定されており、法律成立ですぐに児童婚がなくなったとは必ずしも言えなかったものの、この年齢設定は児童婚防止への警鐘となった。

次に、離婚についてであるが、そもそもイスラーム法では夫は好きなときに妻に離婚を宣言できることになっていた。離婚宣言後の待婚期間中（妻はこの期間中には再婚できない）に復縁することができるが、離婚の宣言が2度続き、3度目に離婚と言えば、完全に離婚が成立する。そこで、イラン民法でも夫は好きなときに妻に離婚を言い渡すことができると規定されていた（第7章のインド・ムスリム家族法の事例も参照）。しかし、１９６７年の家族保護法で、離婚を望むときには裁判所で理由を説明し「和解不能証明書」を取得しなければならなくなった。これによって、夫から一方的に離婚することができなくなった。さらに、夫からだけではなく、妻からも条件が整えば離婚の宣言ができるようになり、１９６７年家族保護法でその条件が明記され、１９７５年改正法では妻から離婚が請求できる条件の数が増えた。

このように、イラン家族保護法はイスラーム法で当たり前とされてきた結婚や離婚の規定にもメスを入れたため、イランの宗教界から強く反対するウラマーが出てきた。そのなかでも代表的なウラマーがモルテザー・モタッハリーである。モタッハリーは、イラン家族保護法はイスラーム法を否定するもので認められないと批判した。だからと言ってモタッハリーが旧来の伝統的ウラマーと同じ考えから否定しているわけではないのが、革命後のイランの複雑な状況をあらわしている。

旧来のウラマーは、イスラーム法が守られていれば女性の権利は守られるという古典的な考えから「女性の権利」について語ることすらしてこなかった。他方、モタッハリーは、国際社会においてイスラーム諸国では女性の権利が守られていないと批判されていることを十分わかったうえで、革命後のイスラーム体制では女性の権利が考慮されており、革命によって女性たちは新たにイスラームにもとづく権利を獲得するのだと主張した、珍しいウラマーだった。革命後のイランでは女性の教育や社会進出を妨げることはないというものの、「男女は平等であるが同一ではない」、つまり、男性と女性は家庭のなかでそれぞれが持つ異なる役割を果たすことが必要であると説いた。女性の教育や社会進出を認めることから旧来の伝統的なイスラームとは異なっていると主張する一方で、家庭内での男女の役割分担も否定しないという立場から、イラン家族保護法をあまりにも急進的な法律として反対したのである。

イラン革命前から反対のあったイラン家族保護法は、革命が成就するとすぐに最高指導者のホメイニー師によって反イスラーム的な法律であると宣言された。その後、国会での廃止手続きを経ることなく、この法律は運用停止されることとなった。運用停止になったとはいえ、イラン家族保護法の精神のようなものの一部は残された。つまり、他の手続きなどを援用することで、家族保護法によって獲得された権利の一部は維持されたのである。これはイラン家族保護法で獲得され定着しつつあった権利を、現場が何とかして維持しようとした結果であると考えられる。一つは既婚男性が2人目の妻を娶る場合であるが、これについては婚姻契約時に「夫が二人目の妻を娶ると言った場合には離婚できる」などの項目を書き入れることが革命後も続けられ、ある程度は抑止できるようになった。次に「和解不能証明書」については（詳細な経緯は紙幅の関係上省略するが）、ほんの一時期を除き、その後の法改正などによって基本的には革命後も維持されることになった。

しかし、時が経つにつれて先述のようにイランでは伝統的な家族観の変化に直面した。出生率は年々下がり、子どもの数が減少してきた。「1360年代世代」のように、そもそも結婚をしない若者たちも増えてきた。また、国際結婚カップルも増加した。1997年には女性や若者の圧倒的な支持を得てモハンマド・ハータミーが大統領に就任した。2003年には未批准の「女子差別撤廃条約」批准の議論が起き、国内外で女性の権利の向上を求める「100万人署名運動」が行われた。このような変化は、2007年からの議会での家族保護法の改正案提出へとつながり、2013年に新たなイラン家族保護法が成立した。新たな家族保護法では、「和解不能証明書」の必要性が再確認され、家庭裁判所の設置が義務づけられ、そこでは家族問題に関する専門家も裁判に参加できるようになった。

3 誰が家族になるのか

2013年の改正家族保護法では、当初国会に提出された法案にはなかったものの、法案公表後の女性たちの反対運動によって獲得された権利がいくつかある。その一つに一時婚で子どもが生まれた場合の登録についての条項（第21条）がある。一時婚であっても子どもが生まれた場合、永久婚の登録が必要であると新しい家族保護法では規定されることになった。

イスラーム法では父親は重要な存在である。子に対して後見人となるのは父親であり、父親が亡くなった場合には父方の祖父が後見人となり、両者ともいない場合に、後見人の代理となる人物が決められるが（複数の種類がある）、そこで初めて母親が後見人となる可能性がでてくる。婚姻契約後、夫は妻と子どもに扶養料（ナファケ。衣食住など生活一般にかかる費用のこと）を支払う義務がある。子に対する扶養料は離婚後でも父親に義務づけられていて、子の扶養料は娘であれば娘が結婚するまで、または娘が親と暮らしている間、息子であれば生業に就くまでは支払わなければならないとされている。他方、父親から子どもへの相続は、正式な婚姻関係にある夫婦間の子の間にだけ生じる。

後見人の権利は日本における親権と混同してしまいがちであり、英語でもそのまま「親権（custody）」の訳が充てられることがあるが、親権とは異なる権利である。日本では近年、離婚時の父親と母親の共同親権などについての議論もあるものの、父親か母親のどちらかが親権を持つ。とくに、日本では離婚したカップルの約9割において、母親が親権を取得している。しかし、イスラーム法では、子どもの進学や就職、結婚相手などの決定権や子どもの財産管理の権利を持つ「後見」と、子どもの世話をする「監護」が別のものであると考えられている。つまり、父親は子どもに対して扶養料を支払う義務があり、離婚後であっても子どもについてのさまざまな決定をし、子どもの財産管理ができる後見の権利を持つ。イラン民法でも、このような枠組みで法が規定されているので、近年、この後見の権利を母親が持てるようにするべきであるという議論があるが、新しい家族保護法では、父親が死亡した子の監護は母親が行う（第43条）と書かれているだけで、母親の後見については何も書かれていない。

このように、父親と母親の役割をはっきり分けようとしているのが、イスラーム法から続く家族の男女のあり方のようだ。これは、新たに生まれた子の登録にも見られる。日本は世界でも珍しく戸籍制度を持つ国であり、今でも「戸」としての家族を基準に発想する。結婚することを「入籍」と呼び、新たに子が生まれると子は親の戸籍に入ることになる。他方、イランにはこのような戸籍制度は存在しない。イランで子が生まれると登録局に行って子の登録をし、身分証明書をもらう。イランで国民を国家が登録するように義務づけたのは、1925年のイラン登録法の成立からである。これ以降、それまで王族や一部の名家にしかなかった姓をつけた名前を人々は申告し、国が身分証明書を発行した。現在の身分証明書は、一見するとパスポートのような冊子の形になっており、そこには本人の写真のほか、個人情報、家族構成、結婚や離婚の記録、本人の死亡の記録に至るまでが記される。イランでは、高額商品の購入時や銀行の通帳作成時、ホテルのチェックイン時など、日常生活のなかでつねにこの身分証明書の提示やコピーの提出が求められる。子が生まれた時の登録について、登録を行う者の優先順位は法律で決まっている（登録法第16条）。子の登録ができるのは、第一に父親、第二に父親が不在の場合には母親、第三に裁判所が後見人に選んだ母親または父方の祖父となる。つまり、子の登録は後見の権利を持つ者が行うべきであるとされている。

では、両親が婚姻関係にない場合には、どうなるのだろうか。第一に一時婚の婚姻契約が終わった後に生まれた子の場合である。一時婚は正式な婚姻契約であるが「家族を形成するわけではない」と考えられ、一時婚の場合、妻は相続権を持たない（子の相続権については議論がある）。イラン民法では夫婦関係にある時に生まれた子は夫の子となり、誕生の6ヵ月前から誕生後10ヵ月まで夫婦関係にあれば夫の子とみなされる（民法第1158条）ため、一時婚で子が誕生したときにすでに婚姻契約が終わっていたとしても、この期間内であれば子の父親が特定され、父親が登録手続きを行うことになる。

次に、そもそも婚姻関係にない男女間に生まれた子の登録であるが、その場合でも、もし父親が特定できる場合には、法的に父親が登録することになる。イランでは、先述の通り、婚姻関係にない男女が性的関係を持つとそれは姦通と言われ、刑法上の罪に問われる。しかし、そこから生まれた子に関しては、法的には家族の関係になくても父親が特定できれば父親が登録し、父親には子を扶養する義務が生じる。ただ、父親が登録しても正式な婚姻関係にない子の場合、父親からの相続権はない。先ほど、登録法第16条で父親が不在の場合には母親が登録すると述べたが、不在ではなく不明の場合はどうなるかというと、母親が「一時的管理者」になる手続きを踏んだうえで、母親の名前で登録する。イランは、日本と違って夫婦別姓となっているので、この場合、母親の姓が子の姓となる。

第三に、イランで2013年に成立した「保護者のいないまたは悪い保護者のいる子に関する法」ではファルザンド・ハーンデギー（直訳すると「子どもを招き入れること」の意）と呼ばれる、子どもを養育する制度がある。これは日本の養子縁組に似ているが養子縁組のように親の実子として扱われるわけではなく、遺言書がなければ親の財産を相続することはできない。というのも、イスラーム法は基本的に養子を認めていないため、このような法規定にせざるをえないのである。ファルザンド・ハーンデギーの場合、子どもの登録の際に、子の姓を養育する親の名にすることが認められている。また、この法律では、年齢など一定の条件を満たせば単身の女性が子どもを養育することが可能となった。その場合も子の姓を母親の姓と同じ名前にした身分証明書を発行することができる。家族形成とは別の国籍の問題であるが、母親がイラン人、父親が外国人というカップルの子についても、母親が身分証明書を請求し、子の姓を母親の姓と同じ名前にして発行することが2020年に可能になった。これまでイランは父系血統主義をとっていたため、これもまた画期的な変化である。

筆者は日本で生まれ育っているので、どうしても家族の登録というと戸籍制度が頭に浮かんでしまう。日本では結婚すると新しい戸籍が作られ、夫婦はどちらかの姓を選んでその戸籍のなかにいる人たち全員が同じ姓になる必要がある。日本では外国人が戸籍を作ることはなく、外国人と日本人が結婚した場合、日本人の戸籍のなかに結婚相手の外国人の名前が記入されるのである。日本はいまだにそのような戸籍制度を維持している。

他方、イランでは一人一人が身分証明書を持ち、そのなかに家族の情報が書かれている。そこから出発すれば、イラン刑法で罪になる婚姻契約なしの性的関係による子であっても、父親を特定できれば法的には子の姓を父親と同じ姓にして身分証明書を発行でき、扶養料を得る権利を持つことが可能である。もちろん、婚姻契約なしの関係から生まれた子に関して、父親が身分証明書の発行や扶養料の支払いを拒否する可能性は高いだろう。今後はこのような法律が実際の社会のなかで、どのように実現されているのかについて詳しい調査を行うことが課題である。

おわりに

家族の形が変化しているのは何も今回取り上げたイランだけではない。結婚や離婚に関する意識は多かれ少なかれ世界のどこでも変化している。日本も同様である。その変化をよいことと考えるか、伝統を崩す悪しきことと考えるかは、政治の問題であり社会の問題でもある。しかし、社会の変化に伴って法を変え、法の変化がまた社会の次の変化を引き起こすという絶え間ないサイクルが社会には必要である。イランでも、社会の変化に伴ってさまざまな形で法や規則を変更していることがわかる。振り返って日本はどうだろうか。社会の変化に合わせて法を変更できているのだろうか。

日本にはムスリムの数がまだ圧倒的に少ないため、イスラームというと、自分のイメージする一つのイスラームの形を思い浮かべがちである。イランの家族の変化について書いた本章が、読者の方々の持つ「イスラームの家族」のステレオタイプを少しでも裏切ることができたなら喜ばしいと思う。

第9章

名誉殺人と二つの家族像
――トルコの刑法改正が映しだすもの

村上　薫

はじめに

２００４年、トルコの刑法が刷新された。１９２６年の旧法制定からおよそ80年ぶりのことである。新法の制定にあたり国内外の注目を集めた事項の一つは、名誉殺人の厳罰化であった。

名誉殺人とは、女性が性的な規範を破ったことで失墜した家族の名誉を挽回するため、親族が女性や相手の男性を殺すことを指す。旧刑法のもとでは、名誉殺人は社会秩序を維持するための暴力として容認され、寛大に扱われてきた。しかし１９９０年代後半から２０００年代にかけて、名誉殺人を女性の人権侵害として糾弾する国際世論が高まると、トルコ国内でも無視できない問題になった。なかでも開発の遅れる南東部の少数民族クルド人が、名誉殺人に手を染めがちな人々として非難の矛先を向けられた。折しもEUの正式加盟候補国として人権と男女平等の原則に立つ新刑法の制定を求められるなか、名誉殺人の厳罰化が実現したのだった。

名誉殺人はトルコ語で、「ナームス殺人」(namus cinayeti ナームスは名誉の意)あるいは「因習殺人」(töre cinayeti)と呼ばれる。新刑法は、このうち因習殺人の条項を設け、仮釈放なしの終身刑を科した。しかし新法施行後、法廷では混乱が続いた。新刑法は因習殺人の要件を定めず、何をもって因習殺人と同定するか、法廷で解釈が割れたからである。

それまで名誉殺人は、ナームスのために殺害すると表現されることはあっても、旧刑法を含め、特定の犯罪類型として扱われることはなかった。ナームス殺人も因習殺人も、1990年代後半になって広く用いられるようになった言葉である。資料の関係で確認できないが、ナームス殺人は英語の honor killing のトルコ語訳、因習殺人はトルコ語の造語である可能性が高い。

もっとも、ナームス殺人と因習殺人の用法は、メディアや一般社会は言うまでもなく、厳密な定義が求められるはずの公文書でも一定しない(Taş-Çifçi 2020: 121-122)。ナームス殺人は名誉殺人を包括的に指す言葉として、因習殺人は南東部やクルドと関連づけられて、それぞれ用いられる傾向があるが、二つの言葉は互換的に用いられることも、ナームス殺人に因習殺人が含められることも、また両者が異なる犯罪として区別されることもある。新刑法の因習殺人条項もまた、法廷で解釈が争われることとなった。その際、要件として焦点化されたものの一つが、親族合議の有無である。

2011年、最高裁は、名誉を事由とする殺人事件のうち、親族集団が合議して殺害を決定し、かつ国土の南東部で発生する事件を因習殺人として認めるという解釈を示した。南東部はクルド人が多く居住することで知られる。因習殺人の解釈は現在まで二転三転してきたが、分水嶺の一つとなったこの裁判で最高裁が示した解釈は、因習殺人を事実上、南東部のクルドに固有の犯罪と位置づけて厳罰の適用範囲を限定し、それにより名誉殺人に寛大な量刑を復活させた。因習殺人をクルドの特殊な犯罪として例外化することを通じて、名誉殺人に寛容な男性優位の秩序を維持したのである。民族差別を通じた男女差別という二重の意味で差別的な法運用に正当性を与えたのが、トルコ社会に根強い、進歩的で民主的な近代的小家族と、それとは対照的な家父長が支配する伝統的大家族という二元論的な想像力であった。

本章では、因習殺人の類型化が「家族」を主な指標にして行われてきたことに注目しつつ、改正刑法の因習殺人条項に関する法廷内外の議論を検討する。以下、第1節で名誉殺人について説明を補い、第2節で刑法改正の要点を整理する。第3節で2011年の最高裁の判断を中心に、因習殺人の要件に関する議論を紹介する。最後に第4節で、因習殺人というカテゴリーと、それを支える家族とモダニティをめぐる二元論的な想像力について考えてみたい。

1　名誉殺人――関心の所在と背景

冒頭で述べたように、名誉殺人とは、女性が婚前の性関係や不貞など不道徳とされる行為に及んだことで失墜した家族の名誉を挽回するため、親族が女性や相手の男性を殺すことを指す。トルコ語ではナームス殺人あるいは因習殺人と呼ばれる。

トルコ語のナームスはギリシャ語で法や掟を意味するノモスを語源とし、狭義には女性のセクシュアリティの管理を通じて保持される、個人や集団（家族・親族、地域共同体、民族）の名誉を指す。広義のナームスは、正直さや人の道にかなうこと、それにより尊敬されることや自尊などを含む。このように幅広い意味を包含するナームスは、男女を問わず人々にとって、理想的な人間として生きるための精神的支柱や基盤の一つである（クルド語でもナームスの語が同様の意味で用いられる）。ナームスの観念は、文脈に応じて

地図　トルコの地方行政区分
［出所：https://commons.wikimedia.org/wiki/File:Turkey_(regions),_administrative_divisions_-_Nmbrs.svg をもとに筆者作成］

解釈され、意味を付与される。女性も男性もナームスの担い手だが、保守的な人々の間では今でも男性のナームスは親族女性の「身持ち」と結びつけられるのに対し、イスタンブルやアンカラの大学生にとって、ナームスはより個人的で精神的な価値である。

ナームスを事由とする殺人（名誉殺人）はつねに起きてきた。しかし、これらの殺人がナームス殺人、あるいは因習殺人と呼ばれて、広く議論されるようになるのは、おそらく1990年代後半以降のことである。とりわけ、クルド系住民が多く居住すると言われる南東部と、同地域の出身者が移り住んだ先の都会でつくるコミュニティが、この種の殺人が起きやすい場所とみなされたことはすでに述べた（ただし1965年のセンサスを最後にエスニシティに関する統計は公表されておらず、クルド人人口の正確な分布は明らかではない）。イスタンブルやアンカラを含む発展した「西」に対して、遅れた「東」という空間認識にもとづき、（地理的には南東部を指しつつ）「東のクルド」といった言い方がされることもある。

世論の関心を集める一方、名誉殺人の調査は十分とは言えず、実態には曖昧な部分がある。国会に調査委員会が設置され、全国的な調査が行われたのは2006年のことである。この調査によれば、「因習殺人およびナームス殺人」の発生件数は2000~05年の6年間に1091件、発生地は三大都市（イスタンブル、アンカラ、イズミル）を擁するマルマラ、中央アナトリア、エーゲの3地域の合計が56％、南東アナトリアと東アナトリアの2地域の合計が23％、実行犯の出身地は前者が34％、後者が45％であった（Türkiye Büyük Millet Meclisi 2006, 地図参照。日常語の「南東部」は、地方行政区分である南東アナトリアと東アナトリアの南半分にほぼ重なると考えてよい）。これらの数字は、名誉殺人を南東部や、より漠然と国土の東部とその出身者に結びつける通説をひとまず支持する。ただし、名誉殺人は事故や自殺、失踪として処理されることがあり、これらの数字の取り扱いには注意しなければならない。

別のある調査は、「ナームス殺人および因習殺人」の原因として、婚外交渉、出奔、別居や離婚、離婚した女性の男女交際、若い独身女性の男女交際や駆け落ち、誘拐やレイプなどを挙げるが（Kardem 2007）、それらの殺人と嫉妬や恨み、あるいは恋愛感情のもつれによる殺人を線引きするのはそれほど簡単ではない。実態が曖昧なまま議論せざるをえないことに加え、先に述べたように、ナームス殺人と因習殺人という用法の曖昧な二つの言葉が同時に用いられることも、事態をより複雑にしている。

以上からわかるように、名誉殺人というカテゴリーや、名誉殺人をクルドと結びつける視点は、抜き差しならぬ現実の問題に直面するなかから生み出されたものとは言いがたい。それらはむしろ、同時代の国際世論におけるムスリム社会の名誉殺人への関心の高まりを背景に、トルコ社会のなかに「再発見」されたものだった可能性が高い。

実は名誉殺人というカテゴリー自体が、1990年代後半以降、ムスリム女性の人権侵害の象徴として突如、国際世論に現れたものだった（アブー＝ルゴド 2018）。この時代に国際機関や人権活動家、作家、研究者らは、名誉殺人を、女性を男性と同等の尊厳や権利を持つ人間としてではなく、モノや商品、男性によって管理される身体部位（究極的には処女膜）として扱う社会の特殊な文化であるとして糾弾し、ムスリム女性の救済を訴えた。エジプトのベドウィンを調査し、名誉の民族誌を著したライラ・アブー＝ルゴドは、名誉殺人への批判が、特定の民族や文化共同体ならではの暴力形態であるという前提で行われていることに注意を促し、文明化された私たちの社会と、そうではない彼らの社会という二分法的な見方が背後にあると指摘した（アブー＝ルゴド 2018）。

トルコの公論で広く共有される名誉殺人への関心や、それをクルドの因習と結びつける視点は、西の進歩的な市民社会に東の野蛮なクルドを対置し、名誉殺人をエスニシティに本質化し他者化するものであり、アブー＝ルゴドが論じるジェンダー化されたオリエンタリズムの表れにほかならない。

１９９０年代まで、イスタンブルなどの大都市の中上流階層にとり、クルドは国土の辺境で続く国軍と非合法武装組織クルディスタン労働者党（ＰＫＫ）の武力衝突を連想させる存在だった。しかし２０００年代に入り、内戦の激化により南東部から人口が流出し、その一部がイスタンブルなど大都市で底辺層を形成すると、クルドはより身近な存在になった。彼らはクルドに人種差別的な感情を抱くとともに、それまでの政治的・軍事的な敵としてよりも、文化的に異質な他者として認識するようになった。南東部を舞台とする恋愛ドラマがこぞって制作され、「東」やクルドのイメージ形成に重要な役割を果たした。男性の言葉が絶対で、父や夫、兄弟に逆らう女性は容赦なく殺害する人々というイメージとともに、エロティックな男性性やエキゾチックな文化が誇張され、私たちの世界とは異質の人々としてのクルドや、隔絶した空間としての東のイメージがつくられ、消費された（Sirman 2007）。トルコの主流社会における名誉殺人への関心は、国際世論における名誉殺人の議論と、クルドへの恐怖心や差別感情、軽蔑、エキゾチックな文化への好奇心などが複雑に交差するところで形成されたのだった。

トルコ国内には当然、名誉殺人をエスニシティの問題にすり替え、本質化する見方から距離をとる立場も存在した。その一つであるフェミニズムの論者は、名誉殺人は女性の身体の統合性に対する侵害であり、人権侵害であると主張した。ＥＵ加盟交渉の一環で、男女平等と人権に配慮した新刑法の制定に向けた取り組みが始まると、フェミニストはＥＵとトルコ政府に名誉殺人の厳罰化を求めた。ロビー活動は奏功し、新刑法には「因習殺人」を仮釈放なしの終身刑に処する条項が盛り込まれた。

しかし、法廷では名誉殺人をエスニシティに本質化する見方が議論に忍び込み、新刑法の厳罰規定はやがてなし崩しにされていく。その話に移る前に、刑法改正のあらましを確認しておこう。

2　刑法と名誉殺人

旧刑法は、共和国成立後まもない１９２６年、当時のイタリア刑法にもとづいて制定された。同法において、女性の身体とセクシュアリティは公的秩序に関連づけられ、管理の対象であった。このことは、性犯罪の扱いに典型的に見て取ることができる。性犯罪に関係する条項はすべて、「個人に対する罪」の章ではなく「社会に対する罪」の章の「一般良識と家族秩序に対する罪」の節に入れられた。レイプは「貞操とナームスの侵犯」と表現され、被害者個人の身体の統合性（自分の身体は自分のものだという感覚）の侵犯よりも、女性の貞操やそれを守れないことによる家族の名誉の侵犯として位置づけられた。女性をレイプしたり（結婚やレイプを目的に）誘拐したりした者は、被害者女性と結婚すれば、刑の執行が猶予された（第４３４条）。女性の貞操と家族の名誉の侵犯という理解のもとでは夫婦間のレイプという観念は成立せず、被害者女性がレイプ犯と結婚すればレイプの事実は帳消しになるからである（Ilkkaracan 2007）。同法にはまた、１９９０年に違憲判決が出て廃止されるまで、殺害された女性が売春に従事していた場合は減刑を認める条項も存在した（第４３８条）。

では名誉殺人はどのように扱われたのだろうか。前述の通り、旧刑法にナームス殺人や因習殺人という表現は登場しない。名誉を事由とする殺人に言及した条項としては、「本人またはその妻、母、娘、孫、養女、姉妹の尊厳およびナームスの保持」を目的に新生児を殺害した者を減刑する第453条がある。名誉殺人の裁判でしばしば適用されたのは、殺害・暴行の被害者が婚外の性交渉や不適切な性的関係を持っていた場合に刑を減じる第462条、および不当な挑発を受けて犯行に及んだ場合に減刑を認める第51条である。第462条は「不適切な性的関係」が何を指すのかを定義せず、裁判で濫用される点が問題視され、EUからの強い要請により、刑法改正を待たず2003年に廃止された。このほか、加害者の素行や年齢（18歳未満）も減刑の理由にされた（Hamzaoğlu and Konuralp 2018: 69）。

男女平等の原則に立って2004年に制定された新刑法（法律第5237号）では、女性の身体とセクシュアリティの扱いが旧刑法から大きく変わった。性犯罪に関する条項は、「個人に対する罪」の章の「性の不可侵性に対する罪」の節に入れられ、先の第453条と第462条は廃止された。「因習を動機とする殺人」が、近親、妊婦、未成年者および心身障害者の殺害、血讐、残虐な殺人などと並ぶ「重大な犯罪」（第82条）に指定され、仮釈放のない終身刑を科された。EU加盟基準にあわせて2002年に死刑が廃止されたため、これは最も重い刑である。ただし、第82条は因習殺人の要件を定めず、そのためこのあと詳しく述べるように混乱や濫用を招く結果となった。

新刑法には、旧刑法の「不当な挑発」条項が引き継がれたが（第29条）、「我が国で因習殺人およびナームス殺人と呼ばれる親族内の殺人の罪に対し、不当な挑発による減刑が誤った形で適用されることを防ぐ」（趣旨文）ため、その適用範囲を「不当な行為」があった場合に限定した。

3　因習殺人の定義をめぐる攻防

刑法改正により、名誉殺人は減刑の対象から一転し、因習殺人の名のもと、厳罰の対象になった。フェミニストはこのことを歓迎する一方、懸念も表明した。新法は肝心の因習殺人の要件を明記せず、何をもって因習殺人と同定するかを、裁判官の裁量に委ねたからである。因習殺人の定義が定まらない以上、たとえ名誉を贖《あがな》うために殺人を犯しても、因習殺人と同定されなければ終身刑を免れ、そのうえ不当な挑発条項が適用されて減刑される可能性があった。減刑の道が再び開かれることを危惧した人権論者やフェミニストは、名誉を事由とする殺人をすべて「重大な犯罪」として扱うよう法の修正を求めたが、実現しなかった（Hamzaoğlu and Konuralp 2018: 80）。

彼らの懸念はやがて現実のものとなった。

新聞報道によれば、刑法改正後、最高裁は名誉を事由とする殺人をすべて「因習殺人」として扱った。その後、アーイレの合議で殺害を決定したものを因習殺人として扱うという解釈を示したが、のちに元の方針に戻した（2011年6月16日付ミッリイェト紙）。アーイレとは家族を意味する最も一般的なトルコ語で、親族関係にある人々全体を指して用いられることがある。名誉殺人の裁判では通常、アーイレは後者の意で用いられる（Göztepe 2005: 39-41）。だが刑法改正から7年後の2011年、最高裁は、親族（アーイレ）の合議で殺害を決定したものを因習殺人として扱う、という解釈を再び採用した。以下では、この2011年の最高裁の解釈とそこに至る議論を、新聞報道にもとづき、詳しく紹介してみたい。

ことの発端となる事件は、北東部のエルズィンジャン県（地図参照）で起きた。

被害者男性Gは女友達Nと交際していたが、Nの家族は彼女を別の男性Cと婚約させた。しかしその後もGとNはひそかに交際を続けていた。これを知ったCは、事情を確かめるべくGを呼び出した。Cは、「Nとの逢引《あいびき》は楽しかった」というGの言葉に逆上し、持参したピストルで彼を撃ち殺した。

エルズィンジャン重罪裁判所は、殺人の罪でCに終身刑を言い渡したうえで、GからCに対して女性Nに関する不当な挑発があったとして刑を24年に、さらに素行良好を理由に20年に減刑した。しかし、上訴を受けた最高裁第一刑事小法廷は、そのような不当な挑発はなかったとし、Cは「因習と名誉を守る目的で」殺人を犯したとして、エルズィンジャン重罪裁判所の原判決を破棄し、事件を差し戻した。これに対してエルズィンジャン重罪裁判所は、因習殺人の罪で改めて仮釈放のない終身刑を言い渡し、この判決は最高裁第一刑事小法廷で支持された。しかし、最高裁首席検事はこれを不服とし、不当な挑発による殺人であるとして、12年から18年を求刑し、最高裁刑事大法廷に上訴した。

最高裁刑事大法廷で首席検事は、姦通を犯した妻を夫が殺すのは、夫の名誉を贖うための行為であるが、女性の行為は貞操義務に反する振る舞いであるから、夫には不当な挑発条項が適用されるべきだと述べ、この事件においても、被告人が自分の婚約者が被害者男性と関係を持っていたことを知ったことは、挑発を受けたに等しく、減刑が妥当だと主張した。そのうえで、因習殺人について次のような見解を述べた。曰く、ナームス殺人が個人の意思で実行に移されるのに対し、因習殺人は「部族のような大集団の決定」により、「実行犯と被害者が親族関係にあることは必ずしも条件ではないものの、一般的には拡大家族的な関係のなかで、親族（アーイレ）の構成員に対して実行されるもの」である。首席検事はさらに、ナームス殺人は因習殺人とは異なり「特定の地域で起きるものではない」と述べ、北東部に位置するエルズィンジャンで起きたこの事件は刑法第82条が規定する「因習殺人」にはあたらないとした。「（特定の）地域」は、トルコの司法で慣用的に「クルド」や「クルドの住む地域」の意で用いられ（Bayır 2013: 138）、ここでは文脈上、南東部を指す。

最高裁刑事大法廷は多数決により首席検事の主張を認めるという判断を下した。事件の報道はここで終わっているが、この時点で被告人の刑は、当初の終身刑から最長でも18年に短縮されることが決定した（２０１１年6月16日付ミッリイエト紙、サバフ紙、同17日付オズギュル・ギュンデム紙）。

一連の裁判は、新刑法の運用における因習殺人の解釈の混乱ぶりをよく伝えている。争点となったのは、婚約者の女性の犯した性的な不始末を、被告男性個人への不当な挑発とみなすか、それとも部族的な集団や拡大家族のルールの侵犯とみなすかであった。最終的に、親族の合議の有無と事件発生地（南東部かそれ以外か）を基準として因習殺人とナームス殺人を区別し、この事件を因習殺人ではなくナームス殺人とみなす、という判断が示された。

4　二つの犯罪、二つの家族像

最高裁の判断は深刻な問題をはらんでいた。一つは言うまでもなく、厳罰規定を骨抜きにしたことである。フェミニストが危惧した通り、たとえ名誉を理由に殺人を犯したとしても、因習殺人と同定されなければ終身刑を免れる。ひとたびそうなれば、今度は不当な挑発条項を適用され、旧刑法時代と同様、減刑される可能性があった。

最高裁の判断のもう一つの問題は、因習殺人を未開や野蛮と結びつけたうえで、事実上クルドに特有の犯罪として位置づけたことにある。最高裁は名誉を事由とする殺人を、厳罰に処すべき因習殺人とそれ以外のナームス殺人に区別するという解釈を示したが、その際に参照されたのが、事件の家族的背景であった。

欧米に遅れて国民国家の形成を経験した多くの国家と同様、オスマン帝国後期からトルコ共和国の建国期にかけて、近代化改革の焦点は家族、とりわけ家族のなかの女性の地位と役割におかれた。西欧諸国の背中を追いかけ改革を唱導した知識層は、愛情と相互理解にもとづく夫婦中心の家族こそが、近代的な国家の基本的単位となるにふさわしいと考えた。この時代に家族を論じることは、モダニティとその対極にある停滞を論じることに通じた。

今日のトルコでも、家族は近代と伝統、進歩と停滞という二元論的な世界観が仮託される中心的な領域であり続けている。家族を語ることを通してモダニティを語る、そうした想像力は、因習殺人の特徴とされる「部族のような大集団による決定」、つまり親族集団の決定が個人の意思に優先されるような集団と個の関係性を、前近代的で反社会的なものに配置する。トルコの司法が、やはり南東部の慣行として知られる血讐について、「対立する親族集団間の報復の応酬」としたうえで「原始的で反社会的な伝統」であるという判断を示してきたことも、同じ文脈で理解できる（Bayır 2013: 140-141）。

最高裁の解釈は、因習殺人を、個の意思の尊重や民主的な家族関係といった近代的価値を脅かす反社会的な犯罪としたうえで、それを「東」のクルドに固有の慣習と位置づけた。これは「家族に逆らう女は容赦なく殺すクルド」という、世間に流通するクルドの差別的イメージをなぞるものである。

司法による差別的なカテゴリー化には、因習殺人と名指されない、その他の名誉殺人の情状酌量を正当化してしまうという別の問題もある。たとえば新聞の社会面で描かれる名誉殺人は、犠牲者の娘、銃の引き金を引く弟、鬼のような母、冷酷な父、遅れた社会といったイメージで彩られるが、そうした描き方を通じてこれらのイメージとは正反対の優しい母、民主的な父、友達のような弟、進歩的な社会といったモダンなイメージが喚起される。それと同様の機制により、因習殺人という犯罪類型の非文明的で前近代的な性格が、「東」やクルドと結びつけられる形で司法により強調されるとき、「東」やクルドの外部で起きる名誉殺人に対して、理解や共感が可能な、私たちの社会でやむをえず起きる犯罪という感覚が生まれる。「暴力の漂白」とも言えるそうしたプロセスは、「東」やクルドの外でも名誉殺人が起きていること自体を不問に付し、その存在を忘れることを可能にする力すらも秘めている。ある法学者が指摘するように、司法が定めた因習殺人というカテゴリーには、ＥＵの要請に応えつつ名誉殺人に寛容な男性優位の秩序を維持するための便法としての側面が備わっている（Doğan 2016: 125）。

おわりに

新刑法は、性的な規範を破った女性や相手の男性を親族が殺す名誉殺人を犯罪化し、これを「因習殺人」と呼び、最も重い終身刑を適用することにより、ＥＵの正式加盟候補国にふさわしく、女性の人権というグローバルスタンダードへの配慮を示した。しかし、同法の規定は曖昧さを残し、因習殺人かどうかの判断を裁判官の裁量に委ねた。２０１１年、最高裁は因習殺人を南東部のクルドに固有の特殊な犯罪として例外化する解釈を示し、そうすることで「東」やクルドの外部で起きる暴力を容認した。一方でクルドへの偏見を助長し、一方で名誉殺人に寛容な男性優位の秩序の存続を可能にする、二重に差別的な法運用に正当性を与えたのが、トルコ社会に根強い、進歩的で民主的な小家族と、家父長が支配する遅れた大家族という二元論的な想像力であった。家族についての知が、因習に従う彼らクルド人というイメージをつくり、同時に彼らとは対照的な、文明的な「私たち」という自画像を描くことを可能にしたのだった。

ヨーロッパが名誉殺人といえば東方（の中東ムスリム社会）を見るように、最高裁は因習殺人といえば（東部の）クルドのものと考える。（Bayır 2013: 140）

トルコ刑法の専門家サンジャルのこの言葉は、名誉殺人の概念に潜む危うさをよく言い当てている。トルコのフェミニストの間では現在、名誉殺人をフェミサイドとして論じることが一般化しつつある。フェミサイドとは、女性が女性であるために殺害される殺人を指す。フェミニズム運動が名誉殺人の概念を放棄した背景には、女性が殺害されるのは男性支配のシステムとしての家父長制が存在するからであり、伝統や因習などで説明すべきではない、という判断がある。一方で、別のところで述べたように、名誉や名誉殺人を普遍的な男性支配の問題として議論することには慎重さも求められる（村上 2021）。因習殺人条項をめぐる混乱は、名誉殺人的なものに社会はどのように向き合うべきかという課題も投げかけている。

＊本章は村上（2015）を大幅に改稿したものである。

第Ⅳ部
家族に入り込む政治

第10章

議会を牛耳った家族

鈴木恵美

はじめに

西アジアでは、地域の有力者が政治や社会において重要な役割を果たしてきた。エジプトも同様で、特定の家族が何世代にもわたって、あらゆる方面で大きな影響力を持ってきた。その政治権力の大きさがあらわれる場所の一つが、選挙で地域の代表者を選ぶ、国会にあたる中央議会であろう。

エジプトでは、19世紀半ばから現代に至るまで、体制や政権の変化にもかかわらず、中央議会や地方議会において同じ「家族名」を持つ一族が、同一の選挙区で議席を占有する状態が続いてきた。日本の「世襲議員」に比類するこのような家族は、エジプトの政治言説では「議会家族」と呼ばれている。政治とは無縁な人々にもこの言葉はよく知られているため、特定の家族が議席を占有しているという感覚は、エジプト人に広く共有されているといえよう。本章では、筆者が過去の研究において定義した議会家族という概念に、新たに聞き取り調査の結果を加え、家族としての議会家族の存在をより具体的に紹介する。

本論に入る前に、エジプトの中央議会について概略を示しておこう。エジプトは、オスマン帝国の一州にありながら、総督だったムハンマド・アリー（在位1805～48年）を始祖とする家族の支配のもとで一定程度の自治を獲得し、帝国の中央政府よりも早い1866年に独自の議会を開設した。この議会は、立法権を持たず諮問的役割に限定されたが、議会内規を備え、投票による議員選出が行われるなど、初めての西欧的な体裁を整えた議会であった。その後、エジプトは1882年にイギリスに軍事占領され、1914年には第一次世界大戦の勃発によりイギリスの保護国となったが、ムハンマド・アリー家の支配と議会そのものは存続した。1922年に名目的な独立を果たすと、1923年に憲法が制定され、1924年には複数政党制のもとで議会選挙が実施された。

1922年から1952年に王制が廃止されるまでの期間は、議会の機能不全により政治はしばしば混乱したものの、政党政治が行われたリベラル期として語られることが多い。しかし、1952年7月にガマール・アブドゥンナーセル（以下、ナセル）を中心とする青年将校らにより秘密裏に結成された自由将校団が、封建制廃止を掲げてクーデターを決行し、国王がエジプトを離れると（七月革命）、共和国体制のもとで議会の位置づけは大きく変化した。議会はいったん停止され、既存の政党は解党となり、おもな政治家は長期間、政治活動が禁止された。その後、議会は再開されたものの翼賛的になり、体制の権威主義化が進んだ。議会の翼賛的な特徴は、再び複数政党制が導入され政権が幾度か代わった現在でも、基本的に変わっていない。

1　議会家族とは

（1）議会家族の抽出

有力家系の政治的役割に着目した研究は、中東全域を対象に行われてきた。エジプトについての考察は、欧米出身の研究者が家族間のネットワークに着目して行った一方（Binder 1978）、エジプト人研究者の多くは、有力家族を支配エリートとみなし、民族主義に根差した歴史観、あるいはマルクス主義的な観点に立脚した階級分析として行った。

そこで筆者は、エジプトの政治言説において議会家族と呼ばれてきた存在を分析概念として定義するため、まず1866年から2000年までのすべての中央議会の議員の氏名と選挙区をデータベース化した。そして、同一の選挙区において、王制から共和制という政治体制の変化をまたいで議席を占有している家族を抽出した（詳細は拙稿（鈴木 2005）参照）。その際に手がかりとなったのが、家族名である。アラブ人の名は、通常は姓にあたるものがない場合が多く、代わりにニスバと呼ばれる、出身地、職業、部族、教団などの帰属をあらわす言葉、さらにはそれにアラビア語の定冠詞アル（後に続く語によっては「アッ」となる）をつけ、姓のように使用することが多い。議員名簿を見ると、当選者の多くはニスバにあたるものを用いている。たとえば、ガルビーヤ県の議会家族にアッ＝シャーズリーという家族名を用いる一族がいるが、この名前は先祖が所属していたスーフィー教団である、シャーズリー教団に由来する。筆者は、議会家族を特定するにあたっては、一つの選挙区で同じ「家族名」を用いている者を同一家族とみなした。また、同じニスバを用いていても、直系か傍系の親戚なのかについては、父親の名前をもとに判断した。

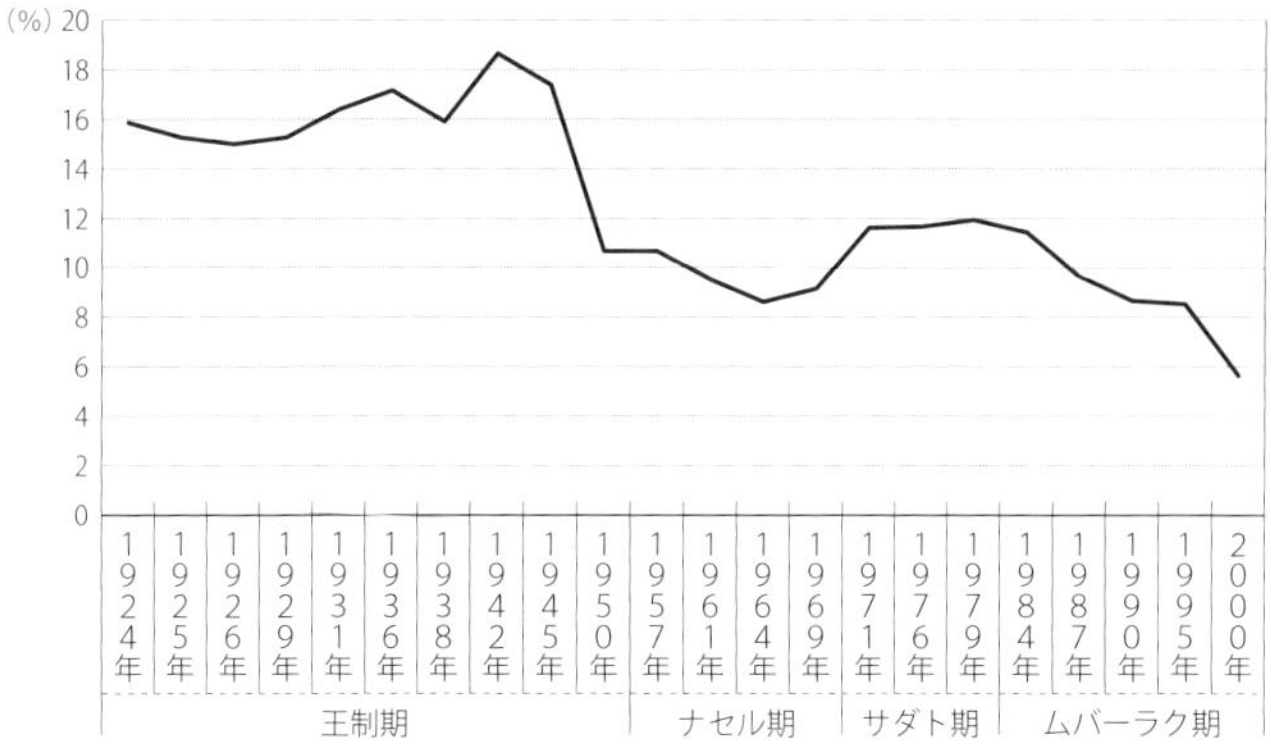

図1　各議会において議会家族出身者が総議席数に占めた割合の推移
［出所：議会名簿をもとに筆者作成］

アラブ人の名前の構造は、自分の名前の次に父親の名前、続いて祖父の名前を用い、それを姓の代わりとするか、ニスバを用いる。つまり、議員の名前の次に来る父親の名前を見れば、直系かそうでないかがわかるのである。

　上記のような手がかりをもとに考察した結果、エジプト全土で82の家族を議会家族とみなすことができた。図1は、エジプトで初めて憲法が起草され招集された1924年の代議員議会から2005年の人民議会までの期間に、議会家族出身者が総議席数に占めた割合の推移をあらわしたものである。議会家族の定義を、立憲王制期（1923～52年）、共和国体制期（1953年～現在）ともに同一の選挙区で議員を務めた家族としたため、現在に近いほど減少するのはある意味必然ではあるが、2000年の議会選挙においても依然5・5％を占めており、存在感は小さくない。ここで留意すべきは、共和国体制になり議員を務めることがなくなった家族についてである。筆者が設定した議会家族の定義に当てはまらないからといって、必ずしも政治的、経済的、社会的な権力を失ったわけではない。このような家族は、いずれも公社など公的機関の幹部、実業家、文筆家などとして、現在でも大きな影響力を持っている。以上のことから、王制期にのみ議席を占有した家族が有する政治権力は、体制の変化を経てその形が多様化したと捉えるのが適切であろう。

(2) 議会家族の規模と血の濃さ

議会家族の当選状況を時系列的に見ると、その議席は基本的には父から息子へ、適任者がいなければ、兄弟あるいはイトコなど比較的近い血縁の間で引き継がれている。つまり、議席の継承はウスラ(父とその子どもを基本とした小家族)を基本とし、状況次第でアーイラ(父方の血縁の集合体である拡大家族あるいは同族集団)で議席を維持している。その意味で、議会家族の規模は日本の「世襲議員」と大きな違いはないだろう。

地盤となる選挙区は、ほとんどの場合一つの家族(この場合の家族の規模はウスラ)につき1選挙区、あるいは2選挙区であるが、なかには一つのアーイラで複数の選挙区の議席を占有した例もある。後者の例に、エジプト北東部シャルキーヤ県を本拠地とするアバーザ家がある。アバーザ家は、王制期の議会選挙において常時3あるいは4議席、つまり県の総議席約20のうちの5分の1あるいは6分の1を占めた。ただし、同一アーイラによる多選挙区の議席の占有は王制期に特有のもので、共和国体制下ではほとんど見られなくなった。

では、議会家族を構成する人々は、本家、分家という感覚を持ち合わせているのだろうか。家族のなかでとくに著名な人物との血の近さについては、意識する向きもある。しかし、本家分家意識について指摘する文献は見当たらず、筆者のこれまでの調査のなかでもそのような話を聞くことはなかった。それは、血のつながりを重視するアラブ遊牧部族(カビーラ)についても同様である。つまり、議会家族のなかには数百年にさかのぼる祖先に始まる家系図を持つ家族もあるが、特定の人物との血の濃さよりも、同族であることが重要とされるといえよう。

2 議会家族の台頭

筆者が中央議会の議員名簿をデータベース化して驚いたのは、議席を占有した家族の多くが地主の出身であったこと、なにより、議会家族の多くが、リビア沙漠あるいはアラビア半島からシナイ半島を経由してエジプトに移動してきた遊牧民を先祖に持っていたことである。議会家族の先祖が定住した範囲は、エジプト中部地域、ナイル・デルタ地域では東西の沙漠と接する諸県に広がっていた。この節では、議会家族がなぜ中央議会で議席を維持することができたのか、地主という属性に着目しながら整理する。

(1) 地主が占める議会

議会家族に地主出身者が多く、しかも遊牧民を先祖に持つ者が多い理由として、以下の2点を挙げることができる。

第一は、ムハンマド・アリー総督を祖とする世襲支配体制による遊牧民に対する定住化政策が、遊牧民を地主階級に押し上げたことである。遊牧民は、自立と勇猛果敢であることを是とする武装した父系の同族集団で、長い歴史を通して断続的にリビア東部からエジプト西部に移動してきた。中央集権的な国家建設を進めていた総督のサイード（在位1854〜63年）は、武装解除と国家への帰属を受け入れない遊牧民に対し、たびたびエジプト兵を送り弾圧していた（加藤 2008）。サイードの後を継いだイスマーイール総督（在位1863～79年、1867年からは副王）が、遊牧民に対し、土地台帳に登録されない免税地を供与することで定住を促す方針に転換すると、その多くは定住化（国民化）を受け入れ、リビア沙漠に接する地域に定住した。その後、19世紀半ばにエジプト経済が世界資本主義システムに組み込まれると、大規模な土地を所有する遊牧民出身の家族は綿花栽培で富を蓄え、その資金力を背景にさらに土地を購入し、大地主となっていったのである。

第二の要因は、富裕層に有利な選挙制度である。共和国体制導入以前の選挙は、ほとんどの期間を通して代理人による間接投票が行われており、立候補者にも条件が課されていた。エジプトで初めて設置された1866年の代議員諮問議会では、議員の要件として25歳以上、エジプト生まれ、自活能力、軍や公職と関わりがないこと、評判の良さなどの条件が付されていた。そのため、議員はほぼ全員オムダ（村落行政制度として近代に導入された村長職、当時は任命制）やシャイフ（オムダ職導入以前からある村の行政機構の代表者）から選ばれた。1883年のイギリス占領下で実施された議会選挙では、オムダ以外からも議員が選ばれるようになったが、立候補の条件に、30歳以上、読み書き能力、年間50ポンド以上の直接税の納税者という制限が課されたため、議員は依然オムダや大地主（オムダが大地主である場合が大半）から選ばれた。実は、議会家族を含む議員の多くは、イギリス占領下で安定的に議席を維持した。それは、農業経営者で大地主でもある議員が、イギリスが推進するモノカルチャー経済の最大の受益者であり、そのため総じてイギリスに敵対的ではなく、イギリスの介入なく議会運営が進み、議席を維持しやすかったからである。また、農村部では識字率が低く、選挙に対する理解も十分ではなかった。農業という一次産業に依存するエジプトでの選挙は、農民に大きな影響力を持ち、動員が可能な地主に有利な状況にあった。共和国体制となり選挙権の制限は撤廃されたが、農村社会の権力構造は基本的に変化がなかったため、議会家族はその後も地盤地域で影響力を持ち続けたのである。

（2）最大の危機――農地改革

議会家族は、王制期に財と政治権力を手にして議席を占有したが、彼らにとっての最大の試練はナセル期（在任1956〜70年）に訪れた。図1に示した通り、ナセル期以降に議会家族の当選率は低下している。その要因の一つとして挙げられるのが、農地改革法である。

ナセルを指導者とする自由将校団は、「封建制廃止」を掲げてクーデターを実行し、その後、自由将校団が中核となって結成された革命評議会は、まず大地主らの土地所有を制限する農地改革法を制定した。この法律は、さらに所有を限定した内容で1961年、1969年にも制定し直され、最終的に所有地は50フェッダーン（1フェッダーンは約4200平方メートル）にまで限定された。筆者は以前、1952年に実施された最初の農地改革法の土地台帳を精査し、地主らが土地をどのように「処分」したのかを考察した。そして、土地所有という権力の源泉を失う危機にさらされた大地主らが、あらゆる手段を講じて土地の接収を逃れようとしていたことを明らかにした。そのおもな手段とは、⑴所有地を法の適用外となるワクフ地（所有権移転を停止した物件）として登録し直す、⑵処分の対象となった土地を身内に相続させ、残りを親族に売却する、などである。農地改革法を制定したことで、大地主がかなりの規模の土地を失ったのは事実である。しかし、実際は当初政権が意図した以上に、大地主は富の接収と散逸を逃れていたのである。

ムハンマド・アンワル・アッ＝サーダート（以下、サダト、在任1970〜81年）が大統領に就任すると、再び転機がやってきた。図1が示す通り、議会に占める議会家族の割合の低下が止まり、若干ではあるが増加している。サダトはナセルの突然の死により副大統領から昇格する形で大統領となったが、政権内の基盤は確立しておらず、実権は亡きナセルを信奉する左派勢力が掌握していた。サダトは権力を掌握するため、中央議会議員を含む政権内のナセル派の中核を超法規的に一斉逮捕し、サダトに批判的な勢力を排除することに成功した。そして、１９７４年にはナセル期に接収された大地主の所有地の一部を返還し、それにより議会家族ら旧支配層の支持を獲得したのである。さらに、１９７８年には、ナセルが設立した単一政治組織であるアラブ社会主義連合を解散させ国民民主党を設立し、議会家族が国民民主党の党員として長期に議席を確保することで、その事実上の一党支配を支えた。こうして、議会家族は復活したのである。

以上、議会家族と呼ばれる家族が、議会で議席を占有してきた政治的・社会的背景を概観した。したたかに生き残った議会家族に対するエジプト人の視線は、各人の政治志向、あるいは地域により異なる。議会家族が、イギリス占領下でその支配に協力することで富と権力を得て「領主化」したこと、加えて政党政治の機能不全を招いたことで、民族主義を支持する者は批判的な視線を向ける。また、共和国体制下では、権威主義的な政権の政党に所属し、中央議会議員としてその支配を支えたことから、政治的志向を問わずその存在を批判的に見る傾向がある。一方、農村地域では、議員など「名士」への陳情により問題を解決する慣習が色濃く残っていることから、特定の家族による議席の占有に大きな疑問を持たない者もいる。しかし、現在は社会経済構造が変化し、情報通信技術の発達がもたらす変化は農村地域にまで及んでいる。議会家族の当選率の低下が示す通り、議会家族の議席維持が、これまで以上に難しくなっていることは明らかだろう。

3 バースィル家

ここでは、ファイユーム県の議会家族、バースィル家を例に、遊牧民に起源を持つ議会家族を具体的に紹介する。バースィル家はエジプト中部ファイユーム県の南部、現在のイトサー郡からイブシュワーイ郡にかけての地区の議席を、1913年の議会選挙から約百年、20世紀のほぼすべての期間独占した。同県には、タンターウィー家やマアバド家（いずれもバースィル家と同じリビア系遊牧民を先祖に持つ）など、19世紀から議席を独占する有力な家族があるが、バースィル家は地域の議会家族としては、やや遅れて議会に参入した家族といえる。筆者は、これまでバースィル家の本拠地カスル・バースィル村で聞き取り調査を行ってきた。以下、立憲王制期最大の政治政党であったワフド党の副党首で、議会の副議長も務めたハマド・マフムード・アル＝バースィル（1871〜1940年）の生涯を中心に、バースィル家の議会家族としての歩みをたどってみたい。

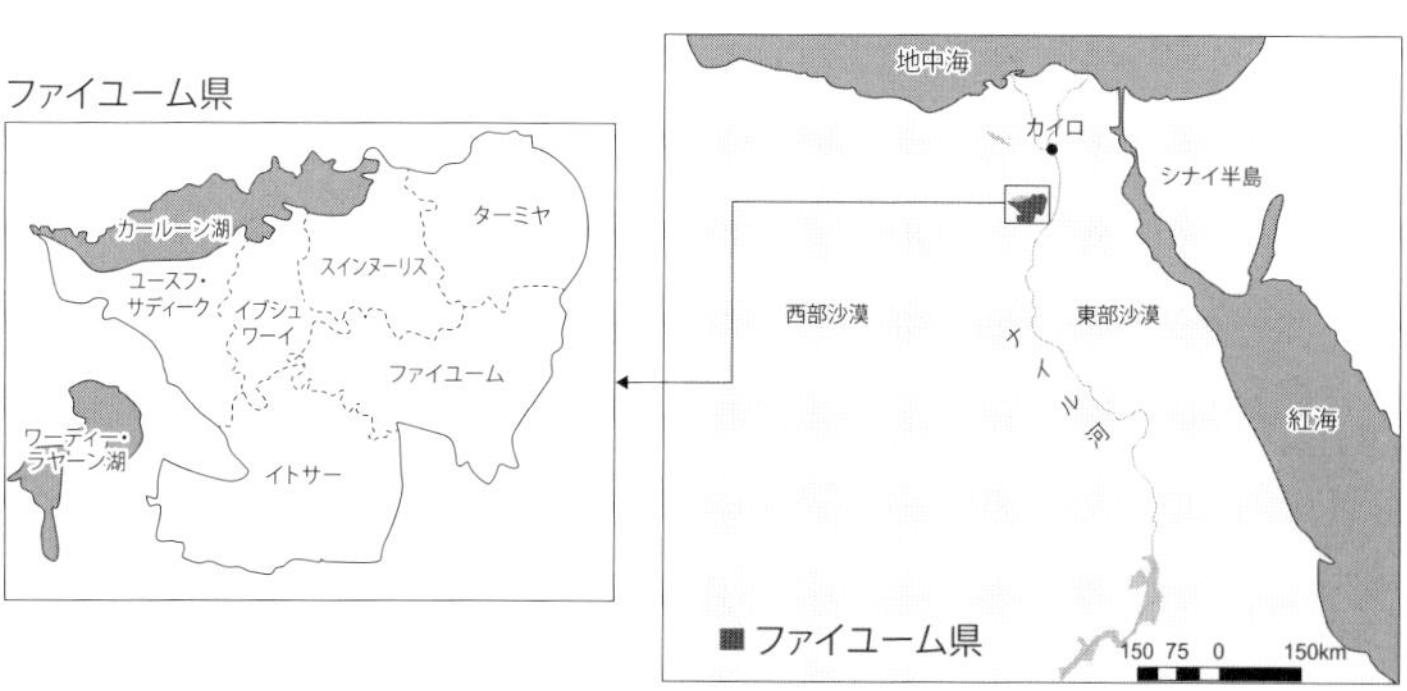

地図　ファイユーム県の立地
［出所：Abd-Elmabod 2012: 103-116］

(1) 遊牧の民から大地主へ

筆者がバースィル家に注目するようになったのにはきっかけがある。立憲王制期エジプトの雑誌を調査していた時、西欧的な身なりの政治家らが居並ぶ写真のなかで、唯一リビア系の遊牧民の伝統的な衣装をまとう、威風堂々とした初老の人物に目がとまった。現在も基本的には変わっていないが、当時の上流社会では遊牧民を未開で劣った者とみなす傾向があった。にもかかわらず、この人物はいつもリビアの伝統衣装に身を包み、しかもつねに写真の中央に収まっていた。その時以降、この人物のことが頭を離れなくなり、ある日、真剣に調べてみようと思い立ったのである。

バースィル家は、アラブ遊牧民のファワーイド族から分派したリマーフ族に属する。リマーフ族は、他の部族とともに18世紀初頭にリビア東部からエジプトに移動し、エジプト中部ファイユームにとどまった。当時のリビア系遊牧民の多くがそうであったように、リマーフ族もまた、エジプト総督のサイードと対立した。リマーフ族の首長であったハマドの父マフムードは、サイードによる迫害から逃れるため、一時ファイユームからデルタ北部のカフル・シャイフに居を移したこともあったという。その後、サイードの跡を継いだイスマーイールが遊牧民に対する方針を転換すると、マフムードはファイユームに広大な免税地を与えられ、アブー・ハーミド村(現カスル・バースィル村)に定住した。そして、1871年に生まれたのがハマドである。大地主となったバースィル家は、エジプトの綿花ブームに乗って財を蓄えたが、資産が増大したのはマフムードの息子、つまりハマドとその弟アブドゥッサッタールの時代になってからである。現在、子孫の家には、ハマドとアブドゥッサッタールが購入した土地の証書がかなりの数残されている。バースィル家はそこで豆、小麦、大麦などの農作物に加え、クローバーなどの飼料を栽培していたという。1940年代に刊行されたエジプトの株主年鑑を見ると、多くの議会家族出身者が大企業の大株主や役員に名を連ねるなか、バースィル家の名前は一人も見当たらない。このことから、バースィル家の富は株式などによるものではなく、おもに農地経営によるものであったといえよう。

（2）政治の世界へ

バースィル家から初めて政治家になったハマドが議員に当選したのは、1913年である。しかし、長老たちの間で一族と政治の関わりが具体的に記憶されるのは、アラブ初の民族主義運動とされる1881年のオラービー運動からである。エジプトは、1876年に国家財政が破綻し、ヨーロッパ人内閣のもとで植民地化の道をたどっていた。ハマドの父マフムードは、当時のエジプト人の多くがそうであったように、「エジプト人のためのエジプト」を掲げるオラービー大佐の民族主義運動と軍事蜂起を支持した。しかし、バースィル家が特異なのは、他の議会家族が蜂起の最終局面でオラービーを裏切ったのとは異なり、最後まで運動に関わり、身内から犠牲者を出したことである。家族の証言によると、マフムードは、エジプトに駐留するイギリス軍から銃殺刑の判決を受けたが、逃亡するとイギリスはマフムードの代わりに弟のラヒームを逮捕し、ファイユーム市中で処刑したという。有力者の大半が「勝ち馬」に乗るなか、当時10歳ほどであったハマドは、叔父の理不尽な死にイギリスからの独立心が芽生えたという。

ハマドは、1871年にファイユーム県イトサーで誕生した。公の記録では、ファイユームにある公立学校で教育を受けたとされるが、子孫によると、教育はもっぱら自宅での家庭教師によるものであり、フランス語と英語に堪能であったという。1901年にリマーフ族の部族長であった父マフムードが亡くなると、ハマドが部族長に選ばれたが、1909年には弟のアブドゥッサッタールにその任を譲った。その後、複数の遊牧民関連の委員会のメンバーを務め、1911年にはファイユーム郡の地方議会議員、そし

写真１　イギリス当局により逮捕されマルタ島に流刑になった４名。
左からイスマーイール・スィドキー、ハマド、サアド・ザグルール、ムハンマド・マフムード
［バースィル家提供］

て1913年には初めて中央議会議員に選出された。

ハマドが政治家として広く知られるようになったのは、現在エジプトで独立運動の父とされるサアド・ザグルールと行動をともにするようになってからである。第一次世界大戦が勃発しイギリスの保護国となったエジプトは、イギリス軍に兵力を提供しただけでなく、同国の対中東戦線の補給地として過酷な兵站支援を強いられ、経済的にも疲弊した。ハマドのザグルールとの出会いは、ザグルールが独立運動への支持を集めようとファイユームを訪問した時で、ハマドは40代後半であった。ザグルールは手記にハマドの印象を、勇敢な知性あふれる堂々たるアラブの男と表現している。アラブ遊牧民は、その勇猛さでエジプトの歴史に名を刻んできた。ザグルールは積極的にハマドを運動へ引き込んだというが、それは遊牧民社会に対するハマドの影響力を考慮してのことだった。

1919年1月、パリのヴェルサイユで第一次世界大戦の講和会議が開かれることになると、エジプトの独立を求めるため、講和会議へエジプト代表を派遣（ワフド）することを話し合う会合が開かれた。場所はハマドのカイロの邸宅で、この集まりは、ワフド党による初めての会合とされる（のちにハマドはこの邸宅をサウジアラビア政府に寄付し、この場所は現在サウジアラビア大使館となっている）。そして1919年3月、イギリス政府は、独立運動を展開するザグルールとその盟友のハマド、イスマーイール・スィドキー、ムハンマド・マフムードを逮捕し、当時イギリス統治下にあった地中海のマルタ島へ流刑とした。この処置

に対し、エジプト全土で激しい抗議デモや暴動が起こり、エジプト側に3000人を超す死者を出す事態となった。ハマドの地盤であるファイユームのイトサーでは、遊牧系住民が、イギリス人が警察署長を務めるイトサー警察署とイギリス軍駐屯地を襲撃し、襲った側の住民に400人ほどの死者が出た。エジプト全土での抗議の結果、1922年にエジプトは名目的な独立を果たし、ワフドは正式に政党となった。ハマドは副党首としてザグルールの右腕となったが、1927年にカリスマ的存在であったザグルールが死去すると、新党首となったムスタファー・ナッハースとは理念や政策上の相違で折り合わず、その後袂を分かった。

では、当時のバースィル家は、どのようにして議席を維持していたのだろうか。ハマドは党内で重鎮的な存在ではあったが、ハマドが議員を務めた王制期は、対英強硬派のワフドが協調派の非ワフド諸勢力と対立するなど、議席をめぐる争いは激しかった。バースィル家も、選挙の際は一族で協力することで議席の維持に努めている。たとえば、バースィル家にはハマドと弟のほかに、ファイユーム内の行政機関で役職を務める親族が4人いたが、1926年の議会選挙ではこの4人が一斉辞職を示唆し、ワフドに有利な直接投票を求めた。

政治権力の維持は、しばしばバースィル姓ではない、別の姓の親族と連携して行われた。たとえば、1929年にハマドは代議員議会（中央議会下院）選挙において無投票で当選したが、同年11月に上院議員であった父方の従弟ヤースィーン・アブー・ガリールが死去すると、この議席を維持するため、ハマドは代議員の職を辞し、上院補欠選挙に立候補し無投票で選出された。なお、空席となったハマドの議席には、ハマドの息子が立候補し、無投票で当選している。

バースィル家が議席を維持できたのは、各党がハマドの地盤の強さを鑑み、無駄に選挙運動を展開しないよう調整した結果でもあった。たとえば、1936年の選挙では、ハマドは上院議員を辞し再び代議員議会の議員に立候補したが、この時はワフド党ではなく、ザグルールの精神を引き継ぐと銘打って結成されたサアド党から立候補した。その際、ワフド党はこれまでハマドの地盤であったトゥトゥーン区にはワフド党の候補者を擁立することを控えた。また、同選挙ではハマドに対抗し無所属で立候補を表明した者がいたが、各部族の首長が会合を開き、「アラブの結束」の重要性を説くことで、この人物に立候補を断念させた。立候補者の調整が、農村地域の遊牧民の首長間で行われたことは興味深い。

(3) 部族の連帯

ハマドは、議会外の活動にも積極的に関わるなど、エジプト民族主義だけでなくアラブ民族主義も重視する、横断的な民族主義を実践した人物であった。これは他の政治家とは異なる特徴といえよう。ハマドは、アラブ地域の国境を越えた部族間の連携、そして部族間対立の仲裁に尽力した。ここでは、二つの事例を紹介する。

一つめは、バースィル家の故地、リビア東部との連帯である。エジプトとリビアの国境が確定したのは1925年(エジプト側が最終調印したのは1932年)であるが、国境線は引かれても、当時はリビア東部をルーツとする遊牧民間の、アラブとしての連帯意識は非常に強かった。ハマドは、リビアを占領していたイタリアに対する抵抗運動の指導者オマル・ムフタール(1858~1931)と連携し、リビアからの避難民に私財を投じるなど、その抵抗運動を多方面で支援していた。1931年9月、ムフタールがリビア東部のベンガジにおいてイタリア当局によって処刑されると、同じく列強の支配下にあったアラブの各地でイタリアに対する非難の声が上がった。エジプトでは、ハマドによってムフタールに弔意を表する式典の実施が呼びかけられたが、当時首相を務めていたスィドキーは、イギリスとの関係を考慮して式典の実施を許可しなかった。すると、ハマドは、ファイユームにある自身の邸宅において私的に式典を開催することで、反帝国主義とアラブの連帯の意を示した。

二つめの事例は、イラクの部族間抗争の調停である。1930年代、イラクでは近代国家建設の過程でシャンマル族とウバイド族の対立が深刻化していた。バースィル家によると、イラク政府が和解のための集会を開催することになったが、シャンマル族の首長アジール・アル＝ヤーウルは公平な仲裁を求め、ハマドの同席なしには出席しないと主張したという。イラクから遠く離れたエジプトに暮らすハマドに仲裁を求めたのは、利害関係がある近隣の首長では公平性が担保されないと考えてのことと思われるが、ハマドがアラブ地域で公平な仲裁者として広く知られていたことがわかる。1939年、ハマドはのちにアラブ連盟の初代事務総長に就任するアブドゥッラヒーム・アッザーム（アッザーム家も議会家族）とイラクに渡り、大勢の首長やイラク政府関係者が集まるなか、集会は開催された。当時イラクで刊行された資料に掲載されたこの集会の写真を見ると、いずれの写真もハマドは中央に収まっている。その写真の一つには、ハマドへの謝意と称賛の意からか、肩書はエジプト議会の議員ではなく、「上エジプトの部族長」と記されていた。

（4）生き残ったバースィル家

1952年7月、クーデターを決行した自由将校団を中核とする革命評議会は、大地主など支配層の権力を弱体化させるため、農地改革法を施行した。ファイユームを代表する大地主であったバースィル家は、他の大地主と同様、農地改革法の対象となった。バースィル家は、どのように土地の散逸を防いだのだろ

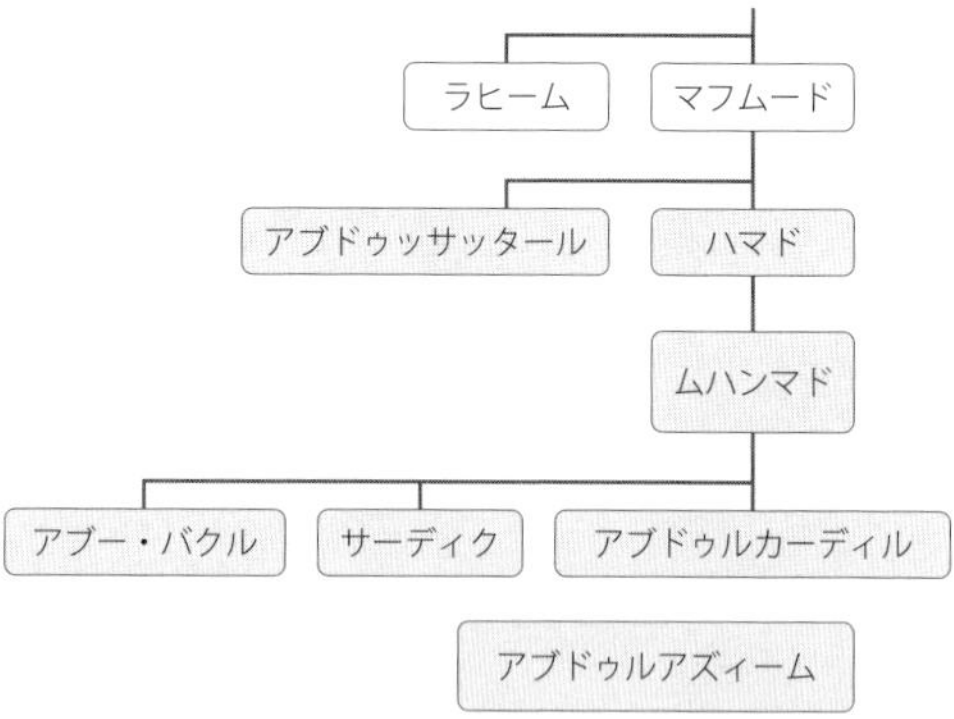

図2　中央議会議員を務めたバースィル家の系図
網かけは中央議会議員経験者

うか。1952年農地改革法に関わる土地台帳によると、バースィル家でこの法律の対象者とされたのは9人で、売却した土地の合計は246フェッダーン、残りの2397フェッダーンは維持した（鈴木2011）。この農地改革法では、個人としての所有は扶養家族がいる場合、最大300フェッダーンと規定されていたため、バースィル家の場合は法律の範囲内で土地を維持したことになる。しかし、バースィル家は王制期にこの規模をはるかに上回る土地を所有していた。それらの土地が、なぜ接収の対象とならなかったのかは不明のままである。

　では、占有していた議席はどうなったのだろうか。ナセル期には計4回議会選挙が実施されており、実はバースィル家はそのうち3回当選者を出すことができた。この期間に議会家族の多くが議席を失っていることから、バースィル家は例外的な事例といえる。具体的に見ると、最初に実施された1957年の議会選挙では、バースィル家からは、ハマドの孫でこれまで議員を務めたことのないサーディクが当選し、次に実施された1961年の議会選挙も含めて2期連続当選した。しかし、同年ナセルが社会主義宣言を行い、さらに大地主の土地所有の規模をさらに制限する新たな農地改革法が発表されると、状況は変化した。

　議員だったサーディクが、1964年に実施された議会選挙では落選し、所有地は接収されることが決まったのである。サーディクは、1968年に隣国リビアへ移り、イドリース国王の配慮でリビア法務省の司法顧問に就任した。サーディクの弟のアブー・バクルもまた、ナセル政権から接収による嫌がらせを受け、リビアに逃れた。リビアでは、国王から耕作のための農地の授与を打診されたが断り、エジプトに帰国後の１９６９年に議員に当選した。一方、サーディクは、１９７５年にエジプトに帰国した。

　１９５２年の農地改革法を含め、大地主の土地改革の実態はほとんど明らかにされておらず、バースィル家もこの件については口が重い。しかし、この二人の軌跡は多少の示唆を与えてくれよう。ナセル政権下では、政権と対立した旧支配層や政府の抑圧的な支配に抵抗した勢力は、当局による弾圧の対象であった。その脅威にさらされた者は、当時、国家建設のため専門職従事者を必要としていたリビアに逃れることが多かったが、なかでもリビア東部にルーツを持つ者はその傾向が強かった。バースィル家の二人もまたそうであったのだろう。しかし、バースィル家が他の議会家族と異なるのは、議席を失ったのが１９６４年議会選挙の１回のみだったことである。１９６４年に制定された「オムダ（村長）法」（法律第59号）に代表されるように、１９６０年代は、同一の家族の構成員が行政職に就くことを禁止する法整備が各方面で進められた。バースィル家もその影響を受けたと考えられるが、王制期の政治基盤を守るだけの権力、あるいは新体制とのつながりを持っていたと思われる。

　サダト期になると、アブー・バクルは、エジプトとの関係が悪化していたリビアの指導者カダフィー（１９４２～

写真２　カスル・バースィル村にあるハマドの邸宅
亡くなる前年の 1939 年に再建された。現在ハマドの子孫が、この邸宅と一族の墓地を守りながら、所有する農地の管理を生業として暮らしている

2011）と、サダトの和解を仲裁する役割を果たした。そして、サダトが実質的な一党体制を維持したまま形式的に複数政党制を復活させると、サダトが設立した国民民主党に入党した。その後、ムバーラク（在任1981〜2011）期には、「与党」の農業族の重鎮となり、2005年に亡くなるまで9回連続当選し、36年間議員を務めた。

その後、バースィル家からは、2010年の議会選挙において、エジプトで最大の発行部数を誇る国営アル＝アハラーム紙の編集部長アブドゥルアズィームが、国民民主党から立候補し、当選している。しかし、2011年の1月25日革命（一時「アラブの春」と呼ばれた）では、国民民主党は真っ先に国民から糾弾され、解党された。そして、2013年には「6月30日革命」を経て、国軍の政治的役割が増した体制が成立したが、バースィル家にとっては苦戦が続いている。新体制のもとで最初に実施された2015年の議会選挙では、アブドゥルアズィームは、元国民民主党議員のイメージを払拭するため、ハマドにあやかり、ワフド党の後継政党である新ワフド党から立候補した。しかし、結果は落選であった。バースィル家の本拠地イトサー地区カスル・バースィル村では、現在もハマドの子孫が村長を務めるなど、バースィル家の一族は依然、有力者といえる。しかし、約百年にわたって議席を占有してきたイトサー選挙区で落選したことは、本拠地以外の他の村における影響力が低下していることを意味していよう。

おわりに

本章では、エジプトにおいて体制や政権の変化にもかかわらずしたたかに生き残り、エジプト社会で影響力を持ち続けている家族について、議会家族という視点から考察した。具体的な事例として、バースィル家の近代から現代までの歩みを紹介したが、紙幅の関係上、ここでは取り上げることができなかった視点や逸話が数多くある。これらを含めて再考すれば、バースィル家の新たな顔が浮かび上がってくるだろう。

最後に、ハマドが重視したアラブの連帯に関わる話を一つ。現在、エジプトに暮らすリビア東部を故地とするリビア系遊牧民と、リビア東部に暮らす遊牧系住民が、その紐帯を確認し合う行事がさまざまなレベルで催されている。2019年3月には、1919年革命から百年を記念し、ファイユームにおいて当時を振り返る行事が催され、リビアからハマドの功績を評価する人々が大勢参加した。なかには、2011年に始まったリビア紛争（「アラブの春」）で失脚し、殺害されたカダフィーの甥もいた。受け継がれるのは議員としての議席だけでない。「家族」としての記憶や絆もまた受け継がれるのである。

第11章

出生率低下があらわす家族のかたち

――チュニジア南部タタウィーン地域の事例

岩崎えり奈

はじめに――出生率の低下

人口動態を説明するときに用いられる理論に、「人口転換」モデルがある。これは、多産多死から少産少死への出生率の変化を説明する理論であり、①高出生率・高死亡率（多産多死）、②死亡率の先行低下、③出生率の追随低下、④低出生率・低死亡率（少産少死）の四つの段階からなるとされる。中東地域では、②死亡率の先行低下が20世紀初頭から始まったにもかかわらず、③出生率の追随低下のペースが遅かった（Fargues 2000）。そのため、宗教文化的な要因のせいで出生率が高止まりしているというイメージが強かったが、ようやく1980年代に低下の速度が高まり、そのようなイメージは過去のものとなった。

人口動態を示す指標としてよく用いられるのは合計特殊出生率で、女性が生涯に産む子ども数の推計値である。この合計特殊出生率が2・1前後に達したときが人口置換水準であり、人口が増加も減少もしない均衡した状態となる。日本の場合は1956年に人口置換水準に達し、さらに1974年以降は人口置

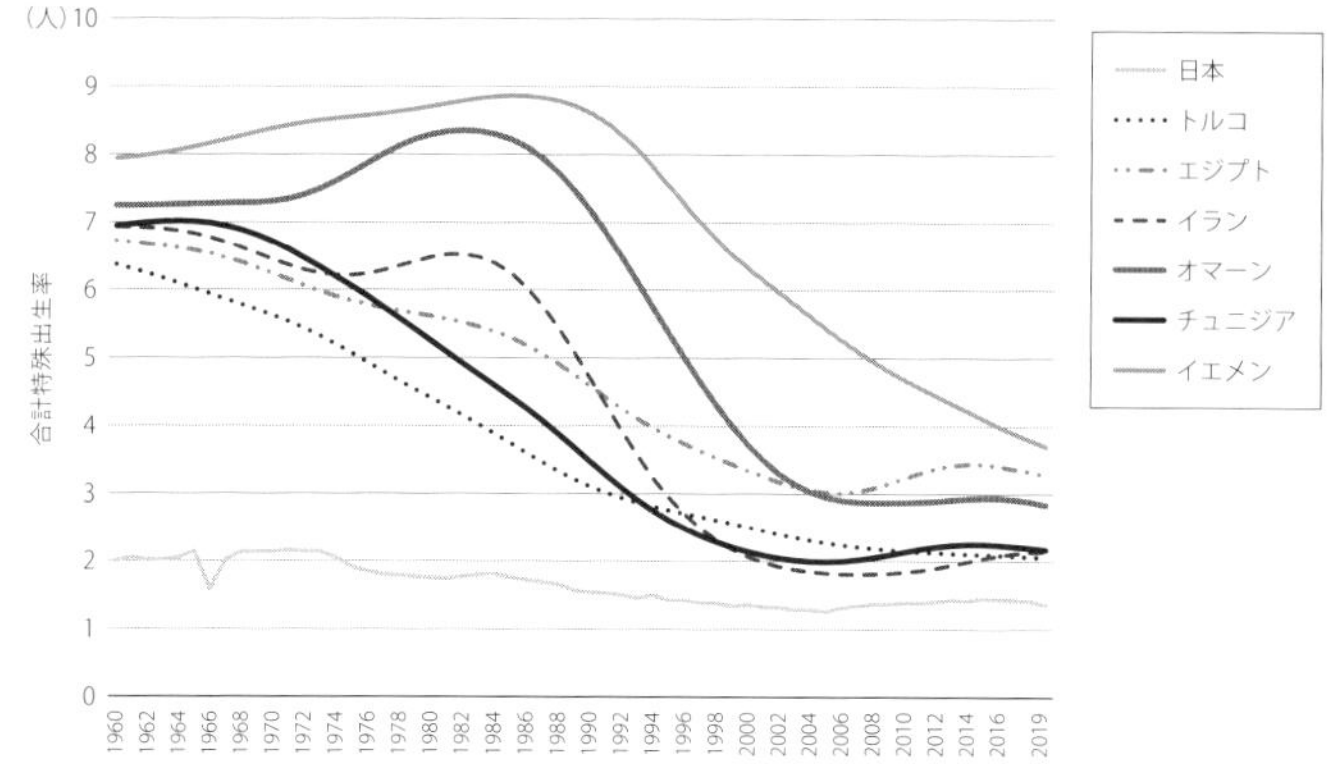

図１　中東諸国の合計特殊出生率の推移（女性１人当たり）（1960 〜 2019 年）
［出所：World Bank date ホームページ］

換水準を下回り「極低出生率」の第二次人口転換期に達した（落合 2013: 70）。これに対して、中東諸国の出生率は、先に述べたように低下のペースが遅かったのが、１９８０年代から急速に低下した（図１）。

中東諸国のなかでも国によって出生率の低下のペースは異なるが、とくに出生率低下が目覚ましかった国はチュニジアである。チュニジアは１９５６年にフランスから独立すると、初代大統領ブルギーバのもとで、初婚年齢の引き上げや女子教育の普及など女性の法的・社会的地位の向上に力を注いできた国として知られている。こうした積極的な政策推進に伴い、合計特殊出生率は１９６６年に７・２であったのが、１９９４年に２・９、２００４年には２・０にまで下がり、人口置換水準に達した（INS 2015: 19）。１９７０年代前後と１９９０年代の子ども世代を比べると、一世代のうちに産む子どもの数が半減する凄まじく大きな変化である。

もっとも、「アラブの春」がチュニジア内陸部の小さな町シディ・ブージドを発祥としていたことに象徴されるように、チュニジアはチュニスなどの地中海沿岸都市部と内陸部、または緑が多い北部とサハラ沙漠の縁にある南部では大きな社

地図　タタウィーン県の立地

会経済的格差がある（地図参照）。文化的にも、地中海都市部と比べて南部は保守的な傾向が強い。出生率に関しても、内陸部、南部は首都チュニスと比べると大きな違いがあった。しかしながら１９９０年代以降、チュニジアでは、内陸部でも出生率は大幅に低下した。その結果、内陸部や農村部においても、出生率は地中海沿岸都市部に近づいており、人口統計学的な観点からみた地域格差は縮小しつつある。１９９４年まで合計特殊出生率がチュニジア国内で最も高かった南東部のタタウィーン県を例にとると、同県では、１９９４年に４・１であった合計特殊出生率は２０１４年に２・３に低下した（INS 2015: 29）。

本章では、チュニジア南部タタウィーン地域で筆者が１９９７年に国際協力事業団（ＪＩＣＡ）プロジェクトの活動として行った実態調査と、その20年後に筆者が独自に行った追跡調査にもとづき、家族計画と避妊を中心に、出生に関する女性の行動と意識を分析する。それによって、中東地域における家族観とその変化の一端を浮かび上がらせたい。

出生率の低下は避妊技術の普及があって初めて可能になるが、家族や子どもに関する考え方の変化とも深く関わっている。日本の場合、死亡のリスクを考えずに、子どもに愛情と費用をかけて育てることが可能になったことによって、男性が稼得役割を担い、女性が家事育児に専念するジェンダー分業を特徴とする「近代家族」の成立条件が整ったことが知られている（落合 2013: 9）。中東地域の場合は、出生率の低下は家族の形のどのような変化と連動しているのだろうか。

本章で取り上げるタタウィーン地域は、移民・出稼ぎ経済に依存してきたこともあり、歴史的に親族のつながりが強いことで知られる地域である（岩崎 1996; 2020）。したがって、本章の事例は、地中海沿岸都市地域とは違うチュニジアの地方、さらに、類似した親族構造を持つ中東の地域における人口学的な変化の社会的な意味を考察する格好の事例となるだろう。

1　家族計画の普及と家族の変化

（1）家族計画の普及

家族計画とは、母体の健康状態や年齢、欲しい子どもの数、家庭の状態などを考えて、妊娠や出産に計画性を持たせることを意味する。中東諸国では多くの途上国と同様に、人口増加が経済発展の妨げになり、また近代家族の形成が国民国家の建設に必要だと考えられたことから、国連や米国援助庁の技術・資金援助の下で、1960年代から1970年代にかけて政府が積極的に家族計画プログラムを導入した。

チュニジアでは、エジプトと並んで中東・北アフリカ諸国のなかで最も早く、1964年に家族計画プログラムが導入された。1964〜65年に試験的に全国のいくつかの母子保健センターで導入されたのを皮切りに、1966年に保健省内に家族計画部局が設置され、家族計画プログラムが本格的に始まった。その後、1973年に設置された家族人口公団を中核機関として、人口抑制が政策・活動の目標に掲げられてきたが、1984年以降は農村と母子保健に活動の重点をシフトさせた。1970年代から1980年代にかけて、全国の最末端の一次医療施設（ベーシックヘルスセンターや母子保健センター）において、避妊手段に関する情報の提供と並んで、少子の利点を説明する普及活動を家族計画普及員が行ってきた。男性に対しては男性普及員がモスクなどの集会で、女性に対しては保健センターや農村では家庭訪問によって、イスラームにおいて家族計画がハラール（宗教的に認められたもの）であることや、夫婦と子ども2人からなるモダンな家族の理想、少ない子どもの育児の利点などを説く普及活動を行った。

なお、1990年代後半以降は、カイロ人口開発会議（1994年）を契機として、人口抑制というマクロな要請から性と生殖に関する女性の自己決定権を重視するリプロダクティブ・ヘルス・ライツ（性と生殖に関する健康と権利）に人口政策が転換するとともに、家族計画の普及活動は出産調整にかわり、産前産後の母子保健などサービスケアの質的な側面に力を入れるようになった。現在の家族人口公団の中心的な活動は子宮がん検診や家庭内暴力対策キャンペーンなどであるが、これらの活動も質的なサービスの一環である。

家族計画の成果は目覚ましく、家族計画の指標となる避妊の実施率について見ると、全国で15～49歳の女性のなかで何らかの避妊を実施している女性の割合は1965年において9％に過ぎなかったが、1978年に31・4％、さらに2001年には63・0％に上昇した。2012年の避妊実施率は62・5％と横ばいであり、家族計画はそれを必要とする女性に行き届いていると考えられる。都市・農村別に見ると、避妊の実施率（2001年）は都市64・9％に対して農村58・1％であり、農村でも家族計画が普及していることがうかがえる。

（2）出生率の低下と家族の変化

出生率低下は、避妊技術の普及があって初めて可能になる。実際、婚外出産がほぼ皆無の中東の場合、学校教育の普及と並び、家族計画の普及は冒頭で述べた出生率低下の有力な説明要因とされてきた。すなわち、教育水準の向上に伴い、高い出生力の大きな要因とされてきたアラブ社会特有の慣行であった早婚が減り、晩婚化して初婚年齢が上がったことに加え、避妊技術と家族計画の普及が既婚女性の出産数を抑えたことが、出生率を引き下げたとされる（Fargues 1988; 2000）。

したがって、このように避妊技術の普及に注目するならば、出生率低下は、独立後の初代大統領ブルギーバのもとでの国家による積極的な政策推進、米国援助庁の後押しによって家族計画プログラムが強力に推進された結果ということになろう。

しかし、出生率低下は当事者の女性の出生行動の観点から考察することが重要である。当然ながら、夫婦は子どもの数を増やしたくない、もしくは出産の間隔を空けたいと思うから避妊を実施する。出産を控える理由は仕事と育児の両立、夫婦生活を楽しみたい、育児の経済的・肉体的負担感などが考えられるが、いずれも子どもを持つことや家族を持つことに対する意識やライフスタイルが変化していることをあらわす。出生行動に目を向けることで、出生率低下の要因でもあり結果でもある、こうした家族の質的な変化を理解することができる。

もちろん、中東の人類学や社会学において、家族はつねに重要なテーマであり、盛んに研究がなされてきた。しかし、中東の家族研究は人類学的な研究が中心であることや時系列のデータが不足していることもあり、家族の変化と密接に関わっているにもかかわらず、その人口学的な側面に目を向けてこなかった。他方、人口学的な研究においては、中東地域では長いこと高出生率を特徴としてきたため、イスラームにおける家族計画や人口に関する考え方や女性の地位といった、出生率低下を阻害する宗教文化的な要因に関心が集中してきた。出生率の低下については、先に指摘した家族計画の普及や学校教育の普及といった外的な要因の指摘にとどまっており、次に述べるサンドロンの研究をのぞき、出生率低下をもたらすと同時に、その結果でもある家族の変化についての研究はまだなされていない。人口増加につながる高出生率は問題視されるのに対して、少子化は問題として認識されないからであろう。

出生行動にはさまざまな要素が影響していると考えられるが、チュニジアの場合は家族変容と女性の地位向上が指摘されてきた。1960年から1990年代後半までのチュニジアの出生力推移を研究したサンドロンは、出生率低下を促した要因として、人口政策、「拡大家族」から「核家族」への家族変容、女性の地位向上をもたらした国家開発の三つを指摘していた（Sandron 1998）。すなわち、夫婦中心の家族形成と女性の地位向上に伴い、子どもの価値が「量」から「質」へと変化したのである。

他方、チュニジアの社会学者タアマッラーは1970年代から1980年代にチュニジアの家族について社会調査を行い、生産単位としての家族の経済的機能が都市化や工業化とともに失われるに伴い、家族が情緒的な関係に限定されるようになったことを指摘した（Taamallah 1986: 300-301）。エジプトやレバノンを調査したインホーンは、従来女性が担うものとされていた避妊と家族計画に夫も関与するようになったことや、若い男性が「恋愛伴侶結婚」（romantically companionate marriage）、つまり恋愛的で性愛的な関係として結婚を求めるようになったこと、子どもを経済的な支えとしてではなく、愛の結晶として欲する傾向を指摘している（Inhorn 2018: 458）。チュニジアでも、このような男性における結婚・家族観の変化が起きている（Labidi 2001）。出生率の低下は、こうした情緒的なつながりと密接な関係がある子どもの「質」への転換、すなわち、少なく産んで、子どもを大切に育てるために時間と費用をかける志向が影響していると考えられる。

ただし、家族の経済的機能がすべて失われたのではなく、家族が今日も経済的・精神的・肉体的サポートを提供する重要な役割を果たしていることは、家族に関する多くの研究が明らかにしている。ここでいう家族とは、夫婦と子どもからなる「核家族」ではなく、親や祖父母、兄弟姉妹を含む「拡大家族」の範囲を指す。それは「核家族」と補完関係をなすのであって、日常生活のさまざまな危機に際して手を差し伸べ合う相互扶助の組織として機能していることを指して、タアマッラーと同じく1970年代から1980年代にかけてチュニジアの社会学を牽引したベン＝サーレムは、次のように述べた。「家族間の紐帯は、多様なイベントで表出する。家族は、病気、失業、職探し、起業など、必要なときに活性化する紐帯である。〔中略〕必要なときに関与し、包み込み、安全を確保する枠組みとして」(Ben Salem 1990: 174)。

本章では議論に深入りしないが、このような親族間の横のつながりの重要性を考えるうえで、文化人類学者のジョセフがレバノンを事例に提起した「コネクティビティ」という概念が参考になる (Joseph 1999)。ジョセフは親族の絆を父系親族や兄弟だけでなく姉妹にも広げ、次のようにコネクティビティでもって中東の家族を捉えている。兄弟姉妹は自己の安全、尊厳、アイデンティティが相手の行動に結びついていると思うほどに親密な絆で結ばれている。女性は結婚後も実家に属し、兄弟が姉妹の管理と幸福に責任を持つことが理想とされるが、それは経済的な苦境にあっては容易ではない。そこで家族をめぐり多様な実践がなされるというのである。出生率の低下は、このようなコネクティビティに変化をもたらす可能性がある。兄弟や姉妹は愛情とケアを提供してくれるが、それは兄弟や姉妹の存在を前提条件とするからである。

2 タタウィーンの調査と調査地の概要

（1）調査方法

タタウィーン県は、1990年代までチュニジア国内で出生率が最も高く、日本のJICAがチュニジア家族人口公団をカウンターパートとして実施した「チュニジア人口教育促進プロジェクト」（1993～99年）のパイロット地域に指定された県である。このプロジェクトはIEC（Information, Education, Communication の略。情報普及・啓蒙）に主眼を置き、家族計画に関する啓蒙教材（ビデオ番組、印刷媒体）の制作をおもな内容としたもので、筆者はこのプロジェクトに1997年、IEC専門家として参加した（岩崎 1997a）。

このパイロット地域の家族計画実態調査の対象地になったのが、フェルシュ村とその隣のトラーレット村である。調査は、タタウィーン県において家族計画が普及しない理由を明らかにすることを目的とし、質問紙による面接調査方法で、15～49歳の既婚女性（338人）とその配偶者（223人）を対象に行った（岩崎 1997b: 97-98）。

2016年追跡調査は、1997年に実施されたこの家族計画実態調査の追跡調査として、2015年8月と11～12月、2016年8～11月に、チュニジア家族人口公団タタウィーン県支部の協力を得て筆者が独自に実施したものである。1997年からほぼ20年が経った時点で、どのように女性の出生・避妊行動が変化したのかを明らかにする目的だったので、1997年と同じ村で同じ質問票を用い、同じ調査対象者を対象に実施した。また、補足調査として、質的な情報を得るための聞き取り調査を2016年と2

０１７年の８月と12月、２０１８年３月と８月、２０１９年４月に実施したほか、２０１９年７月にグループでインタビューを行うフォーカスグループを実施した。

（２）調査地の概要

タタウィーン市からゴムラッセン市にかけての一帯はタタウィーン地域とよばれ、リビア国境に近いジェッファーラ平原と、サハラ沙漠に続くダハラ高地に挟まれた標高２００～３００メートルの山岳部の谷間にある。調査村は、行政上はトラーレット村とフェルシュ村の二つに分かれる村落で、山間の村である。

写真１　トラーレット村50～60歳台女性フォーカスグループ（トラーレット村女性手工芸 NGO 事務所にて、2019 年 7 月撮影）

この二つの村を含めたタタウィーン地域は、昔から出稼ぎで有名な地域であり、チュニスや地中海沿岸の都市、さらにフランスやリビアへの出稼ぎを送り出してきたことで知られている。とくにフランスには多くの移民を送り出し、同国が移民労働者の受け入れを停止する前の１９６０年代から70年代初めにフランスで働いたタタウィーン出身者がフランスから得る年金がタタウィーン地域社会の消費経済を支えている。また、フランスとのつながりを保つ一方で、保守的な文化を持つ地域でもある。チュニジアは２０１１年の「アラブの春」の発端となった国で、独裁体制から民主化に移行し実施された選挙ではイスラーム政党のナフダ党が躍進したが、タタウィーン地域はその支持基盤でもある。

本章のテーマである出生行動と関連した近年の社会現象に、晩婚化がある。1997年の時点では18歳以下で結婚する女性が多かったのに対して、2016年には30代の年齢層において平均婚姻年齢が23～24歳に上昇している。男性の平均婚姻年齢は女性よりもさらに速いペースで上昇し、2016年の値は平均30歳である。20年前は20歳前後で結婚するのが当たり前だったのが、30歳過ぎまで結婚しない若い男女が増えているのである。

婚姻年齢を押し上げている主要な要因は教育水準の上昇と、就職難を背景にした男性の経済状況にある。当該地域に限らず中東地域に一般的な傾向だが、結婚は親から独立した家を男性が用意してスタートする。しかし、タタウィーン県はチュニジアのなかでも失業率が高い県であり、タタウィーン市ほどに深刻ではないが、調査村においても若年失業者の増加が顕在化してきた。失業者は1997年の調査時にはほぼ皆無だったが、2016年には20代で増えている。失業者は高卒・大卒に多く、このことは学歴にみあう就職先が見つからない学歴ミスマッチの問題であることを物語っている。

3　村の変化――子どもが減った

筆者がこの村を最初に訪れたのは、先に述べた1997年の調査時であった。そのときに印象的だったことの一つは、村を歩くとたくさんのにぎやかな子どもたちに囲まれたことだった。ところが、今は日本の田舎と同じで、通りで子どもを見かけなくなった。

1994年のセンサスによれば両村の世帯数はトラーレット村321世帯、フェルシュ村261世帯、人口はトラーレット村1825人、フェルシュ村は1516人であった。2014年の人口は増えておらず、フェルシュ村ではむしろ1994年の時点よりも若干減少している。2014年の世帯数はトラーレット村が373世帯、フェルシュ村が295世帯、人口はトラーレット村が1847人、フェルシュ村が1307人であった。タタウィーン県に限らずチュニジア農村部に全般的に見られる傾向だが、このように20年の月日が経っても人口が横ばい状態であるということは、村の外への人口流出が多いことをあらわしている。とくに男性の流出が顕著であり、その主要な移住先は農村から近郊都市のタタウィーン市やゴムラッセン市、地中海沿岸都市部のチュニスやスファックスなどである。

教育の現場でも人口構成の変化が観察される。かつて、村の小学校は子ども数が多かったので2部制をとり、1教室当たりの子ども数は35人から40人であった。しかし聞き取りによれば、両村では小学校の学級数と1学級あたりの生徒数がここ10年ほどで減っているという。小学校教師のある女性によれば、トラーレット村では20年前に1年生のクラスが三つあったのが今は1クラスに減り、1クラスあたりの生徒数は40人前後から23人に減っている。同様の変化はフェルシュ村の小学校でも耳にした。人口流出、ならびに次に述べる出生率の低下がもたらした変化であるといえよう。

図2は、カップルの本質的な出生動向を把握するための指標である完結出生児数の推移を調査村について示し、タタウィーン県とチュニジア全体の値を比較のために加えた。合計特殊出生率は、ある年における年齢層の女性全員を母集団にし、未婚女性も含まれている。これに対して、完結出生児数は女性が生涯に産む最終的な平均出生数であり、結婚持続期間が15～19年経過した「完結時」（チュニジアのセンサスでは45～49歳）の女性が持つ子ども数を対象にしているので、未婚女性を排除して、子どもを持つことに対する女性とその夫の基本的な行動を描き出す。その点で、完結出生児数は子どもや家族に対する価値観を

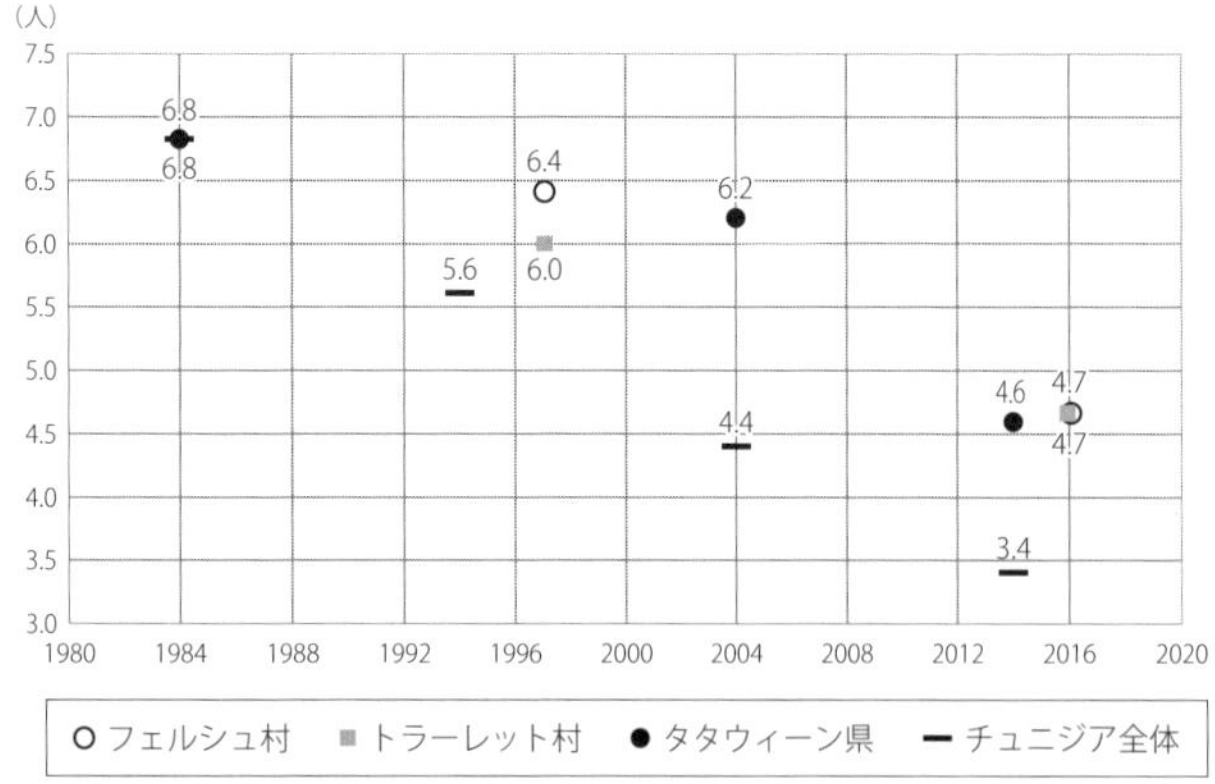

図２　調査村、タタウィーン県、チュニジア全体の完結出生児数（45～49歳女性１人当たりの平均生存子ども数）
［出所：岩崎 2020］

よりよく反映した指標である。チュニジア全体では、完結出生児数は１９７５年に７・２人であったのが、１９８４年に６・８人、１９９４年に５・６人、２００４年に４・４人、そして２０１４年に３・４人へと低下した。地方・農村でも都市と比べてペースは遅いものの、完結出生児数は減っており、女性とその配偶者の出生行動と価値観が大きく変化したことを示している。

フェルシュ村とトラーレット村の１９９７年における完結出生児数はそれぞれ６・４人と６・０人であった。１９９４年人口センサスでは完結出生児数の統計が発表されていないので、１９８４年と２００４年の値を比較しよう。タタウィーン県の完結出生児数は１９８４年がチュニジア全体と同じ６・８人、２００４年が６・２人であったから、１９９４年における値は両年の中央値６・５人だったと仮定すると、１９９７年調査時の完結出生児数はその値と近似している。したがって、トラーレット村の方が少ない傾向にあるが、両村とも完結出生児数はタタウィーン県全体の傾向とほぼ同じと考えてよい。チュニジア全体（２０１４年３・４人）と比べると依然として高い出生力水準ではあるが、調査村においても子ども数が減っていることは明らかである。

4　女性の出生行動の変化

出生率の低下は、女性の出生行動の変化に読み取れる。１９９７年調査と２０１６年追跡調査の対象者は前者が母親世代、後者が娘世代である。その両者を比べると、母親世代と娘世代では出生行動パターンに大きな違いが見られる。母親世代は10代で結婚し、結婚１年以内に出産、30～34歳で３人か４人の子どもを出産している。50代の女性の次の言葉が典型である。授乳性の無月経による自然な避妊方法を利用し、「クルアーンの通りに、母乳をあげれば自然に避妊できる。母乳を２年間あげたら次の子どもが生まれ、そうして子どもが増えていった」。他方、娘世代は高校を卒業後しばらくしてから20代前半で結婚する傾向がある。また結婚１年以内に出産することは母親世代と同じだが、娘世代は出産間隔をあけることで育児にゆっくりと時間をかける傾向がある。

一般的に、避妊開始のタイミングは第一子出産後か理想とする子ども数に達する前後のどちらかに分かれる傾向があるが、１９９７年の調査時には、後者の遅いタイミングで避妊を開始する傾向が強く見られた。つまり、４人目か５人目の子どもを産んで、これ以上の子どもを産みたくないときから避妊を開始する傾向である。これに対して、２０１６年における20代と30代の多くの女性は、第一子を産んだ後、出産の間隔をあけるために、避妊を実施するようになった。20年前の調査時には出産間隔をあけて子育てするのは都会的な母親の行動として村では認識されていたが、いまや村の20代や30代の女性にとって間隔出産は当たり前のことになったのである。

このような出産間隔をあける女性の増加は、政府が家族計画プログラムを積極的に推進してきた成果であろう。実際、「小家族」を好むと回答した女性に理由を尋ねたところ、多かった回答は「(子どもを)少なく(産んで)大切に(qallil wa dallil)」という家族計画のキャンペーンで使用されていた標語だった。この標語は、家族計画のキャンペーン活動が積極的になされ、「近代家族」イデオロギーが今よりも流布し強かった1997年当時によく耳にした。また、メディアにおけるモダンな家族の流布の影響もあるだろう。家族計画プログラムの活動の一環として1980年代まで顕著であったが、テレビに登場する家族はたいてい中間層の両親と子ども2人からなる家族である。

同時に、もう一つのより重要な要因として、「小家族」志向が指摘される。2018年の聞き取り調査において、「小家族の方がよい」理由として多く挙げられたのは、「家計支出を抑えられる」「生活が楽になる」などの経済的負担の軽減であった。30代のある女性は、「自分が子どもだったときは学校の通学バッグは1回買ってずっとそれを姉妹と使いまわしていたが、今の子どもたちは毎年、自分専用を欲しがる。このように生活はよくなったが、お金はもっとかかるようになった」と述べた。また、ある女性は第一子出産後、子どもが1歳になって離乳してから避妊を開始したが、その理由を次のように説明していた。「女性と子どもが疲れるから。子どもが離乳して少し間を置いてから次の子どもを持つのがよい」。第二子出産後に避妊を開始した女性は、「疲れたので、2人目を産んでから間を置き、3人目を産んだ。その方が母親の健康にいいし、子どもの世話をきちんとできる」。

こうした女性たちの回答を見る限り、経済的、体力的負担感が大きな理由であることが確認できる。子育てに時間と手間をかけようとするからこそ、子どもを持つことはお金がかかり、負担が大きくなる。これは、お金のかかる子育て、疲れる子育ては自分のためにしたくない、という個人主義化の進展をあらわす考えと解釈できないことはないが、それよりも、愛情と時間をかけてよりよく子どもを育てたいために、子ども数を限定せざるをえないと解釈する方が、タタウィーン地域の実情には合っているように思われる。「自分や夫婦の生活を大切にしたい」という回答は、皆無だったからである。

なお、男性配偶者については別稿で論じたいが、男性配偶者においては子育ての質とともに妻の健康を重視する考え方が見られるようになったことも特筆される。

また、調査村において働く女性は公務員や学校の教師などに限られるが増えており、第一子または第二子を出産後に仕事に復帰するため、つまりワークライフバランスのために出産間隔をあける女性もいる。村で小学校教員として働く30代の女性は、子どもの面倒を見てくれていた義母が病気になったため、第二子出産後に育児負担が増し、第三子出産までの出産間隔を4年あけたという。

5　大家族志向

さて、出生率の低下は少子志向がもたらしたものだが、だからといって、子だくさんをよしとする意識がなくなったわけではない。そのことをあらわすのは、理想の子ども数である。調査結果では、１９９７年と20年後の２０１６年ともに３人か４人であり、変わらなかった。

なぜ４人なのか。１９９７年に聞き取りを行った際、当時の時代状況をあらわしていると考えられ、最も印象的であったのは、数人の女性から聞いた次の説明であった。「男の子は家を支え、女の子は母親を助けるからそれぞれ１人が必要。それぞれに助け合う兄弟姉妹が必要だから、それぞれ２人が必要。かつては、さらに亡くなる可能性があったからもう１人を追加し、男の子３人、女の子３人が必要だった。しかし今は死ななくなったから、それぞれ２人ずつで合計４人」。20年後の２０１６年に娘世代の女性に理想の子ども数が4人である理由を尋ねた際も、同じ回答が返ってきた。「子孫を残すには、男の子と女の子がそれぞれ2人必要」「息子は兄弟を欲し、娘は姉妹を欲する」「息子は一家の大黒柱、娘は親を助ける」。

ここで興味深いのは、子だくさん志向をあらわす「大家族」という言葉を回答者が使う際、そこには兄弟や姉妹の近い親族間の関係性が意味に込められていることである。兄弟姉妹間の相互扶助のために「大家族」をよしとする意識は、「集まり」を意味するランマ（lamma）という言葉を聞き取り調査のなかで頻繁に耳にしたことにもあらわれている。ランマは、とくに親族の集まりの意味で用いられ、「大家族にはランマとバラカ（神の恩寵）、助け合いがあるから」という言葉に見られるように、親族の存在や結束の価値観をあらわしている。ランマは、20年前の1997年の調査時には耳にしなかった言葉である。調査実施に尽力してくれた2019年時点で50代前半のチュニジア家族人口公団タタウィーン県支部長によれば、彼を含めタタウィーン地域の住民は子ども時代に子だくさんの家族で育ったのに対して、20代や30代の者は兄弟姉妹がいたとしてもせいぜい1人である。そんな兄弟姉妹関係になって、かつての大家族のよさを再認識したのだろうとのことだった。ランマを大家族志向の復活と結論づけるのは尚早だが、少なくとも小家族をよしとする志向が根づかなかったことは明らかである。

2019年のフォーカスグループにおいて「大家族」志向の理由を尋ねた際、次のように、ランマが引き合いにされた。「結婚などの機会には、アルシュ（部族）の親族が一堂に会する。そして、結婚行事の期間中、すべての家族が行事の主催者を金銭面などで助ける」「たとえば結婚式に1000人を招待すると、すべての家族は手伝いなどのほかに20ディナールを援助してくれる」。「義姉たちは大家族のもとで農作業をただ働きしていた。しかし今は違い、家族はそれぞれ独立し〔中略〕農業賃金労働者を雇っているが、週末にはいつも大家族で集まり、ランマがある」。

おわりに

高出生率で知られていたチュニジア南部のタタウィーン地域では、1997年から2016年の20年間に平均子ども数が減少した。本章では出生率低下の要因を考察するなかで、家族の形の変化を明らかにすることを試みた。

出生率低下は、学校教育の普及にともなう晩婚化、避妊と家族計画の普及によって説明される部分が大きいが、子どもを少なく産んで大事に育てたいと考える女性が増えたことも寄与している。これは、性別役割分業を前提にして子どもの福利を追求するという、近代家族の浸透をあらわしていると考えられる。ただし、本章が事例とするチュニジア南部タタウィーン地域に特徴的な点は、20年経った現在においても「大家族」志向が根強いことである。それは兄弟姉妹が助け合いになるという考えにもとづいており、現に家族が情緒的・経済的・肉体的なサポートを提供しているからであろう。

さまざまな回答から浮かび上がってくるのは、子どもを大事に育て、経済状況に対処するために子どもは少ない方がよいという考えとともに、助け合いのために兄弟姉妹が大切だという考えが並存していることである。1997年調査時における平均子ども数は6人であり、2017年調査の対象になった女性もそうした「大家族」で育った世代である。「大家族」の経済的コストを承知しつつも、助け合いの基本が兄弟や姉妹にあることを認識しているから、折衷の値の4人が理想の子ども数になるのであろう。

第12章

国境を越えるパレスチナ難民の家族

――市民権が意味すること

錦田愛子

はじめに

紛争により引き裂かれた家族のなかでも、パレスチナ難民は離散が最も長期化し、世界各地へ拡大した例の一つといえるだろう。本章では、彼らを追った筆者の調査事例をもとに、中東から世界各地に離散した家族のあり方について考えていく。

1948年のイスラエル建国に伴い、故郷を追われたパレスチナ難民は2020年時点で約570万人と当初の7倍近くにまで増え、3世代、4世代目となっている。紛争解決の見込みがつかないまま、長期化した難民状態は、よりよい生活環境を求める人々の移動を促してきた。今もなお、大半の人々はヨルダン、レバノン、シリアといったパレスチナの周辺諸国かパレスチナ自治区内（ヨルダン川西岸地区およびガザ地区）、エルサレム、およびイスラエル国内に住む。しかし、その居住地は意外にも個々の事情に合わせて流動的であり、移動による相互の交流も活発である。移動の理由はおおむね、結婚や出稼ぎ、親族訪問などだが、ほかに留学や移住も含まれる。その背景には、家族自体が長年の難民生活の結果、世界各地に離散し始めていることがある。そこで以下では、イスラエルによる故郷の占領後70余年を過ぎたパレスチナ人のその後の越境移動と、移動に際して大きな意味を持つ市民権の問題に着目していきたい。はじめにパレスチナ難民の人数などの全体像と、政治的解決についての現状を振り返り、続いて個別の移動と家族をめぐる事例を紹介し、検証していく。

1 世界に離散するパレスチナ難民

(1) パレスチナ難民の現状と解決の見通し

国連人口基金（ＵＮＦＰＡ）とパレスチナ中央統計局（ＰＣＢＳ）が合同で発表した統計によると、２０２１年半ば時点のパレスチナ人の総人口は約１３８０万人で、そのうちパレスチナ自治区内（この統計では国連のオブザーバー国家加盟の認定を受けて、自治区を「パレスチナ国家」と呼ぶ）に住むのは約５２３万人とされる（UNFPA-PCBS 2021）。つまり残りの62％にあたる約８５７万人は自治区以外の地域に離散し暮らし続けていることになる（図1参照）。

この数字は、冒頭で挙げた「難民人口約５７０万人」という数字と、一見矛盾するようにも見えるが、実はそうではない。「５７０万人」に含まれる難民とは、自治区以外への離散の事実自体ではなく、ＵＮＲＷＡ（国連パレスチナ難民救済事業機関）に難民登録された人数を指すからだ。たとえば、パレスチナ自治区（図1では「パレスチナ国家」と表記）に住む約５２３万人は、離散していないので難民ではないようにも見えるが、自治区内にある27ヵ所の難民キャンプなどに、それ以前の戦争で故郷を追われた人々が登録

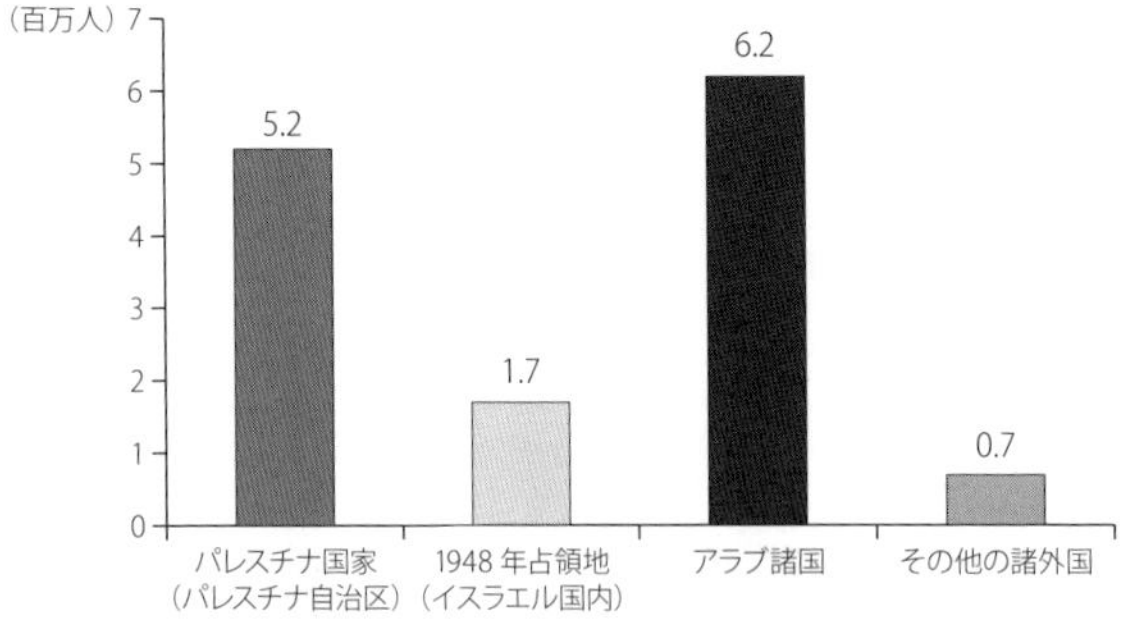

図１　パレスチナ人の国別居住者数（2021 年）
［出所：パレスチナ中央統計局，2021年］

難民として住んでいる。また逆に、自治区以外に離散していても、親族のもとへ逃れたり経済的に問題がなかったために難民登録をしていないパレスチナ人も多い。離散の実態はこのように複雑だが、いずれにせよ、世界各地には数百万人単位で故郷へ帰還できないパレスチナ難民がいることになる。

イスラエル／パレスチナ紛争で生まれたパレスチナ難民に対して、ＵＮＲＷＡは１９５０年の活動開始以来、基礎医療や教育、職業訓練などを提供してきた。これはシリアやアフガニスタンなど、その他の地域の難民を支援するＵＮＨＣＲ（国連難民高等弁務官事務所）とは別の組織である。両者の大きな違いは、ＵＮＨＣＲが難民問題の解決方法として帰還や、庇護国への定住、第三国への定住を支援するのに対して、ＵＮＲＷＡはこれら難民問題の最終的な解決には関与しないという点である。ＵＮＲＷＡはあくまでイスラエル／パレスチナ紛争が解決するまでの一時的な支援機関として、任務期間の延長を繰り返してきた。

ＵＮＲＷＡが難民の帰還支援を行わないのは、難民の帰還が認められるか否か自体が、紛争の本質に深く関わる政治問題だからだ。イスラエルはシオニズムと呼ばれる政治思想・運動にもとづき、ユダヤ教徒のみで成り立つ国家を理想として建国された。もともと住んでいたムスリムとキリスト教徒のパレスチナ人の多くは、建国戦争（第一次中東戦争）のなかで故郷を追われ、難民となった。国連は１９４８年の総会決議第194号Ⅲにより、パレスチナ難民に集団的帰還権を保障し、帰還を求めない者への遺失財産の補償を定めたが、いまだに実現されていない。パレスチナ難民の大規模な帰還は、イスラエル占領地における非ユダヤ教徒の人口を増加させ、シオニズムの理想を揺るがすことになるためだ。

多くのパレスチナ難民を受け入れる周辺アラブ諸国は、イスラエル／パレスチナ紛争を聖地エルサレムの占領を含むアラブ共通の課題と捉え、1960年代頃までともにパレスチナの占領からの解放を求めてきた。だがそうしたアラブの連帯の気運は次第に薄れ、定期的に開催されるアラブ・サミットなどでも議題に取り上げられなくなった。2021年にはUAE（アラブ首長国連邦）など湾岸アラブ諸国がイスラエルと公式に国交を回復し、アラブ全体の目標よりも自国の利益を優先する姿勢が明らかになりつつある。イスラエル／パレスチナ紛争に解決の兆しは見えず、パレスチナ難民の離散状態は今後も長く続くことが予想される。

（2）自立を求め移動する難民たち

難民と聞くと、国連やNGOからの支援に生活のニーズの大半を依存し、難民キャンプのなかで帰還できる日をじっと待つ姿が想像されるかもしれない。実際、離散から70年以上が過ぎても難民キャンプ内で暮らすパレスチナ人は多く、また継続的な国際支援はパレスチナで援助依存の問題を生んできた。支援に携わる側では、援助ビジネスと腐敗の問題も指摘されている（Bouillon 2004）。しかし離散から数世代を重ね、人口も増大したパレスチナ難民の多くは、もはや支援のみに頼る生活を送ってはいない。難民キャンプは仮設テントではなく密集したコンクリートの建物群で、キャンプの住民を含めた大半のパレスチナ人は就労により生計を立てている。パレスチナ自治区全体の労働人口のなかで失業率は25・9％だが、これはつまり残りの7割強は自力で仕事を見つけ、生計を立てていることを意味する（UNFPA-PCBS 2021）。とはいえ、イスラエルの占領下で人や物資の出入りが厳しく制限されるパレスチナ自治区では、就労先や収入にも限界がある。さまざまな可能性が制限された生活から逃れるため、自治区の外に出て働くことを希望する若者は多い。とくにガザ地区では、立法評議会選挙でイスラーム主義勢力のハマースが政権を取ったことを受けて、２００７年以降、十数年にわたり経済封鎖が続いている。生活状況は厳しく、２０２０年の失業率は46％を超えた（UNFPA-PCBS 2021）。近年では多くの大学が海外援助などで設立されているが、大学を出ても就く仕事が見つからないのが、ガザ地区の若者の直面する現状だ。このほかにも、国際的な関心が低く支援の対象とされにくい周辺アラブ諸国のパレスチナ難民は、ヨルダンを除いて無国籍の状態にあり、やはり厳しい環境におかれている。

働いて十分な現金収入を得るのが難しい状況で、それではどのように生活費を確保するのか。よく見られる手段の一つとしては、世界各地に離散する家族からの国際送金が挙げられる。パレスチナを代表する作家ガッサーン・カナファーニーが『太陽の男たち』で描くように、パレスチナ人はアラブ諸国のなかでも経済的に豊かなペルシア湾岸の産油国で出稼ぎをしてきた（カナファーニー 2017）。１９９１年に湾岸戦争が起きると、イラクに占領されたクウェートから多くのパレスチナ人労働者が国外追放されたことは有名である。その大半は隣国のヨルダンへ移動し、消費行動などによりヨルダン経済の活性化に寄与した（錦田 2010）。またそのほかに、アメリカやカナダ、ヨーロッパ諸国へ移住し、収入の一部をパレスチナやその周辺国に残された家族に送金する例も多い。以下では、そのなかで、スウェーデンに移住したレバノンのパレスチナ難民の事例を見ていきたい。

2　離散のなかでつながる家族

（1）スウェーデンに移住したアフマド

スウェーデン南部の都市マルムーは、人口規模では国内で4番目に大きな街であり、中東のみならずアフリカやアジアなど世界各地から移民／難民が集まる街として知られる。なかでも移民街として知られるローセンゴード地区には、エスニック料理店が立ち並び、イスラームの教えに合ったハラール食材の販売店や、海外からの送金を受け取れるウエスタン・ユニオンの看板などが目立つ。筆者が訪ねた2015年9月時点で、この地区にあるスウェーデン語学校の職員は、この学校にはシリア難民のほかに、アフガニスタンやイラク、パレスチナ、アフリカ諸国などの出身者が多く通っていると話した。地区のはずれには広大な緑地のなかに大きなモスクがあり、マルムーに住む約5万人のムスリムが通ってくるという。併設された幼稚園からは、子どもたちの遊ぶにぎやかな声が上がっていた。

移民街以外でも働く移民／難民は多い。レバノンに住む親族から紹介を受けて訪ねたパレスチナ難民のアフマド（以下、人物名はすべて仮名。40代）は、1991年からスウェーデンに来て働き始め、今では2店舗のアラブ料理店を経営している。先に来た移民／難民らの存在を通して、ケバブなどのアラブ料理がすでにスウェーデンで定着していることや、サラダやアイスクリームコーナーを充実させるなどアフマド自身の努力のおかげで、彼の店にはアラブ系と非アラブ系とを問わず客がひっきりなしに入り、繁盛しているようだった。

今では仕事も軌道に乗ったアフマドだが、スウェーデンへの移住はそれほど簡単なものではなかった。

知り合いの伝手をたどり1991年に自力でレバノンから渡航したものの、当初はスウェーデンでの長期の滞在許可を取ることができなかった。渡航から9年後、現在の妻であるスウェーデン国籍を持つパレスチナ人と結婚することで初めて、正式に国籍を取り移住することができた。

アフマドには、スウェーデンの隣国のデンマークに一足先に移住していた姉妹がいる。この2人の姉妹もまた、それぞれデンマーク国籍を持つパレスチナ人と結婚している。長女のムナーが移住したのは1982年で、当時レバノンは内戦中であったため移住が受け入れられやすかったという。デンマークの首都コペンハーゲンは、マルムーからは海峡を越えて鉄道で30分程度の近い距離にある。シェンゲン協定（ヨーロッパの加盟国間での審査なしの自由な移動を認める相互協定）によりビザも不要なため、アフマドと姉妹は日常的に連絡をとり、行き来していた。

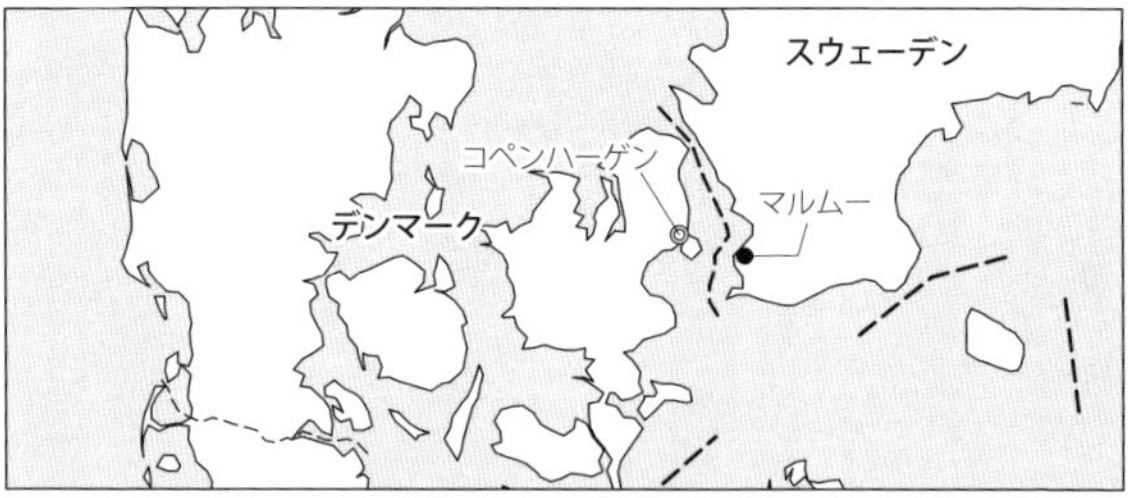

地図　コペンハーゲンとマルムーの位置関係

筆者がアフマドの店を訪ねた日は、ちょうどレバノンから母のウンム・アフマド（70代）が到着する日であった。アフマドは車でコペンハーゲン空港までウンム・アフマドを迎えに行き、妹宅まで送って一緒に夕食を食べてから、その日のうちにマルムーに戻った。ウンム・アフマドは子どもたちを訪ねて、15年前から何度もマルムーとコペンハーゲンに通っているという。夫に先立たれたウンム・アフマドは、一人で長距離を旅することには何も抵抗がないらしく、「誰かに同伴されるのは好きではない」としっかりした口調で話した。ウンム・アフマドは、レバノン政府が発行するパレスチナ難民用の茶色い表紙の一時旅券を持っている。

それを使い、渡航のたびにスウェーデンかデンマークの大使館から旅行業者を通してビザを申請して来ているという。

レバノンのシャティーラ難民キャンプには、ウンム・アフマドと一緒に住む娘のサーミヤ（30代）がいる。サーミヤも同様に渡航ビザを申請したことがあるが、歳が若い姉妹のサーミヤにはビザが下りなかった。離婚して子どもが2人いるサーミヤのため、ウンム・アフマドはアフマドらのもとに長期滞在はせず、数週間でレバノンへ帰る。だが「もしサーミヤがこちらへ移住したら、レバノンには絶対に戻らない」と彼女は強い口調で言い切る。ひどい環境で暮らさざるをえないレバノンに愛着はなく、ただ家族のためにレバノンに残っている、という意思がそこには示されていた。

スウェーデンに移住したアフマドは、マルムーでの生活に高い満足感を得ている様子だった。「ここはもう自分の国だ（アラビア語でバラディー、故郷または故国といった意味）。レバノンに戻って住むのは難しい」とアフマドは筆者に熱のこもった調子で語った。その理由についてアフマドは、「スウェーデンは差別がなくていい。誰もパレスチナ人だとか、レバノン人だとか言わない。〔その人が信仰する〕宗教にも触れず、皆同等にスウェーデン人として扱われる」と説明した。レバノンにおいてパレスチナ難民は、後述のようにとくに厳しい差別にさらされている。アフマドの言葉からは、レバノンで受けてきたそうした差別や苦しい生活に対する不満と、そこから解放されたスウェーデンでの生活への感謝が感じられた。

（2）事例の解釈

ここで挙げたアフマドの事例からまずわかるのは、レバノン、デンマーク、スウェーデンと地理的に広い範囲に家族が離散しているということだ。離散は家族揃っての移住だけではなく、この例のように、一家族のなかでも親と子ども、兄弟姉妹が別々の国で生活する例も多い。国境で隔てられても、シェンゲン協定により往来が自由なEU圏のように移動が可能な場合は、親族間での相互訪問など交流は活発に行われている。コペンハーゲンに住むムナーのところには、レバノンに住んでいた頃の友人が、妹の結婚式に出席するためベルリンから訪ねて来ていた。しかしシリアやレバノンとイスラエルとの関係のように、それぞれの居住国間で政治的対立が存在し、国交が存在しない場合には、相互の往来がきわめて困難となる。そうした場合には、ヨルダンなど第三国にそれぞれが移動し、初めて再会が可能となるが、場合によっては何年も顔を合わせることができない例も見られた（錦田 2010）。

次にこの事例からは、単に自力で移動するだけでは、移住が完了しない場合もあることが示されている。長期滞在のみでは永住資格や国籍を取得するのが困難な国も多く、滞在国の言語の習得など国籍取得に必要な要件は国によって異なる（近藤 2020）。そんななかで、外国籍の取得と移住を希望するパレスチナ人にとって、婚姻は手続きにかかる時間が短くかつ最も確実な手段と考えられている。他方で、欧米国籍をすでに取得したパレスチナ人の間でも、同じ文化や言語の相手を配偶者に希望する者は多い。そうした背景から、国外移住者が多いレバノンのパレスチナ難民キャンプでは、二重国籍の取得者による里帰り婚活がよく見られる。国外に出たいパレスチナ難民は、里帰り中の人の家に「列をなして」会いに来るのだと、難民キャンプに住むある女性は筆者に対して冗談交じりに話した。

こうした国籍取得の例も示すように、移動の目的地とする国に先に到着し統合を果たした移民／難民の存在は、後から移住を目指す人々にとって非常に重要となる。エスニック料理や食材の販売も、一定数の移民／難民コミュニティがあり、そこからの需要や、彼らが持ち込んだ食文化になじんだ受け入れ国の人々からの受容があって初めて成り立つ。慣れない土地で当面の仕事や情報を得るうえでも、オールドカマーとニューカマーの助け合いは重要である。だが移民／難民同士で紹介し合う仕事は、正式な契約を伴わない私的な関係にもとづく闇市場でのものが多い。社会保障の伴う、長期的に安定した職を得るには、受け入れ国での正規の就業手続きを経る必要がある。移住した就労年齢の人々の間での労働意欲は、移民と難民とを問わず、一般に高い。それは出身地などに残してきた家族を支えるためでもある。この事例では、シングルマザーのサーミヤや高齢のウンム・アフマドに多額の現金収入を得る手段があるとは考えにくく、生活費の少なくとも一部は長男であるアフマドからの国際送金に頼っていることが推察される。

移住や往来に際してそのほかに重要となる要素としては、受け入れ国が定める法的規制が挙げられる。この事例では、母親であるウンム・アフマドはビザを取得し渡航できても、妹のサーミヤはビザを取得できなかった。これは多くの移民／難民受け入れ国において、親族ビザが発給される対象が、親や子などの第一親等に限られるからである。兄弟姉妹を含む第二親等は、家族再統合（帰化した難民が親族を呼び寄せることを認める制度）やビザ発給の対象とならない場合が多い。人々はこれらの情報を、法的知識というよりはむしろ経験則として蓄積し、制度上の限界を理解しながら利用して移動している。

3　市民権の問題

パレスチナ難民は中東から別の地域へ移住する際、どこへ、何を求めて移動しているのか。この点を明らかにするため、筆者らの研究グループは2012年にレバノンで世論調査を実施した。それによると、まずレバノン在住のパレスチナ難民の間で頻繁に連絡をとる人々の居住地としては、上位にドイツ、スウェーデン、デンマークなどが挙げられた（表1参照）。先に論じたアフマドの例は、こうした傾向の一部

表１　最も頻繁に連絡をとる親族・友人・知人の居住地

国・地域名	人数	割合（%）
ドイツ	68	8.5
UAE	42	5.3
スウェーデン	31	3.9
デンマーク	28	3.5
カナダ	20	2.5
シリア	19	2.4
サウジアラビア	18	2.3
アメリカ	12	1.5
ロンドン	11	1.4
パレスチナ	10	1.3
リビア	8	1
オーストラリア	8	1
ヨルダン	7	0.9
イギリス	4	0.5
エジプト	4	0.5
アラブ湾岸諸国	4	0.5
アフリカ	4	0.5
ギリシャ	3	0.4
ロシア	2	0.3
ベルギー	2	0.3
カタール	2	0.3
フランス	1	0.1
ノルウェー	1	0.1
ナイジェリア	1	0.1
クウェート	1	0.1
オランダ	1	0.1
イラク	1	0.1
イタリア	1	0.1
非該当	486	60.8
合計	800	100*

* 小数点以下2桁を四捨五入したため、合計は100とならない。

［出所：JSPS 科研費 若手研究Ａ・課題番号23681052による研究成果をもとに作成］

と位置づけられる。このほかに、石油収入で潤う出稼ぎ先として、サウジアラビアやＵＡＥも挙げられるが、その割合は意外に少ない。カナダやアメリカなど、移住先として好まれそうな移民国（移民を受け入れてきた歴史にもとづき形成された国）があまり高い割合を占めないことも特徴的といえる。別の回答によると、「頻繁に連絡をとる」対象の海外在住者のうち、６割以上は親族が占めることから、これらの国々へ移住した親族と頻繁に連絡をとり合っている様子がうかがわれる。

それではレバノンのパレスチナ難民は、なぜこれらの国々へ移動したのか。実際に移動を達成するにはさまざまな条件がさらに絡むが、移動の目的に焦点を当てるため、ここでは先に挙げた世論調査での、移動を希望する理由についての回答を見てみよう。そのなかで、一番の理由として挙げられたのは「高収入」であった（77・9％）。続いて挙げられたのは「自分の能力を発揮し、高める機会があるから」で58・8％を占め、三番目は「家族、親族、友人がいるから」で43・3％が挙げた。これらの結果もまた、就労の機会と安定した収入を得たスウェーデンでの生活に満足するアフマドの現状に合致するといえるだろう。海を挟んだコペンハーゲンに姉妹がすでにいたことは、マルムーへの移動を後押しする要因だったかもしれない。これに加えて興味深いのは、続く四番目に「さらに移動を重ねるため」という理由が挙げられたことである（33・6％）。これは移動先で得られるパスポートや国籍を利用し、さらに自由な国際的な移動の可能性を得ることが重視されているものと考えられる。

こうした調査結果が出る理由を理解するためには、レバノンでパレスチナ難民が置かれた状況の背景知識が必要となるだろう。レバノンはイスラエルによる占領地と隣接するアラブ諸国のなかで、パレスチナ難民の受け入れ環境が最も厳しいことで知られる。それはレバノン国内で18もの宗派が公認されており、そのうち主要宗派の間で国民議会の議席や政治の主要ポストを配分する慣行（宗派体制と呼ばれる）が確立しているためだ（青山・末近 2009）。UNRWA登録では約40万人とされる主としてスンナ派ムスリムのパレスチナ人がレバノン国籍を取得するなら、一気にこの宗派間のバランスが崩れてしまう。そのため、彼らには原則的に国籍取得が認められないのである。

無国籍であることは、国民国家が構成単位となっている現代において、市民権が付与されないか、著しく制限されることを意味する。シティズンシップ論の古典である『シティズンシップと社会的階級』（マーシャル／ボットモア 1993）では、共同体の成員資格であるシティズンシップが、近代に入りその地位や身分に付与される権利として法的に制度化されていく過程を論じている。ここでいう権利とは、現在では国際規約などでも認められている市民的権利、社会的権利、政治的権利などを指す。これらの権利は市民権の構成要素として法制化が進んだ。また同時に、市民権を付与する共同体とは主として国民国家を意味するものとなり、シティズンシップは国家への帰属に依拠して確保される権利の総体へと変化していったのである（山崎 2016）。

実際にレバノンでは、無国籍であるパレスチナ人は、参政権がないだけでなく、社会的権利や市民的権利の点でも大きな制限を受ける。就労のためには事前に労働許可の取得が求められ、その発給数は著しく少ない（錦田 2011）。レバノン人と同様に働くことはできず、医者や弁護士などの資格を取っても、職能組合に登録ができないため、それらの職で働くことはできない。通常のパスポートは取得できず、ウンム・アフマドが所持していたようなパレスチナ難民専用の一時旅券が発給される。これは旅券として認めるか否かが受け入れ国の判断に委ねられるもので、ビザの発給要件もきわめて厳しい。そのため、他の国で市民権を得てパスポートを取ることができれば、その後の越境移動は格段に楽なものとなる。先に触れた第四の移動理由として、パスポートや国籍の取得が挙げられたのは、このためだろう。

このほかにもレバノンでは、パレスチナ人に対する歴史的経緯にもとづいた差別も存在する。１９７５年から16年にわたり続いた内戦では、パレスチナ武装勢力が主要なアクターの一つとして戦闘に関わり、隣国イスラエルの侵攻をも招いたことなどから、パレスチナ人はとくにキリスト教徒を中心とするレバノン国民から強く嫌悪されている（Haddad 2003）。当時の政治的合意を踏まえて、難民キャンプのなかの統治はパレスチナ人の自治に任されている。しかし逆にいえば、レバノン政府はキャンプ内での水道や電気を含めたインフラ整備にまったく関与しないため、生活インフラは経年劣化で悪化する一方である。こうした劣悪な生活環境と虐げられた記憶が、ウンム・アフマドをして「レバノンには絶対に戻らない」と言い切らせたものと考えられる。

これに比べるとスウェーデンは、第二次世界大戦後、積極的に中東の紛争地からの移民／難民を受け入れてきた。難民登録から市民権の取得までの期間も短く、一定の制約のなかで家族再統合も認められている。近年は移民排斥派のスウェーデン民主党が伸長するなど、排外主義は皆無ではないが、レバノン国内でのような表立った差別は比較的少ないといえる。「レバノン人だ、パレスチナ人だ」と言われず同等に扱われることへの安堵は、アフマドのような難民にとって居心地の良い環境を提供しているものと思われる。

おわりに

紛争により世界各地に離散したパレスチナ人は、難民となって70年余りが過ぎた現在、家族自体が複数の国に分かれて住む状況となってきている。出身地であるパレスチナへの帰還が難しい彼らは、周辺アラブ諸国にその大半が住むものの、目的に応じて移動を繰り返し、より望ましい居住地を求めて移住を試みる。その際に、移住先選択の要件の一つとなっているのが、移住先で彼らに認められる市民権の範囲だ。スウェーデンやデンマークなど北欧諸国は積極的な移民／難民受け入れ政策をとり、市民権が広く認められやすいことで知られる。中東からこれらの国々を目指すのは、そうした受け入れ態勢に関する噂が口コミで広く出回っていることと無関係とはいえない。

具体的な移住の手段としては、すでに国籍を取得したパレスチナ人との婚姻が、最も確実な方法として好まれる。偽装結婚のようにも聞こえるが、筆者の長い難民調査の経験のなかで、実際に移住した後に離婚したという話はあまり聞いたことがない。むしろ離婚が多いのは、受け入れ国の国民（今回の例ではスウェーデン人の女性）との婚姻の場合だ。国籍取得という誘因だけでなく、当初は愛も情熱もあったのかもしれないが、年数が経つにつれて習慣や価値観の相違が目立つようになり、離婚したという話はよく聞く。その場合も結婚後、数年から10年以上が経過している例が多く、彼らのなかでは愛と実用は両立しうるものなのかもしれない。

移住の際の大きな目的の一つには高収入が挙げられるが、それだけでは長期にわたる移住には不十分である。たとえ高収入が得られても、湾岸アラブ諸国では経済格差にもとづき貧しい国の出身者への差別も厳しい。なにより湾岸諸国は基本的に外国人労働者に国籍の取得を認めていないため、実質的な永住を求める移住先としては選ぶことができない。短期的な出稼ぎ先として居住するパレスチナ人は多いが、最終的に重要となってくるのは市民権の取得ということだろう。

本来であれば紛争解決により実現されるべき難民の権利保障ではあるが、その見通しが一層暗くなるなか、パレスチナ難民の移動は続く。その移動先に求めるものは、必ずしも欧米社会が理想とする自由や民主主義ではない。むしろその派生物ともいえる滞在許可や就労の機会、市民権の獲得、家族再統合などが好ましい条件とみなされ、人を引き寄せる。結果としてパレスチナ難民の居住地は、ますます世界各地に拡散していくが、地理的な離散は必ずしもお互いの結びつきの希薄化を意味しない。シェンゲン協定や難民用一時旅券などの制度を駆使して、家族のつながりは連綿と維持されていく。国境で隔てられても、それは必ずしも家族の解体を導くわけではない。帰還の難しい難民にとって家族の居場所とはどこか、どのように家族を保っていくのか。彼らの移動をめぐる現実は、その問いへの答えの一端を示しているのかもしれない。

コラム6

SNSが大好きなアラブ人と家族のつながり

錦田愛子

第12章で触れたスウェーデン、デンマークに広がる離散家庭の足取りを追って、レバノンのシャティーラ難民キャンプに通い始めて数年が経った2016年11月のこと、いつものようにウンム・アフマドを訪ねた私は、突然の吉報に接することになった。離婚して子連れで実家に戻ってきていたサーミヤが、再婚するというのだ。私と同い年なので39歳で今度の縁談が決まったことになる。知り合った頃は、冗談まじりに「いい男性はいないいか」と話していたので、諦めてはいなかったのだろう。

いささか驚きだったのは、結婚相手がインターネット上で知り合った男性だということだった。アラブに多い同じ親族（イトコ婚）でもなく、パレスチナ人ですらなく、エジプト人の男性だという。父が亡くなっているため、代わりに兄のアフマドが人物改めのため、すでにスウェーデンからカイロまで会いに行っており、ウンム・アフマドもまた、親族の顔合わせのため、スウェーデンから戻って1ヵ月くらいですぐにエジプトへ行ったのだという。

エジプトへは、サーミヤとウンム・アフマドのほかに、親族数名が渡航し、相手方の家族と会ってきたという。再婚なので、披露宴や結婚式はとり行わないが、結婚したらサーミヤはレバノンからエジプトへ移住する予定だという。お祝いを述べつつも、急な展開に私が面食らっていると、ウンム・アフマドは「見せたい写真がある」と熱のこもった調子でスマートフォンをいじり始めた。相手家族の写真かと思いきや、見せられたのは、エジプトに行った際に訪問したナセル大統領の墓所の写真だった。ウンム・

アフマドはイスラエル建国の直前の生まれで、1950〜60年代のいわゆるアラブ・ナショナリズムの全盛期を経験した世代だ。その政治的旗手であったナセルへの敬愛はやむことがないらしく、「エジプトに着いたら真っ先にここに向かったの」と誇らしげにたくさんの写真を見せてくれた。その様子からは、インターネットで知り合った男性と娘が結婚することに、なんら抵抗はないようにも見えた。

日本を含め、世界中でいまや一般的な婚活手段となりつつあるSNSだが、肌の露出だけでなく、親族以外の他人に顔を見せるのも嫌がるのが普通の中東イスラーム圏の女性にも大人気である。Facebook 革命とも一部では呼ばれた2011年からの「アラブの春」をきっかけに、私もFacebookを始めたのだが、その後、アラブ人と知り合うたびに「Facebookをやっているか」と聞かれて、アラビア語アカウントの「友達」が急増している。以前からの知人の場合は、「友達」になった人の家族からも後日、「友達」リクエストが届くため、まさに鼠算式にアラブ人の友達が増えていく。わりあい頻繁に届くコメントや連絡を面倒に思いつつ、コロナ禍でしばらく会えない状況が続くなかでは、SNS上でのつながりでも貴重に感じてしまう。

SNSを通じたつながりは、Facebook 以外でも活発だ。日本では友人同士の連絡などにLINEを使う人が多いが、これは韓国発のアプリで東アジアでの使用が中心である。中東やヨーロッパ諸国ではWhatsAppというアプリがおもに用いられており、使い方もLINEに近い。通話もできるし写真も送れて、グループも作れる（ただし友達の追加にQRコードを使える点ではLINEの方が便利だ）。近しい友人や親族の間ではこれを使い、短いメッセージや音声録音などで日常的なやりとりをする光景がよく見られる。私がドイツで長期在外研究をしていた2018年には、Facebookがもはやコミュニケーションツールとしてやや時代遅れになってきており、知り合ったシリア人やパレスチナ人とは代わりにWhatsAppでつながることになった。毎週末のように連絡をもらい、アラブ料理屋やバーベキューなどに誘ってもらった日々が懐かしく思い出される。

ほかにもViberやInstagram、TikTokなど、次々に入れ替わっていくSNSの流行には中東の若者も敏感だ。Wi-Fiの普及も早く、最初はデスクトップパソコンが並んでいた街中のインターネットカフェも、もはやノートパソコンを持ち込んでのWi-Fi使用が当たり前となっている。2015年の「難民危機」では、シリア人をはじめとする難民がスマートフォンを使用している、と話題になったが、私から見れば、むしろそんな反応が国際的に大きかったこと自体が驚きだった。彼らも決して時代の波に取り残されてはいないわけで、中東出身者やムスリムに対する一種のオリエンタリズムはいまだに根強いのだなあと感じた。

こうしたIT技術の導入は、知人・友人の広がりを急速に拡大するのに一役買っている。しかし、これによって中東アラブにおける家族のつながり方も根本的に変化したかというと、それは違うように思う。サーミヤの結婚では、兄のアフマドがエジプトに行って人物改めをしたように、赤の他人として知り合った相手については、当然ながら対面で確認しに足を運んでいる。また結婚の前にはサーミヤの場合、花嫁側の親族が花婿側の家族に直接会いに行っている。バーチャルなつながりは、決してバーチャルだけで終わるわけではないのだ。WhatsAppなどの手段も、本来なら対面でつながりたいところを、ビザや金銭面などさまざまな理由で制約があるなかで、架橋し補完する手段として用いられている。

早婚が比較的多い中東で、40歳手前のサーミヤのような結婚は数が多いわけではない。再婚ということで、SNSを通じた相手でも許容範囲ということになったのだろう。言葉が共通のアラビア語で、宗教も同じスンナ派ムスリムで、基本的な生活文化が近い相手を、外国でも見つけやすいというのは、それらが共通する国が多い中東独特といえる。相手を見つけるのが難しい、高年齢で、離婚経験あり、子連れの女性という条件にマッチする相手を探すのに、SNSが選択肢を開いてくれたといえるだろう。

失敗する例もある。アメリカに相手を見つけたベツレヘムの友人は、実際に会ってみると相手がひどい男性で、結局破談となってしまった。SNS上のトラブルもまた、万国共通のようだ。

編者あとがき

本書は、イスラーム・ジェンダー・スタディーズ・シリーズ（以下、ＩＧシリーズ）の第6巻にあたる。読者のなかには、ＩＧシリーズの続刊として本書を手にした方もいれば、「イスラーム」と「ジェンダー」という二つのパワーワードの組み合わせに関心を抱いた方もいるかもしれない。いずれの方にもわかるように、本書の来歴を記しておきたい。

ＩＧシリーズは、監修者の長沢栄治を代表者とする科研費プロジェクト「イスラーム・ジェンダー学構築のための基礎的総合的研究」（16H01899）、通称「ＩＧ科研」の研究成果報告として企画され、明石書店によって発行されている。ＩＧ科研は２０１６年度に始まり、多くの研究会やワークショップを開催して、イスラームとジェンダーという二つの異なる研究領域を交わらせるという当初の目的を果たし、２０２０年3月末に予定された4年の期間を満了した。しかし、２０２０年度から同じく長沢栄治を代表者とする新たな4年間の科研費プロジェクト「イスラーム・ジェンダー学と現代的課題に関する応用的・実践的研究」（20H00085）を得ることができたため、今度は研究と社会を交わらせることを目的として、発展的に研究を進めている。

この2つの科研が切り替わった2020年4月は、新型コロナウイルス感染症（COVID-19）が日本に蔓延し始めたことを受けて政府が緊急事態宣言を発出し、学校や大学が急遽閉じられた時期でもあった。これ以降、「密」な付き合いや「人流」は――それこそ遠方に住む家族との間であっても――避けるべきものとなり、対面時には物理的な距離をとることが求められるようになった。マスクで口元は見えなくなり、アクリル板は声を遮り、映像やメッセージなど画面越しのやりとりだけが増えていった。2期目のIG科研は、こうした状況下で新たな研究の形を模索しながら進められているところである（その活動記録は公式ウェブサイト islam-gender.jp を参照していただきたい）。

幸いにも本書の内容のもとは、1期目のIG科研内の公募研究会「中東・イスラームにおける家族・親族の再考」にさかのぼるため、コロナ禍の影響は最小限で済んだ。むしろ、動きを止められたがために、「うつりゆく」ものに目を向け、じっくり考える時間を得られたともいえる。

公募研究会が初めて開かれたのは、2017年3月のことである。イスラーム・ジェンダー学自体が手探りのなか、まずは「家族・親族」に関する用語を検討の対象として、異なる国や言語における用語法を整理し、イスラーム圏における家族研究の共通の土台を探すことを目標とした。全8回のタイトルと発表者は以下の通りである。

第1回　趣旨説明（竹村和朗、2017年3月31日）
第2回　「エジプトにおける家族関係の近代化」から30年（長沢栄治、2017年5月28日）
第3回　エジプトの葬儀告示から考える家族的つながり（岡戸真幸、2017年7月22日）
第4回　家産維持と家族関係――19世紀後半イラン有力者の実践から（阿部尚史、2017年9月23日）

第5回　現代エジプトのワクフ法制における「家族」――フサイン・ジャーウィーシュの子孫による家族ワクフ訴訟から（竹村和朗、2017年11月18日）
第6回　イスラーム相続法とジェンダー平等をめぐる議論（小野仁美・森田豊子、2018年3月25日）
第7回　憲法における「家族」規定を考える――日本と中東の比較から（小野仁美・竹村和朗、ゲスト講演：打越さく良、2018年9月29日）
第8回　長沢栄治著『近代エジプト家族の社会史』読書会（長沢栄治・岡戸真幸・鵜戸聡・南部真喜子・竹村和朗、2019年8月30日）

本書の企画にとって重要だったのは、第8回で取り上げた長沢の近著（東京大学出版会、2019年）である。長沢はカイロの下町を描いたナギーブ・マフフーズの小説や社会福祉活動に身を捧げたサイイド・オウェイスの自伝を題材として、アラビア語の家族・親族用語の緻密な分析を行い、「核家族」や「世帯」を意味するウスラと、「拡大家族」や「一族」を意味するアーイラという用語法が、20世紀中葉の国家体制の拡大とともに広がったことを丁寧に跡づけた。そのうえで、これからの家族研究は家族が持つ抑圧的な権力関係とケアと親密圏の同居に目を向け、家族の多様な形の共存、女性の生にとっての家族の意味、国を超えて広がる家族・親族ネットワークを検討対象とするべきと提言した。これが本書企画の導きの糸となった。

企画案は2019年3月に作られ、2020年8月に本格的に始動した。前述の通り、2020年度はコロナ禍により、多くの動きが止められた時期である。私たちにとって痛手であったのは、調査地に行けなくなったことであった。本書の執筆者の専門は、人類学や地域研究、法学、政治学などさまざまであるが、アジア・アフリカを研究対象とし、現地に行くことで調査データや研究資料を得る点で共通している。移動し、人に会い、距離を縮めることは、私たちにとってごく当たり前の研究活動であった。「新しい生活様式」が求められるなかでそれができなくなり、「巣ごもり」を余儀なくされた。しかしそれは、つねに新しい情報を求めて動きまわることをいったんやめ、手持ちの資料を読み返し、できることを考える時間を得ることでもあった。

始動後に練り直された企画案では、従来のイスラーム研究において家族が理念および実態として「固定」的に語られがちであることに問題を見出し、「変化」の要素を強調し、イスラームと家族に関する単純化した図式を避け、固定観念を打ち壊すものを求めた。すでに執筆を依頼していた人にもこうした修正点を伝えた。この時に新たに声をかけた人もいる。公募研究会の活動内容から研究対象地が中東・アラビア語圏に集中していたため、コラムで地域を広げようと、インドやウズベキスタン、インドネシアの事例を入れることができた。先の見えない状況のなかで快く執筆を引き受けてくれた皆さんには、心より感謝を申し上げる。

始動後には、私たちがコロナ禍を生きるなかで期せずして得た新たなツールを活用して作業を進めた。ウェブ会議システムを用いて各自の原稿の内容や構成を話し合い、原稿作成後にはクラウドにアップし、相互にコメントを入れてブラッシュアップしていった。こうした遠隔の集まりには執筆者の皆さんから毎回多くの参加と協力をいただき、心より感謝申し上げる。とくに大川真由子さんには、内容に関する議論と加筆修正に関するすばやく的確な指摘の点で、大坪玲子さんには、全体のバランスや編集作業に関する励ましと助言の点で助けていただいた。記して感謝したい。こうしたオンラインの活動と修正を重ねて本書は形作られた。この点においても、本書はコロナ時代の作品となっている。

出版に際しては、明石書店編集部の赤瀬智彦氏に労をとっていただいた。IGシリーズがこの第6巻以降も続くことは、赤瀬氏のご尽力の賜物である。編集実務は、第5巻に続き、フリー編集者である吉澤あき氏に担当していただいた。丁寧なお仕事と迅速なご対応の数々に深く感謝したい。最終原稿作成の段階では、東京大学大学院の保井啓志さんに細かな点の指摘・修正を手伝っていただいた。

長沢栄治先生は、科研の代表者およびIGシリーズの監修者である以上に、本書の執筆・出版を長らく後押ししてくださった。前述の公募研究会での活動もあり、先生にも再三執筆を依頼したが、ついぞ首を縦に振られることはなかった。その真意はいまだ教えていただいていないが、私たち「若手」――年齢はともかく、長沢先生から見れば――が自由に発想し、書くことこそが、先生が構想するイスラーム・ジェンダー学の進む道なのではないかと勝手に考え、執筆者の皆さんと協働してこの論集を作りあげた。先生の「親心」はいかばかりだったのか。もしかしたら「親の心子知らず」だっただろうか。その答えを、(これから書いていただくことになっている)本書の巻頭言で聞けることを楽しみにしている。

２０２２年10月

竹村和朗

économiques, In AIDELF (Association internationale des démographes de langue française), *Les familles d'aujourd'hui (Actes du colloque de Genève, septembre 1984)*, Association internationale des démographes de langue française: 299-308.

Taş-Çifçi, Ferya. 2020. *Honour Killings and Criminal Justice: Social and Legal Challenges in Turkey*. London and New York: Routledge.

Türkiye Büyük Millet Meclisi. 2006. *Töre ve Namus Cinayetleri ile Kadınlara ve Çocuklara Yönelik Şiddetin Sebeplerinin Araştırılarak Alınması Gereken Önlemlerin Belirlenmesi Amacıyla Kurulan TBMM Araştırma Komisyonu Raporu*. Türkiye Büyük Millet Meclisi.

UNFPA-PCBS. 2021. "PCBS-UNFPA Joint Press Release on the Occasion of World Population Day," July 1.（https://palestine.unfpa.org/en/news/pcbs-unfpa-joint-press-release-occasion-world-population-day　2021 年 8 月 26 日最終確認）

van Nieuwkerk, Karin. 2019. *Manhood is Not Easy: Egyptian Masculinities through the Life of Musician Sayyid Henkish*. Cairo: The American University in Cairo Press.

Waterbury, John. 1972. *North for the Trade: The Life and Times of a Berber Merchant*. California: University of California Press.

Wilkinson, John C. 2015. *The Arabs and the Scramble for Africa*. Sheffield and Bristol: Equinox.

Marmara Üniversitesi Kadın ve Toplumsal Cinsiyet Araştırmaları Dergisi, 2(2): 67-83.

Ilkkaracan, Pinar. 2007. "Reforming the Penal Code in Turkey: The Campaign for the Reform of the Turkish Penal Code from a Gender Perspective," Institute of Development Studies.（https://www.ids.ac.uk/download.php?file=files/dmfile/PinarIlkkaracanGaventaMay2007final.doc 2014 年 11 月 14 日最終確認）

Inhorn, Marcia C. 1996. *Infertility and Patriarchy: The Cultural Politics of Gender and Family Life in Egypt*. Philadelphia: University of Pennsylvania Press.

———. 2018. "Fertility, Demography, and Masculinities," In Suad Joseph (ed.), *Arab Family Studies: Critical Reviews*, New York: Syracuse University Press, 449-467.

INS. 2015. *Annuaire statistique de la Tunisie 2010-2014*. Tunis: Institut National de la Statistique.

Islam, Mazharul M. 2016. "Consanguineous Marriage in Oman: Understanding the Community Awareness," *Annals of Human Biology*, 44(3): 273-286.

Joseph, Suad (ed.). 1999. *Intimate Selving in Arab Families: Gender, Self, and Identity*. New York: Syracuse University Press.

———. (ed.). 2018. *Arab Family Studies: Critical Review*. New York: Syracuse University Press.

Kandiyoti, Deniz. 1988. "Bargaining with Patriarchy," *Gender and Society*, 2: 274-290.

Kardem, Filiz. 2007. *The Dynamics of Honor Killings in Turkey: Prospects for Action*. Ankara: UN Population Fund.

Labidi, Lilia. 2001. "From Sexual Submission to Voluntary Commitment: The Transformation of Family Ties in Contemporary Tunisia," In Nicholas S. Hopkins (ed.), *The New Arab Family*, Cairo Papers in Social Science, 24(1/2): 117-139.

Miller, Catherine, 2006. "Upper Egyptian Regionally Based Communities in Cairo: Traditional or Modern Forms of Urbanization?," In Diane Singerman and Paul Amar (eds.), *Cairo Cosmopolitan: Politics, Culture, and Urban Space in the New Globalized Middle East*, Cairo: The American University in Cairo Press, 375-396.

Sahgal, Neha, Jonathan Evans, Aliana Monique Salazar, Kelsey Jo Starr, and Manolo Corichi. 2021. "Religion in India: Tolerance and Segregation," June 29, Pew Research Center.（https://www.pewresearch.org/religion/2021/06/29/religion-in-india-tolerance-and-segregation/ 2022 年 9 月 11 日最終確認）

Sandron, Frédéric. 1998. *La baisse de fécondité en Tunisie. Les dossiers du CEPED N.49*. Centre Français sur la Population et le Développement (CEPED).

Singerman, Diane and Barbara Ibrahim. 2001. "The Cost of Marriage in Egypt: A Hidden Dimension in the New Arab Demography," In Nicholas S. Hopkins (ed.), *The New Arab Family*, Cairo Papers in Social Sciences, 24(1/2): 80-116.

Sirman, Nükhet. 2007. "Kürtlerle Dans," *Kültür ve Siyasette Feminist Yaklaşımlar*, 2: 119-125.

Taamallah, Khémaies. 1986. La famille tunisienne: Les problèmes liés aux inégalités socio-

Colonial Identities in Nineteenth-Century East Africa," In Barbara L. Voss and Eleanor C. Casella (eds.), *The Archaeology of Colonialism: Intimate Encounters and Sexual Effects*, Cambridge: Cambridge University Press, 67-84.

Dahlgren, Susanne. 2018. "Yemen," In Suad Joseph (ed.), *Arab Family Studies: Critical Reviews*, New York: Syracuse University Press, 349-368.

de Koning, Anouk. 2009. *Global Dreams: Class, Gender, and Public Space in Cosmopolitan Cairo*. Cairo: The American University in Cairo Press.

Desai, Sonalde, Reeve Vanneman, and National Council of Applied Economic Research, New Delhi. 2008. *India Human Development Survey (IHDS), 2005 (ICPSR 22626-v12)*. Ann Arbor, MI: Inter-university Consortium for Political and Social Research.（http://doi.org/10.3886/ICPSR22626.v12　2022 年 9 月 11 日最終確認）

Diamant, Jeff. 2019. "The Countries with the 10 Largest Christian Populations and the 10 Largest Muslim Populations," April 1, Pew Research Center.（https://www.pewresearch.org/fact-tank/2019/04/01/the-countries-with-the-10-largest-christian-populations-and-the-10-largest-muslim-populations/　2022 年 9 月 11 日最終確認）

Doğan, Recep. 2016. "Yargıtay Kararlarında Töre Saikiyle Öldürme Suçu," *Türkiye Barolar Birliği Dergisi* 126: 123-166.

Early, Evelyn A. 1993. *Baladi Women of Cairo: Playing with an Egg and a Stone*. Colorado: Lynne Rienner Publishers.

El-Aswad, El-Sayed. 1987. "Death Rituals in Rural Egyptian Society: A Symbolic Study," *Urban Anthropology and Studies of Cultural Systems and World Economic Development*, 16(2): 205-241.

Fargues, Phillipe. 1988. "La baisse de la fécondité arabe," *Population*, 43(6): 975-1004.

———. 2000. *Générations arabes: l'alchimie du nombre*. Paris: Fayard.

Ghannam, Farha. 2013. *Live and Die Like a Man: Gender Dynamics in Urban Egypt*. California: Stanford University Press.

Göztepe, Ece. 2005. "'Namus Cinayetlerinin' Hukuki Boyutu: Yeni Türk Ceza Kanunu'nun Bir Değerlendirmesi," *Türkiye Barolar Birliği Dergisi*, 59: 29-48.

Grandmaison, Colette Le Cour. 1989. "Rich Cousins, Poor Cousins: Hidden Stratification among the Omani Arabs in Eastern Africa," *Africa*, 59(2): 176-184.

Hackett, Conrad. 2015. "By 2050, India to Have World's Largest Populations of Hindus and Muslims," April 21, Pew Research Center.（https://www.pewresearch.org/fact-tank/2015/04/21/by-2050-india-to-have-worlds-largest-populations-of-hindus-and-muslims/　2022 年 9 月 11 日最終確認）

Haddad, Simon. 2003. *The Palestinian Impasse in Lebanon: The Politics of Refugee Integration*. Brighton and Portland: Sussex Academic Press.

Hamzaoğlu, Mehtap and Emrah Konuralp. 2018. "Türk Hukuk Sisteminin 'Namus' la İmtihanı: Ulusal Mevsuat ve Uluslararası Düzenlemeler Açısından Namus Cinayetleri,"

婚と離婚』（イスラーム・ジェンダー・スタディーズ 1）明石書店、165-168 頁。
八木久美子 2019「家族概念から見る近代国家のなかのイスラム —— 20 世紀後半のエジプトを例に」『東京外国語大学論集』99、192-209 頁。
柳橋博之 2001『イスラーム家族法 —— 婚姻・親子・親族』創文社。
——— 編著 2005『現代ムスリム家族法』日本加除出版。
山﨑和美 2019「現代イランにおける様々な『結婚』—— 女性の高学歴化に伴う晩婚化と若者に広がる『白い結婚』」長沢栄治監修、森田豊子・小野仁美編著『結婚と離婚』（イスラーム・ジェンダー・スタディーズ 1）明石書店、217-233 頁。
山崎望 2016「『帝国』におけるシティズンシップ」錦田愛子編『移民／難民のシティズンシップ』有信堂高文社、226-247 頁。

〈外国語〉

Abd-Elmabod, S. K. et al. 2012. Evaluating Soil Degradation under Different Scenarios of Agricultural Land Management in Mediterranean Region, *Nature and Science of Sleep,* 10: 103-116.

Al-Azri, Khalid. 2013. *Social and Gender Inequality in Oman: The Power of Religious and Political Tradition*. London and New York: Routledge.

Al Barwani, Ali M. 1997. *Conflicts and Harmony in Zanzibar (Memoirs)*. Dubai: Ali Muhsin Al Barwani.

Al Busaidi, Saud A. with Jane Jaffer. 2012. *Memoirs of an Omani Gentleman from Zanzibar.* Muscat: Al Roya Press and Publishing House.

Barth, Fredrik. 1983. *Sohar: Culture and Society in an Omani Town*. Baltimore and London: Johns Hopkins University Press.

Bayır, Derya. 2013. “Representation of the Kurds by the Turkish Judiciary,” *Human Rights Quarterly* 35: 116-142.

Ben Salem, Lilia. 1990. “Structures familiales et changement social en Tunisie,” *Revue Tunisienne de Sciences Sociales* 100: 165-180.

Binder, Leonard. 1978. *In a Moment of Enthusiasm: Political Power and the Second Stratum in Egypt*. Chicago and London: University of Chicago Press.

Bouillon, Markus E. 2004. *The Peace Business: Money and Power in the Palestine-Israel Conflict*. London: Tauris Academic Studies.

Brett, Michael and Elizabeth Fentress. 1996. *The Berbers*. Oxford: Blackwell.

Chakravarti, Leila Zaki. 2016. *Made in Egypt: Gendered Identity and Aspiration on the Globalised Shop Floor*. New York and Oxford: Berghahn Books.

Cooper, Frederick. 1977. *Plantation Slavery on the East Coast of Africa*. Yale University Press.

Croucher, Sarah K. 2012. “‘A Concubine is Still a Slave’: Sexual Relations and Omani

スティーブンス、W. N.（山根常男・野々山久也訳）1971『家族と結婚 —— その比較文化的解明』誠信書房。
鷹木恵子 2002「葬儀」大塚和夫ほか編集『岩波イスラーム辞典』岩波書店、581 頁。
竹村和朗 2019a『現代エジプトの沙漠開発 —— 土地の所有と利用をめぐる民族誌』風響社。
——— 2019b「結婚までのプロセス —— エジプトの例」長沢栄治監修、森田豊子・小野仁美編著『結婚と離婚』（イスラーム・ジェンダー・スタディーズ 1）明石書店、16-41 頁。
——— 2021「フィールドワークの終わり —— あるいは、私がバドル郡に行く理由」長沢栄治監修、鳥山純子編著『フィールド経験からの語り』（イスラーム・ジェンダー・スタディーズ 4）明石書店、220-236 頁。
田中雅一・嶺崎寛子編 2021『ジェンダー暴力の文化人類学 —— 家族・国家・ディアスポラ社会』昭和堂。
富永智津子 2001『ザンジバルの笛 —— 東アフリカ・スワヒリ世界の歴史と文化』未來社。
長沢栄治 2019『近代エジプト家族の社会史』東京大学出版会。
中野暁雄 1980「南西モロッコ・ベルベル調査研究報告(1) —— アンティ・アトラス山村における集団の機能と構造」『アジア・アフリカ言語文化研究』19、1-14 頁。
錦田愛子 2010『ディアスポラのパレスチナ人 ——「故郷（ワタン）」とナショナル・アイデンティティ』有信堂高文社。
——— 2011「レバノン政治とパレスチナ人の就労問題 —— 2010 年の法規制緩和と帰化をめぐる議論」『中東研究』510、92-100 頁。
藤音晃明 2018『世俗主義と民主主義 —— 家族法と統一民法典のインド近現代史』風響社。
マーシャル、T. H.／トム・ボットモア（岩崎信彦・中村健吾訳）1993『シティズンシップと社会的階級 —— 近現代を総括するマニフェスト』法律文化社。
嶺崎寛子 2019「ムスリムの離婚 —— エジプトの例」長沢栄治監修、森田豊子・小野仁美編著『結婚と離婚』（イスラーム・ジェンダー・スタディーズ 1）明石書店、42-57 頁。
村上薫 2015「トルコの名誉殺人」『アジ研ワールド・トレンド』233、46-52 頁。
——— 編 2018a『不妊治療の時代の中東 —— 家族をつくる、家族を生きる』アジア経済研究所。
——— 編 2018b『中東における家族の変容』調査研究報告書、アジア経済研究所。
——— 2021「名誉をよみかえる —— イスタンブルの移住者社会における日常の暴力と抵抗」田中雅一・嶺崎寛子編『ジェンダー暴力の文化人類学 —— 家族・国家・ディアスポラ社会』昭和堂、305-325 頁。
森田豊子 2019「イランの家族保護法」長沢栄治監修、森田豊子・小野仁美編著『結

死の諸相」石川栄吉ほか編『生と死の人類学』講談社、205-224 頁。
――― 1989『異文化としてのイスラーム ―― 社会人類学的視点から』同文舘。
大坪玲子 2007「イエメン」大塚和夫責任編集『世界の食文化 10　アラブ』農山漁村文化協会、155-179 頁。
――― 2017『嗜好品カートとイエメン社会』法政大学出版局。
岡戸真幸 2020「家族」鈴木董・近藤二郎・赤堀雅幸編集代表『中東・オリエント文化事典』丸善出版、188-189 頁。
――― 2021「感情の荒波を乗り越える ―― 調査日誌の読み直しから」長沢栄治監修、鳥山純子編著『フィールド経験からの語り』（イスラーム・ジェンダー・スタディーズ 4）明石書店、178-193 頁。
落合恵美子 2013「東アジアの低出生率と家族主義 ―― 半圧縮近代としての日本」落合恵美子編『親密圏と公共圏の再編成 ―― アジア近代からの問い』京都大学学術出版会、67-99 頁。
小野仁美 2019「古典イスラーム法の結婚と離婚」長沢栄治監修、森田豊子・小野仁美編著『結婚と離婚』（イスラーム・ジェンダー・スタディーズ 1）明石書店、116-133 頁。
加藤博 2008「砂漠に消えた『革命』⑵ ―― 掘り起こされる近代エジプトの遊牧民『革命』」『東洋文化研究所紀要』153、71-124 頁。
カナファーニー、ガッサーン（黒田寿郎・奴田原睦明訳）2017『ハイファに戻って／太陽の男たち』河出書房新社。
河合利光編著 2012『家族と生命継承 ―― 文化人類学的研究の現在』時潮社。
近藤敦 2020「民主主義諸国における移民の社会統合の国際比較 ―― 権利レベルと実態レベル」錦田愛子編『政治主体としての移民／難民 ―― 人の移動が織り成す社会とシティズンシップ』明石書店、31-64 頁。
齋藤剛 2018a『〈移動社会〉のなかのイスラーム ―― モロッコのベルベル系商業民の生活と信仰をめぐる人類学』昭和堂。
――― 2018b「先住民化の隘路 ―― モロッコのアマズィグ運動に見る植民地遺産の継承と新たな民族観の創出」深山直子・丸山淳子・木村真希子編『先住民からみる現代世界 ―― わたしたちの〈あたりまえ〉に挑む』昭和堂、143-162 頁。
――― 2021「噂、監視、密告 ―― モロッコのベルベル人にみる名誉と日常的暴力の周辺」田中雅一・嶺崎寛子編『ジェンダー暴力の文化人類学 ―― 家族・国家・ディアスポラ社会』昭和堂、131-152 頁。
鈴木恵美 2005「エジプトにおける議会家族の系譜」酒井啓子・青山弘之編『中東・中央アジア諸国における権力構造 ―― したたかな国家・翻弄される社会』岩波書店、71-109 頁。
――― 2011「削除された歴史 ―― エジプト農地改革における地主議員」『東洋文化研究所紀要』159、114-154 頁。

参考文献

〈日本語〉

アイケルマン、D. F.（大塚和夫訳）1988『中東 —— 人類学的考察』岩波書店。

青山弘之・末近浩太 2009『現代シリア・レバノンの政治構造』岩波書店。

アブー＝ルゴド、ライラ（鳥山純子・嶺崎寛子訳）2018『ムスリム女性に救援は必要か』書肆心水。

アル・ハッジャージ、イマーム・ムスリム・ビン（磯崎定基・飯森嘉助・小笠原良治訳）1988『日訳 サヒーフムスリム　第2巻』日本ムスリム協会。

粟谷利江・井上貴子編 2018『インド ジェンダー研究ハンドブック』東京外国語大学出版会。

伊藤弘子 2016「国際私法における南アジアのムスリム家族法適用上の問題」アジア法学会編『現代のイスラーム法』成文堂、103-146 頁。

岩崎えり奈 1996「チュニジア南部ゴムラッセンの単身出稼ぎ」『アジア経済』37(1)、40-62 頁。

——— 1997a『タタウィーン県（チュニジア南部）における家族計画の実態調査報告書』国際協力事業団チュニジア人口教育促進プロジェクト。

——— 1997b「避妊にみる女性の行動選択 —— チュニジア南部タタウィーン県の事例」『現代の中東』23、95-118 頁。

——— 2020「チュニジア南部タタウィーン地域における女性の出生行動の変化 —— 2 事例村の調査結果」『アジア経済』61(1)、35-67 頁。

岩村暢子 2005『〈現代家族〉の誕生 —— 幻想系家族論の死』勁草書房。

ヴィカン、U.（小杉泰訳）1986『カイロの庶民生活』第三書館。

大形里美 2019「インドネシアにおける結婚 —— 一夫多妻婚、秘密婚、異教徒間の婚姻」長沢栄治監修、森田豊子・小野仁美編著『結婚と離婚』（イスラーム・ジェンダー・スタディーズ 1）明石書店、176-198 頁。

大川真由子 2010a『帰還移民の人類学 —— アフリカ系オマーン人のエスニック・アイデンティティ』明石書店。

——— 2010b「植民地期東アフリカにおけるアラブ性とアラビア語 —— エリート・オマーン移民の苦悩と挑戦」『歴史学研究』873、61-73 頁。

大塚和夫 1983「下エジプトの親族集団内婚と社会的カテゴリーをめぐる覚書」『国立民族学博物館研究報告』8(3)、563-586 頁。

——— 1985「石の墓標と聖者の廟 —— 葬制からみた現代イスラーム社会における

Contents

錦田愛子（にしきだ・あいこ）［第12章、コラム6］
慶應義塾大学法学部政治学科 准教授
専攻：パレスチナ／イスラエルを中心とする中東地域研究、移民／難民研究
主な著作：「国家主権の外側にある者の危機 ── COVID-19禍におかれた移民／難民およびパレスチナ」（『法学政治学論究』131、2021年）、「難民研究における人類学的アプローチの効用 ── スウェーデンとドイツのアラブ系移民／難民研究の事例から」（『難民研究ジャーナル』10、2021年）、『政治主体としての移民／難民 ── 人の移動が織り成す社会とシティズンシップ』（編集、明石書店、2020年）。

村上　薫（むらかみ・かおる）［第9章］
日本貿易振興機構アジア経済研究所 主任研究員
専攻：トルコ地域研究、ジェンダー論
主な著作：「名誉をよみかえる ── イスタンブルの移住者社会における日常の暴力と抵抗」（田中雅一・嶺崎寛子編『ジェンダー暴力の文化人類学 ── 家族・国家・ディアスポラ社会』昭和堂、2021年）、「子のない人生を歩む ── 不妊治療ともうひとつの夫婦のかたち」（西尾哲夫・東長靖編著『中東・イスラーム世界への30の扉』ミネルヴァ書房、2021年）、『不妊治療の時代の中東 ── 家族をつくる、家族を生きる』（編集、アジア経済研究所、2018年）。

森田豊子（もりた・とよこ）［第8章］
鹿児島大学グローバルセンター 特任准教授
専攻：イラン地域研究
主な著作：「現代イランにおける子どもの権利とイスラーム ── 国際的な子どもの権利保障との比較から」（小野仁美・細谷幸子・堀井聡江・森田豊子『中東イスラーム圏における社会的弱者の権利を考える』上智大学イスラーム研究センター、2021年）、「現代イランの学校教育における宗教実践 ── イラン革命後の変化と現在」（高尾賢一郎・後藤絵美・小柳敦史編著『宗教と風紀 ──〈聖なる規範〉から読み解く現代』岩波書店、2021年）、『結婚と離婚』〈イスラーム・ジェンダー・スタディーズ1〉（長沢栄治監修、小野仁美との共編著、明石書店、2019年）。

齋藤　剛（さいとう・つよし）［第3章］
神戸大学大学院国際文化学研究科 教授
専攻：文化人類学
主な著作：『〈移動社会〉のなかのイスラーム ―― モロッコのベルベル系商業民の生活と信仰をめぐる人類学』（昭和堂、2018年）、「商いと人 ―― モロッコのベルベル人に学ぶ非境界」（堀内正樹・西尾哲夫編『〈断〉と〈続〉の中東 ―― 非境界的世界を游ぐ』悠書館、2015年）、「ムフタール・スースィー『治癒をもたらす妙薬』―― モロッコ南部ベルベル人とイスラーム的知の伝統」（柳橋博之編『イスラーム知の遺産』東京大学出版会、2014年）。

鈴木恵美（すずき・えみ）［第10章］
中央大学文学部 教授
専攻：中東近現代史
主な著作：『エジプト革命 ―― 軍とムスリム同胞団、そして若者たち』〈中公新書〉（中央公論新社、2013年）、「エジプト権威主義体制の再考」（酒井啓子編『中東政治学』有斐閣、2012年）、「削除された歴史 ―― エジプト農地改革における地主議員」（『東洋文化研究所紀要』159、2011年）。

竹村和朗（たけむら・かずあき）［はじめに、第6章］
編著者紹介を参照。

鳥山純子（とりやま・じゅんこ）［コラム1、第4章］
立命館大学国際関係学部 准教授
専攻：文化人類学、ジェンダー論、中東研究
主な著作：『「私らしさ」の民族誌 ―― 現代エジプトの女性、格差、欲望』（春風社、2022年）、「『あるけれど無い』リップ ―― エジプト都市部のユビキタスな『ローカルフード』」（大坪玲子・谷憲一編『嗜好品から見える社会』春風社、2022年）、『フィールド経験からの語り』〈イスラーム・ジェンダー・スタディーズ4〉（編著、長沢栄治監修、明石書店、2021年）。

西川　慧（にしかわ・けい）［コラム2］
東洋大学社会学部 助教
専攻：文化人類学 東南アジア地域研究
主な著作：「ほろ苦さを求めて ―― インドネシア西スマトラ州のガンビール・ブームから読み解くビンロウのグローバリゼーションズ」（大坪玲子・谷憲一編『嗜好品から見える社会』春風社、2022年）、「統合と分離のあいだで ―― 西スマトラ州海岸部における親族と社会関係をめぐって」（『東南アジア 歴史と文化』50、2021年）、「『感情』と『血』の経済 ―― スマトラ島ミナンカバウ村落社会における換金作物の栽培と流通をめぐって」（『文化人類学』85(1)、2020年）。

岩崎えり奈（いわさき・えりな）［第 11 章］
上智大学外国語学部 教授
専攻：北アフリカ社会経済
主な著作：Iwasaki, Negm & Elbeih（eds.）, *Sustainable Water Solutions in the Western Desert, Egypt: Dakhla Oasis*, Springer, 2021,「チュニジア南部タタウィーン地域における女性の出生行動の変化」（『アジア経済』61(1)、2020 年）、『現代アラブ社会──「アラブの春」とエジプト革命』（加藤博と共著、東洋経済新報社、2013 年）。

岩﨑葉子（いわさき・ようこ）［コラム 4］
アジア経済研究所地域研究センター 中東研究グループ長
専攻：イラン経済制度史
主な著作：『サルゴフリー　店は誰のものか── イランの商慣行と法の近代化』（平凡社、2018 年）、『「個人主義」大国イラン ── 群れない社会の社交的なひとびと』〈平凡社新書〉（平凡社、2015 年）、『テヘラン商売往来 ── イラン商人の世界』（アジア経済研究所、2004 年）。

大川真由子（おおかわ・まゆこ）［第 1 章］
神奈川大学国際日本学部 教授
専攻：文化人類学
主な著作：「「化粧」はイスラーム法的に合法か ── ハラール化粧品をめぐる現象に焦点をあてて」（『日本中東学会年報』36(2)、2021 年）、「湾岸諸国の女性運動 ── 社会運動の不在あるいは団結できない事情」（長沢栄治監修、鷹木恵子編著『越境する社会運動』〈イスラーム・ジェンダー・スタディーズ 2〉明石書店、2020 年）、『帰還移民の人類学 ── アフリカ系オマーン人のエスニック・アイデンティティ』（明石書店、2010 年）。

大坪玲子（おおつぼ・れいこ）［第 2 章］
東京外国語大学アジア・アフリカ言語文化研究所 フェロー
専攻：文化人類学、中東地域研究、嗜好品研究
主な著作：『嗜好品から見える社会』（谷憲一との共編、春風社、2022 年）、「カートを噛みながら ── 人類学とインタビューと嗜好品」（『嗜好品文化研究』6、2021 年）、『嗜好品カートとイエメン社会』（法政大学出版局、2017 年）。

岡戸真幸（おかど・まさき）［第 5 章］
大東文化大学・上智大学 非常勤講師
専攻：人類学、中東地域研究
主な著作：「家族・親族（エジプト）」「出稼ぎ・移民（エジプト）」（イスラーム文化事典編集委員会編『イスラーム文化事典』丸善出版、2023 年）、「感情の荒波を乗り越える ── 調査日誌の読み直しから」（長沢栄治監修、鳥山純子編著『フィールド経験からの語り』〈イスラーム・ジェンダー・スタディーズ 4〉明石書店、2021 年）、「往来を続ける出稼ぎ労働者：エジプトとクウェートの狭間で」（赤堀雅幸編『ディアスポラのムスリムたち：異郷に生きて交わること』上智大学イスラーム研究センター、2021 年）。

◉ 監修者紹介

長沢栄治（ながさわ・えいじ）
東京外国語大学アジア・アフリカ言語文化研究所 フェロー、東京大学 名誉教授
専攻：中東地域研究、近代エジプト社会経済史
主な著作：『近代エジプト家族の社会史』（東京大学出版会、2019年）、『現代中東を読み解く —— アラブ革命後の政治秩序とイスラーム』（後藤晃との共編著、明石書店、2016年）、『エジプトの自画像 —— ナイルの思想と地域研究』（平凡社、2013年）、『アラブ革命の遺産 —— エジプトのユダヤ系マルクス主義者とシオニズム』（平凡社、2012年）。

◉ 編著者紹介

竹村和朗（たけむら・かずあき）
高千穂大学人間科学部 准教授
専攻：中東地域研究、文化人類学、法と社会
主な著作：「成立しなかった法案—エジプトの2021年身分法改正論議と法案全訳（上・下）—」（『高千穂論叢』57(1)(2)、2022年）、「セクシュアル・ハラスメントの厳罰化—2021年8月のエジプト刑法改正の内容と背景—」（『高千穂論叢』56(3)、2021年）、『現代エジプトの沙漠開発 —— 土地の所有と利用をめぐる民族誌』（風響社、2019年）。

◉執筆者紹介（50音順、[　] 内は担当章）

伊藤弘子（いとう・ひろこ）[第7章、コラム5]
名古屋大学大学院法学研究科 学術研究員・非常勤講師
専攻：比較法
主な著作：『Q&A フィリピン家事事件の実務　婚姻・離婚・出生・認知・縁組・親権・養育費・死亡・相続・国籍・戸籍・在留資格』（望月彬史・青木有加との共著、日本加除出版、2023年）、「インドにおける法多元性と法の抵触」（『国際私法年報』19、2018年）、「国際私法における南アジアのムスリム家族法適用上の問題」（アジア法学会編『現代のイスラーム法』成文堂、2016年）。

今堀恵美（いまほり・えみ）[コラム3]
東海大学文化社会学部アジア学科 講師（専任）
専攻：社会人類学、中央アジア民族誌学
主な著作：「ウズベキスタンのコロナ対策と観光業および工芸制作へのインパクト」（『ウズベキスタン手工芸史の再構築と「守るべき伝統」による地域開発の研究成果中間報告書』2021年）、「ブハラ州村落部の刺繍制作者にみる工芸家支援策について—文化人類学的インタビュー調査の事例から—」（『ロシア・ユーラシアの経済と社会』1029、2018年）、Halal Food Production and Self-Restrictions in Uzbekistan: Diversity in Interpretation of Halal（『文明研究』36、2017年）。

イスラーム・ジェンダー・スタディーズ6

うつりゆく家族

2023年3月31日　初版第1刷発行

監修者　長　沢　栄　治
編著者　竹　村　和　朗
発行者　大　江　道　雅
発行所　株式会社明石書店
〒101-0021 東京都千代田区外神田6-9-5
電話 03（5818）1171
FAX 03（5818）1174
振替　00100-7-24505
http://www.akashi.co.jp/
装丁　明石書店デザイン室
印刷　株式会社文化カラー印刷
製本　協栄製本株式会社

（定価はカバーに表示してあります）　ISBN978-4-7503-5565-8

オランダのムスリム移民　「柱状化」と多文化主義の可能性
義澤幸恵著　◎4200円

オルター・ポリティクス　批判的人類学とラディカルな想像力
ガッサン・ハージ著　塩原良和、川端浩平監訳
前川真裕子、稲津秀樹、高橋進之介訳　◎3200円

ベルベル語小辞典　品詞・項目別
石原忠佳著　◎7800円

イスラーム文明とは何か　現代科学技術と文化の礎
塩尻和子著　◎2500円

政治主体としての移民／難民
人の移動が織り成す社会とシティズンシップ
錦田愛子編　◎4200円

現代イランの社会と政治　つながる人びとと国家の挑戦
山岸智子編著　◎2800円

中東・イスラーム世界の歴史・宗教・政治
多様なアプローチが織りなす地域研究の現在
髙岡豊、白谷望、溝渕正季編著　◎3600円

中東・イスラーム研究概説　政治学・経済学・社会学・地域研究のテーマと理論
私市正年、浜中新吾、横田貴之編著　◎2800円

現代中東を読み解く　アラブ革命後の政治秩序とイスラーム
後藤晃、長沢栄治編著　◎2600円

変革期イスラーム社会の宗教と紛争
塩尻和子編著　◎2800円

現代ヨーロッパと移民問題の原点
1970、80年代、開かれたシティズンシップの生成と試練
宮島喬著　◎3200円

現代中東の国家・権力・政治
ロジャー・オーウェン著　山尾大、溝渕正季訳　◎3000円

イスラーム世界のジェンダー秩序
「アラブの春」以降の女性たちの闘い
辻上奈美江著　◎2500円

中東・北アフリカにおけるジェンダー　イスラーム社会のダイナミズムと多様性
世界人権問題叢書 79
ザヒア・スマイール・サルヒー編著
鷹木恵子、大川真由子ほか訳　◎4700円

中東・イスラーム諸国　民主化ハンドブック
松本弘編著　◎6800円

帰還移民の人類学　アフリカ系オマーン人のエスニック・アイデンティティ
大川真由子著　◎6800円

〈価格は本体価格です〉